D1722172

SUTTON
VERLAG

THE

Life of the Moselle,

FROM ITS SOURCE IN THE VOSGES MOUNTAINS

TO

ITS JUNCTION WITH THE RHINE

AT COBLENCE.

BY

OCTAVIUS ROOKE,

AUTHOR OF " THE CHANNEL ISLANDS, PICTORIAL, LEGENDARY, AND DESCRIPTIVE."

ILLUSTRATED WITH SEVENTY ENGRAVINGS FROM ORIGINAL DRAWINGS BY THE AUTHOR.

ENGRAVED BY T. BOLTON.

LONDON:

L. BOOTH, 307 REGENT STREET.

1858.

Octavius Rooke

DIE MOSEL

EINE ROMANTISCHE REISE
IM 19. JAHRHUNDERT

aus dem Englischen übersetzt von Richard Ochs
freie Übertragung der Gedichte von Gisela Ochs

SUTTON
VERLAG

THIS BOOK

IS

DEDICATED

TO

His Wife

BY

THE AUTHOR.

Sutton Verlag GmbH
Hochheimer Straße 59
99094 Erfurt
http://www.suttonverlag.de
Copyright © Sutton Verlag, 2011
Alle Rechte vorbehalten

ISBN: 978-3-86680-918-5
Lektorat: Karen Schmitt, Stuttgart
Druck: Beltz Bad Langensalza GmbH

Illustrationen nach Zeichnungen von Octavius Rooke
Umrandungen und florale Dekors von Noel Humphreys
Gravuren von T. Bolton

Titelbild: „Nolenauter", kolorierte Lithographie von Clarkson Stanfield,
Original im Mittelmosel-Museum Traben-Trarbach

Inhaltsverzeichnis

Ein donnernd' Hoch aus voller Brust
Erkling' zum Himmel laut,
Dir schönem, deutschem Moselstrom,
Dir, deutschen Rheines Braut!

Ernst Julius Otto

Zum Geleit

In Zeiten enormer Beschleunigung fast aller Lebensumstände sehnen sich viele Menschen nach Oasen der Stille und Besinnlichkeit. Gegenläufige Tendenzen von immer schnelleren, effektiveren Kommunikationssystemen und gleichzeitig eine unstillbare Sehnsucht vieler Zeitgenossen nach Ruhe und individueller Geborgenheit sind Kennzeichen unserer heutigen Tage. Kein Wunder, dass viele der vergangenen Epoche einer vermeintlich „guten, alten Zeit" nachtrauern.

Das vorliegende Buch ist daher ein Glücksfall in der Fülle der Mosel-Literatur. Aus der Perspektive eines feinfühligen Zeitzeugen aus der Mitte des 19. Jahrhunderts lässt es uns teilhaben an dessen emphatischer Begeisterung für die Mosel und ihre Umgebung.

Der Autor Octavius Cobb Rooke, ein britischer Marine-Offizier, hatte sich bereits mit einer touristischen Beschreibung der englischen Kanalinseln auf literarisches Gebiet begeben, als er 1857 die Mosel von ihrer Quelle bis zur Mündung intensiv kennen und lieben lernte. Dass er sich in die kapriziöse Gefährtin des Rheines verliebt hatte und ihr quasi verfallen war, dem wird der Leser seiner Schilderungen gern beipflichten. Rooke wollte, wie aus seinem Vorwort zu „Life of the Moselle" hervorgeht, mit diesem Buch seine ignoranten Landsleute ermuntern, von Koblenz aus zumindest einmal einen Abstecher an die Mosel zu machen und nicht nur immer die damals schon ausgetretenen Pfade am Rhein entlang zu pilgern.

Die Jahre um die Mitte des 19. Jahrhunderts waren eine Zeit des Umbruchs. Im geistig-kulturellen Umfeld waren der Aufklärung Klassik und Romantik gefolgt. Hier kann man unter anderem an Rookes Zeitgenossen Johann Wolfgang von Goethe, Richard Wagner oder Fjodor Dostojewski denken. Gleichzeitig hatte auf wissenschaftlichem und ökonomischem Gebiet mit Namen wie Charles Darwin, Werner von Siemens und Rudolf Virchow längst die industrielle Revolution begonnen, die auch zu politischen Umbrüchen führte.

In diesem Spannungsfeld muss uns heutigen Zeitgenossen die Schilderung biedermeierlich-verträumter Szenerien fast befremdlich erscheinen, wenn sie nicht tatsächlich den subjektiven Eindrücken des Autors entsprächen. Insoweit dürfen die Leser in diesem Buch eintauchen in die authentische Atmosphäre des mosselländischen Lebens der damaligen Zeit. Rookes eigenhändige Illustrationen ergänzen, wenn auch teilweise etwas romantisch überhöht, seine Schilderungen.

Um seine Leser mit dem geschichtlichen Hintergrund und dem Wesen der Landschaft vertraut zu machen, blättert er mosaikartig ein ganzes Spektrum von Gedichten, Geschichten, Mythen, Sagen und Legenden auf, die immer wieder auch seine eigene tiefe Religiosität spüren lassen.

Während bei der Übersetzung versucht wurde, das leicht antiquierte Englisch des 19. Jahrhunderts und den Sprachstil des Autors um der Authentizität der Schilderung willen beizubehalten, wurden Rookes Gedichte sinngemäß übertragen.

Die von ihm als verführerisches weibliches Wesen geschilderte Mosel trug in der ausgehenden Epoche der Romantik mit den damals modernen Schaufelraddampfern zwar schon erste Zeugen einer neuen Zeit, doch war sie noch nicht in ein Korsett parallel verlaufender Autostraßen und Eisenbahnstrecken gezwängt. Ihre Strömung wurde noch nicht bis über Toul hinauf aufgehalten von nahezu dreißig Staustufen, ihr Tal war noch nicht eingegürtet von allein zwei Dutzend Brücken zwischen Trier und Koblenz sowie einem bestehenden und einem im Bau befindlichen „Hochmoselübergang" und ihre Fluten wurden noch nicht missbraucht für das Kühlen eines Atommeilers.

Und trotzdem, wenn wir ehrlich sind: So wie die Mosel über Jahrhunderte die an ihren Ufern wohnenden Menschen geprägt hat, so haben die Menschen auch ihr Antlitz verändert – und sicherlich nicht nur zu ihrem Schaden. Geblieben sind ihr nach wie vor der Charme und Liebreiz, der auch in Zukunft ihren Charakter bestimmen wird zum Wohle und zur Freude ihrer Verehrer.

Traben-Trarbach, im August 2011
Richard Ochs

Vorwort

Die wundervolle Landschaft der Mosel ist zu lange unbeachtet geblieben. Es stimmt zwar, dass einige unserer Künstler uns Bilder von den Ufern dieses Flusses vorgelegt haben, aber englische Reisende, zumindest die meisten von ihnen, übersehen, wie ansprechend und überaus vielgestaltig die Ufer dieses Stromes sind.

„Der Rhein, der Rhein!", ruft jedermann bewundernd oder ablehnend an allen Kaminen aus, die Mosel aber ist tatsächlich noch weitgehend unentdeckt. So, wie sie sich darbietet, in einer Gegend, die von Sommertouristen überrannt wird, ist es alles in allem unverständlich, dass ein Fluss von derart unüberbotener Schönheit in Europa von denen vernachlässigt wird, die zu Tausenden an seiner Mündung vorbeikommen. Als der römische Dichter Ausonius Germanien besuchte, war es nicht der Rhein, sondern die Mosel, die ihn begeisterte; und obwohl das strahlende Italien seine Heimat war, nahm er sich Zeit, die Mosel zu entdecken, und pries die Lieblichkeit ihrer Gewässer in einem höchst ausdrucksvollen Gedicht.

Die Mosel, die in den waldreichen Bergen des Departements Vogesen entspringt, ist in ihrem gesamten Verlauf eigentlich nur schön. Unterhalb von Trier verläuft sie zwischen den Bergen der Eifel und des Hunsrücks, die sich bis zu einer Höhe von tausend oder zwölfhundert Fuß über dem Fluss erheben.

Im Dreißigjährigen Krieg litt die Moselgegend schwer unter den Verwüstungen der verschiedenen Armeen, aber immer noch sind an den Ufern dieses Flusses mehr alte Burgen und Ruinen und mehr alte Häuser übrig geblieben als anderswo in einer vergleichbaren Gegend Europas.

Indem ich mich bemüht habe, englischen Lesern auf den folgenden Seiten die fesselnde Szenerie der Mosel darzulegen, vermute ich dennoch, dass meine Landsleute im Sommer wohl wegen befürchteter Unbequemlichkeiten ihrem Strom nicht folgen werden, dass sie aber zumindest während des Winters am Kamin nicht versäumen, in Gedanken in ein Boot zu steigen und den Fluss hinunterzugleiten; und ich hoffe sehr, dass sie die Schilderung einer Reise erfreuen wird, die mir selbst so viel Freude bereitet hat.

Ich empfehle mich als deren ergebener Diener
der Autor

Richmond, im Dezember 1857

I. Die Quelle

Die Quelle

In einer kurzen Entfernung von Bussang, einer kleinen Stadt im Departement Vogesen in Frankreich, liegt die Quelle der Mosel; rieselnd durch Moos und Steine, was zusammen mit über der Erde verstreut gefallenem Laub die ersten Tropfen dieses wunderbaren Flusses ausmacht.

Einige Schritte den Berghang hinunter erreichen diese Tropfen einen kleinen Tümpel von mäßiger Größe. Dieses kleine Becken frischen Wassers ist umgeben von bemoosten Steinen, wildem Knoblauch, Farnen, vielfältigen Kletterpflanzen und einigen Baumstämmen.

Die Bäume, hauptsächlich Fichten, stehen dicht beieinander auf diesem ballon (wie man die Berge hier nennt). Viele sind riesig; sie schießen hinauf in die Sonnenwärme und bedecken den Erdboden mit zitternden Schatten – zitternd, weil die breiten, federartigen Farne die Lichtstrahlen empfangen und, während sie in einer zarten Brise hin und her schwanken, den Schatten das Bild ständiger Bewegung verleihen.

Hier also, lieber Leser, lass uns verharren und über die Geburtsstätte unseres Stromes nachdenken, die Welt der Realität verlassen, lass uns eintauchen in die große Quelle süßer

Romantik; und während die einzigen Laute des Lebens, die unsere Ohren erreichen, das Rauschen der Blätter, das Summen großer Fliegen, das Murmeln der Mosel und der ferne Klang der Axt eines Wäldlers sind, lass uns mit Erinnerungen in die Vergangenheit zurückkehren und selbst sie zurücklassen und hingehen zu den legendenreichen Tagen, als höhere Geister als wir selbst lebten in dieser wundervollen Welt der Schöpfung, die wir täglich wahrnehmen, allesamt unfähig, ideale Wohnstätten solcher Geister zu sein.

Und Träumereien sind kein Müßiggang. In Stunden wie dieser glauben wir, befreit vom Nebel täglicher Sorgen, den besseren Lebenspfad vor uns zu sehen, den breiten geraden Weg, nicht dornenvoll und schwierig, wie Menschen ihn allzu gerne ausmalen, aber bestreut mit solchen Blumen und überschattet von solchen Bäumen, die uns ein gnädiger Schöpfer bereitete, um uns Erdenpilger wahrlich zu erfreuen.

Das Leben ist wahrhaftig eine Wallfahrt, aber keineswegs eine freudlose. Wenn denn die ganze Erde und der Himmel voller Glanz und Schönheit sind, sollten wir dann nicht glauben, dass sie zu unserer Freude geschaffen sind? Unser Gewissen antwortet nein; rechtens sich zu erfreuen und rechtschaffen unsere Pflicht zu erfüllen in Dankbarkeit und im Gebet, und mit Liebe in unseren Herzen, so haben wir uns zu verhalten, und solch eine Lektion wird uns erteilt durch ein Märchen von der süßen Mosel.

Die Geburt der Mosel

Die schöne Colline schlummerte im Sonnenlicht, als von Ferne eine Regenwolke ihre Schönheit bemerkte, und mit ungestümem Eifer stürmte sie über den Himmel, suchte die zarte Colline, neckte sie mit zarten Schauern und überzog sie mit Juwelentröpfchen und prächtig-frischen Blumen.

Sie verliebte sich bald in die raue Wolke und aus ihrer Vereinigung entsprang ein strahlendes Flüsschen, das, gewiegt in der Mutter Schoß, ihr schönes Antlitz widerspiegelte.

Dann später, als die Zeit verging, erstarkte die Kleine, sprang und tanzte auf den Knien der Mutter. Größer und stärker wuchs das Flüsschen, bis ihre zitternden Schritte fester wurden, und dann schlüpfte sie in das Tal und nahm die Spiegelungen der Dinge um sie herum in sich auf. Und immer weiter floss dieser Märchenstrom, ihre Quelle von der Mutterliebe überwacht; und ihr Wolkenvater nährte sie, während sie zwischen Grasufern vorbeifloss.

Dann kam die Mädchenzeit, und Schwesterbäche strömen ihr zu, und flüsternd erzählten sie ihr kleine Lebensgeschichten: Und nun erweiterte sich ihr Geist, und sie floss weiter, manchmal tägliche Erdendinge erkennend, öfters aber hob sich ihr reiner Busen, um die Eindrücke des heiligen Himmels in sich aufzunehmen; und all die Himmelsbewohner übermittelten dem klaren Bach ihre unendliche Schönheit und ihren Ruhm.

Die Jungmädchenzeit ging vorüber und sie wurde eine stolze Maid und richtete ihren Blick auf die Schönheiten von Türmen und Städten, von benachbarten Burgen und Turmspitzen, die an ihrem Wege lagen und die jede ihr das eigene Sein vermittelten.

Und dann kommen auch die Berge mit ihren bewaldeten Kronenhäuptern und huldigen ihrer Schönheit, und sie lächelt alle an, verweilt gern an jeder Biegung, um zu ihren Freunden emporzublicken, aber sie verharrt nicht, denn ihr Los treibt sie weiter – kein weltlicher Prunk oder Stolz kann sie von ihrem vorgegebenen Weg abhalten; so lässt sie dann alle hinter sich und, dahinströmend durch die Flussniederungen, empfängt sie den anerkennenden Blick des Himmels und begegnet ihrem ehrenwerten Ehemann, dem Rhein, der sie, schon lang erwartend, in seine Arme schließt. Und so ihre Wallfahrt beschließend, ist ihre Aufgabe beendet, und sie schlummert den unbekümmerten Schlaf, von dem sie erst in der Ewigkeit aufwachen wird.

So also lautet die Geschichte ihrer Geburt und des Lebens der Mosel. Wir machen uns nun auf, um von ihrem Geburtsort hier in den Bergen der Vogesen nach dort hinzuwandern, wo sie ihren stolzen Gatten trifft, den Rhein, unterhalb der Mauern von Ehrenbreitstein. Gelegentlich werden wir auf der Straße verweilen, um eine Blume aus dem Strauß legendärer Überlieferungen zu pflücken, hin und wieder werden wir haltmachen, um aus dem großen Fels der Geschichte einen Stein herauszulösen, um damit unseren Pflanzenbeutel als auch unser Notizbuch zu füllen, wir werden den vielen Windungen unseres freundlichen Flusses folgen, der, den Frauen ähnlich, zart und liebkosend dahingleitet, alles beruhigend und erfreuend.

Die Nymphen

13

Märchen und Fluss sind eins, das Leben im Leben; immer im Fluss, doch stets präsent; ewig jung und doch wie alt; ständig frisch sprudelnd inmitten von Hügeln und Wäldern, aber doch vollendend seinen vorgegebenen Lauf.

Ein Leben ist gegenständlich, erdhaft, aber doch lieblich und schön; das andere Leben beginnt zwar zuerst, endet aber später – es ist das dichterische Leben, dessen anderer Elternteil der menschliche Geist ist. Dieses Leben, das das elterliche Leben hinter sich lässt, steigt aufwärts auf seinen ruhmvollen Schwingen, reicht in die höchsten Paradiese des Himmels, und trägt die Seelen derjenigen mit, die das Leben richtig zu lesen wissen.

Während wir hier unter den Tannen liegen, rufen wir uns die alten Zeiten der Vergangenheit in Erinnerung, als an den Ufern unseres Flusses nur Wälder wogten, in deren Tiefen wilde Krieger wohnten, deren einzige Freude die Jagd und das einzige Geschäft der Krieg war. Sie lehnten es ab, den Boden zu bebauen, um ihre Bedürfnisse zu erfüllen.

In deren Nachbarschaft lebten die Leuci, deren Hauptstadt Toul war, weiter abwärts hatten die Mediomatriker ihren Hauptsitz in Metz, und dahinter kamen die Treverer, die die Gegend um Trier bevölkerten.

Alle diese Stämme waren Mitglieder der großen germanischen Familie, die die norwegischen Könige stellte, Eroberer des imperialen Roms, und zu einer späteren Zeit durch Karl Martell in der Nähe von Poitiers die Flut der muslimischen Eroberung stoppten. Auf diese Weise wurde halb Europa christianisiert und wahrscheinlich vom falschen Glauben Mohammeds bewahrt.

Urwüchsig und kräftig waren diese alten Germanen – die riesigen Tannen ähneln ihnen sehr. Großartig in Stärke, pflichtbewusst, aufrecht, finster und bildhaft mächtig. Es wird berichtet, dass sie hochaufgeschossen, blauäugig und blond waren, unempfindlich gegen Not und Elend und niemals ohne Waffen.

Grundsätzlich niemand über sich duldend, erhoben sie aber einen gewählten Fürsten auf ihre Schilde und gehorchten ihm unabdingbar. Falls sie in einem Kampf unterlagen, töteten sie sich lieber selbst, anstatt zu überleben, in der Annahme, dass die so auf dem Schlachtfeld Getöteten von den Walküren oder anderen himmlischen Maiden empfangen würden, die über dem Kampfe schwebten und Bevorzugte unter den sterbenden Kriegern auswählten.

Welch Bild barbarischer Pracht und unbezwingbaren Willens wird uns im letzten Akt eines ihrer mehr nördlichen Seehelden gegeben! Nachdem er selbst in einem Kampf, in dem er seine Feinde besiegt hatte, tödlich verwundet worden war, ließ er an Bord seines Schiffes die Körper der erschlagenen Gegner um sich herumbringen, und all seine Beute wurde zu einem Thron aufgeschichtet, auf dem er saß – dann wurden die Segel gesetzt, der ganze Haufen angezündet und das lodernde Schiff in Fahrt gesetzt auf dem Weg zum Himmel – nach Walhall.

Man nimmt an, dass Walhalla ein großer Kampfplatz war, auf dem die Krieger den ganzen Tag gegen ihre Feinde kämpften, ohne verwundet zu werden, und am Abend kehrten sie dann zurück, um zu zechen und die Liebkosungen der Walküren zu genießen.

Von diesen Stämmen berichtet Caesar jedoch, dass sie „nur jene Götter verehrten, die sie sehen können und deren Wohltaten sie wirklich verspüren, solche etwa wie die Sonne, den Mond, das Feuer; andere haben sie niemals anerkannt." Zweifellos haben sie zwar in späterer Zeit viele römische Gottheiten übernommen, aber in der Zeit, von der wir sprechen, beteten sie ihren Schöpfer auf Bergspitzen an, und als das Christentum eingeführt wurde, bauten sie ihre Kirchen auf die Berge, und selbst heute sind ihre geheiligten Bauten auf Erhebungen zu finden. Einige Überreste alter Bergheiligtümer gibt es noch, die meisten kann man jährlich bei den Sennhirten der Alpen erleben, und noch vor kurzem wurden in jedem Jahr Sankt Johannisfeuer auf den Berghöhen entzündet.

Weihnachten war die heiligste Zeit, weil, wie sie sagten, die Götter zur Erde herabstiegen. Eiche und Erle erfuhren besondere Aufmerksamkeit, der ersten entstammten die Männer, aus der zweiten die Frauen. Sie glaubten, dass in Bäumen, Blumen, Pflanzen, Steinen und sogar Tieren Wesen einer höheren Ordnung steckten, die von einem Zwischenreich des Himmels und der Hölle kämen.

Seen, Flüsse und Quellen genossen eine besondere Verehrung, und Petrarca berichtet, dass selbst noch im Köln des vierzehnten Jahrhunderts Frauen im Rhein badeten, um ihre Sünden abzuwaschen.

In ihrer Natur vermischten sich auf seltsame Weise Edles und Wildes, Grausames und Fürchterliches mit dem Ehrbaren und Tapferen. Dicht beieinander findet man Menschenopfer und Feste zur Verehrung der ersten Veilchen. Verstümmelte Menschen und kränkliche Kinder wurden in Mooren ertränkt oder auf andere Weise umgebracht, und man findet bei ihnen die wahre Verehrung der Frauen, denen sie die höchste Achtung schenkten. Ihre Frauen wurden in strengster Zurückgezogenheit erzogen, kaum dass sie ein Fremder sah – und Vergehen gegen weibliche Unberührtheit wurden mit dem Tode geahndet und Verbrechen gegen sie wurden härter bestraft als solche gegen Männer.

Junge Frauen hatten keine Erbansprüche, sie wurden wegen ihrer Vorzüge und ihrer Schönheit geheiratet, und zwar selten vor ihrem zwanzigsten Lebensjahr, wobei der Ehemann meistens schon die dreißig erreicht hatte; sie hatten nur einen einzigen Ehemann, und der Historiker Tacitus stellte beobachtend dazu fest, „da sie nur einen Körper und ein Leben besitzen, können sie auch nur einen Ehemann haben."

Es gab viele Prophetinnen und man hatte großes Vertrauen in ihre Voraussagungen. Sie wurden Alraunen genannt und lebten abgesondert auf Waldlichtungen.

Sie legten den Willen der Götter auf höchst unterschiedliche Weise aus, aber von allen Vermittlern galt das Pferd als der allerheiligste. Weiße Rösser wurden am meisten verehrt und auf Kosten der Gemeinschaft gehalten, ausdrücklich, um den göttlichen Willen zu überbringen – sogar die Priester waren davon überzeugt, dass sie selbst nur die Diener der Götter seien, die Pferde aber deren Vertraute.

Die Priester, wie in allen halb barbarischen Ländern, waren die wirklichen Herren dieser ungezähmten Germanen. Keine Kontrolle außer ihrer hatte Geltung; sogar im Lager hatten sie allein das Recht, jemanden zu binden und zu prügeln, und in allen öffentlichen Versammlungen erließen sie die Befehle. Diese Funktion übernahmen sie als Sachwalter des höchsten, aber unsichtbaren Wesens. Es gab allerdings keine eigene Priesterkaste, denn jedes Familienoberhaupt konnte religiöse Handlungen in seinem eigenen Haus ausführen.

Dieses ist, was wir für die erste Zeitspanne der bekannten Geschichte unseres Flusses finden. Seine Ufer bewohnt von einer tapferen, zähen Rasse, der Zersplitterung und dem Kriege geweiht und von Priestern regiert, deren Blutopfer einem höchsten Wesen dargebracht wurden, verehrt in seinen großen Erscheinungen von Sonne, Feuer und Wasser. Sie erfreuten sich am lebendigen Leben und erwarteten einen ruhmreichen Tod.

Unterhalb dieser rauen Natur erscheinen die freundlicheren Wesenszüge von Liebe und Verehrung und ein Glaube an Märchen, Kobolde, Nixen und weitere verschiedene Arten höherer Wesen, von denen sie annahmen, dass sie die ganze Welt bevölkerten.

Wild und groß, liebend und ehrenwert, werden wir sie finden, falls wir die Geschichte verfolgen, und wir finden sie zunächst auf Augenhöhe mit den Römern, dann zeitweise den Welteroberern Raum gebend, aber sich stets ihnen überlegen fühlend, keineswegs ihre Gewohnheiten annehmend, sondern vielmehr ihre Kenntnisse übernehmend, um sich fähig zu machen, ihnen zu begegnen; und schließlich werden wir sie finden, wie sie die Welteroberer verdrängen, um selbst Reich und Krone zu erlangen, der schönste Teil, der der germanischen Rasse bis heute verblieben ist. Und, des Weiteren, hat diese deutsche Rasse die Zivilisation über die ganze Welt gebracht und deren Abkömmlinge, die Engländer, die nunmehr die Kontinente von Amerika und Australien rasch bevölkerten.

Während an der Quelle unseres lieblichen Flusses der Abend einkehrt, wenden sich unsere Gedanken vom Lauf der alten Geschichte wieder zurück und wir lenken unsere Schritte hinunter durch den dunklen Wald. Weiße Schmetterlinge taumeln träge vorbei, als ob sie die letzten Augenblicke ihres rasch dahinfließenden Lebens wahrnehmen würden. Plötzlich erhebt sich über unseren Köpfen ein herausragendes Felsmassiv, von dessen Spitze sich eine mächtige Tanne erhebt, die sich zunächst seitlich windet, dann aber steil nach oben strebt, als ob ihre Spitze sich in den blauen Himmel bohrte.

Dann und wann öffnen sich grüne Senken, die mit prachtvollen Fingerhüten und anderen schönen Blumen bedeckt sind. Durch diese Auen rieseln kleine Rinnsale, die den Lauf unseres jungen Baches verstärken, den wir durch den Forst gurgeln und fortsprudeln hören, von Stein zu Stein herabfallend und dabei viele kleine Tümpel in den groben Grund waschend.

Gelegentlich kommen wir an Stapeln von frisch geschlagenem Holz vorbei, und quer über unserem Weg liegen Stämme gefällter riesiger Baumgiganten. Ein harziger Geruch mischt sich mit dem von Wildblumen. Eine Blume, aus der Bergbienen ihren köstlichen Honig saugen, ist eigenartig würzig und weit verbreitet. Gelegentlich verbirgt sich der kleine Fluss hinter üppigen Teppichen des falschen Vergissmeinnichts, die an seinem Rande liegen.

Am Ende kommen wir aus dem Wald aufs Ackerland, das schmale Tal weitet sich und ist von verschiedenförmigen Bergen umgeben, die sich in der Sonne abheben. Die Sonne sinkt langsam, und Schwaden blauen Rauches steigen aus kleinen Häusern am Berghang, wo das Abendessen für die schwer und hart arbeitenden Bauern bereitet wird, die jeder, wenn sie mit allen möglichen Lasten auf ihren Köpfen an uns vorbeigehen, uns freundlich grüßen.

Der noch junge Bach tänzelt am Weg entlang, und während wir in Bussang ankommen, endet unser erstes Kapitel dieses Märchenlebens.

II. Remiremont und Epinal

Der Zusammenfluss

Von Bussang nach Remiremont gurgelt unser Bach plätschernd dahin; manchmal verweilt er in kleinen stillen Weihern, wo die große Forelle tief unter den Wurzeln der überschattenden Bäume liegt, manchmal fällt er mit zartem Gluckern über ein Hindernis und hüpft, wie wir es selbst in jungen Jahren, über alle Schwierigkeiten lächelnd, getan haben, und scheint sich zu erfreuen an dem, was uns in einem erwachseneren Alter zu oft stört und ärgert, obwohl wir unseren Ärger unter einer unbewegten Oberfläche verbergen.

Manchmal fließt unser Bach leicht aufgewellt über zart glänzende Kieselsteine – und hier schießt die Forelle plötzlich auf und schnappt sich ihre Insektenmahlzeit – und manchmal gleitet er zwischen grünen Ufern dahin, die ihn wie einen leuchtend eingefassten Edelstein umsäumen; jetzt ist er gerade blau wie der Himmel darüber.

Die Stunden, die an schwülen Sommertagen in diesem kleinen Bach dahinplätschern oder an seinem Ufer träumen, sind höchst köstlich. – Aber Vorsicht! ihr Badenden, vor den glitzernden Kieseln, die in der blauen Flut glimmen, denn

Unter glitzernden Wassern

Wo sich des Wassers Welle bricht
Und glitzernde Kieselsteine liegen,
So als ob der Nymphe Augenlicht
Wie strahlende Pfeile fliegen,

Neckischen Wasserspritzern gleich,
Bewegt sich das runde Geröll
Und lockt die Badenden in ihr Reich
Hinunter zu tauchen ganz schnell.

Doch sobald man den ängstlichen Fuß
Setzt auf den wandernden Stein,
Zieht der eilig fließende Fluss
Den Unglücklichen ins Wasser hinein.

Talwärts ist die ganze Szenerie alles in allem sehr angenehm, manchmal großartig, aber noch öfters entzückend schön. Die Berge sind beachtlich hoch, an einigen Stellen wird Getreide angebaut, manche sind bewaldet, während andere saftig grünen Rasen tragen, abgesehen von den Stellen, wo graue Felsen aufragen und die Linie durchbrechen. Ein Stück weiter weg erheben sich große, schattige Berge, an niedrigeren Hügeln Tal und Bach begrenzend – und flockige Wolken wandern und ruhen auf deren Gipfeln.

Baumgruppen, die öfters im Tal zu sehen sind, überdecken teilweise Häuser. Viele Brücken sind meist aus Holz, manche überdacht wie in der Schweiz.

Bauersfrauen mit großen Strohhüten oder kleinen engen Kappen arbeiten hart auf den Wiesen bei der Heuernte. Das zusammengespannte Rindvieh käut sein Bündel frisches Gras, das in den gut bewässerten Wiesen gewachsen ist; darum herum spielen Kinder und bewerfen sich mit Heu, bis sie überhitzt zu unserem kühlen Bach rennen, um darin zu baden.

Hier, in kurzer Entfernung oberhalb von Remiremont, ist der Zusammenfluss zweier Arme unseres Flusses, und ab hier wird der Fluss die Mosel benannt. Und indem sie ihre Kindertage verlässt, gleitet sie dahin mit all jener sonnigen Freude ihrer Mädchenzeit, durch die Täler von Remiremont und Epinal, und dann weiter durch eine wellige Ebene, vorbei an Toul, um dann ihre Vertraute, die Meurthe, zu treffen.

Remiremont ist eine schön gebaute, saubere Stadt mit kleinen Rinnsalen, die ständig beiderseits der Straßen fließen. Hier gibt es eine schöne Kirche, neben der sich die Gebäude der früher gefeierten Damen von Remiremont befinden, über die wir im Folgenden berichten.

Im siebten Jahrhundert erreichte ein Mönch namens Amé den Hof des Königs Theudebert von Austrasien. Durch dessen Gebete beeindruckt, wandte sich einer der höchsten Würdenträger des Königs, mit Namen Romaric, dem mönchischen Leben zu und stiftete ein Besitztum, um ein Nonnenkloster zu errichten. Der Berg, auf dem dieses Kloster gebaut wurde, erhielt den Namen „Mons Romarici", und davon wird der moderne Name von Remiremont abgeleitet.

Kurz darauf wurde eine Mönchsgemeinschaft neben dem Nonnenkloster gegründet und der heilige Amé leitete beide. Dann starb er und Romaric übernahm seine Stelle, aber ab da wurde das Nonnenkloster von einer Äbtissin geleitet, einer Tochter von Romaric, wie es heißt.

Zu diesem Kloster kam eines Tages Karl der Große, um die Jagd zu genießen, und dann kam die unglückliche Waldrada, die Gattin Lothars II., um nach langer Verfolgung durch die Kirche hier zu sterben.

Im zehnten Jahrhundert drangen die Hunnen hier ein und plünderten das Kloster. Einige Jahre später brannte es völlig ab; danach wurde es am Fuße des Berges wieder aufgebaut. Die zwei Vereinigungen wurden jetzt aber getrennt: Während sich die Mönche in die Berge zurückzogen, lebten die Nonnen in ihrer neuen Behausung.

Die Nonnen führten ein derart skandalöses Leben, dass Papst Eugenius ihnen die Aberkennung ihrer Religionsgemeinschaft androhte. Seine Anklagen waren fruchtlos, die Damen verzichteten sogar auf das Habit ihrer religiösen Erscheinung, blieben jedoch in einer Art weiblicher Feudalität verbunden. Die Äbtissinnen waren Abkömmlinge bester Familien, und niemand konnte Mitglied ihrer Gemeinschaft werden, wenn er nicht von beiden Seiten seit über hundert Jahren blaues Blut nachweisen konnte.

Die Äbtissin hatte den Rang einer Fürstin des Kaisers inne und hielt groß Hof – ein blankes Schwert wurde ihr von einem der Offiziellen vorangetragen, von denen viele in ihrem Dienste standen. Sie erhielt ihre Einsetzung vom Kaiser selbst und verfügte über manche Sonderrechte in Teilen ihrer Umgebung, sodass ihre Stärke des Öfteren zu Konflikten mit den Herzögen von Lothringen führte.

Die Herzöge waren verpflichtet, am 15. Juli jedes Jahres vor dem Kloster zu erscheinen und auf ihren Schultern den Altar des heiligen Romaric zu tragen. Alsdann unterzeichneten sie in einem großen, mit Gold beschlagenen Buch die Bestätigung all ihrer Privilegien, die sie vom Kloster erhalten hatten. Als Ausgleich für diese Dienste erhielten sie eine Reihe handfester Vorzüge.

Eine der heftigsten Auseinandersetzungen zwischen den Damen und den Herzögen von Lothringen ergab sich aufgrund der Weigerung des Herzogs Karl III., die sterblichen Überreste des Heiligen auf seine Schultern zu nehmen. Schließlich gaben die Damen ihre Haltung auf mit der Absicht, im Gegenzug eine Dauerrente in Höhe von 400 Francs zu bekommen.

1637 belagerte Karl IV. die Stadt, in der inzwischen die Franzosen eine Garnison von fünfzehn Kompanien eines normannischen Regiments eingerichtet hatten. Diese zum Äußersten entschlossenen Soldaten erklärten, dass sie eher Äbtissin, Abtei, die anderen Damen und sogar die Bürger dem Feuertod opfern würden, als bedingungslos aufzugeben. Die Damen entsandten sechs von ihnen zum Herzog, der durch die Tränen ihrer Schönheit überwältigt, den Nonnen bevorzugte Kapitulationsbedingungen gegenüber den normannischen Schurken gewährte.

Im Jahr darauf erschien Turenne vor den Toren der Stadt, in der der Herzog nur eine kleine Garnison belassen hatte. Aber die Äbtissin, der Großzügigkeit des Herzogs gewiss, verteidigte sich so tapfer, dass sich Turenne nach drei Angriffen mit beachtlichen Verlusten zurückzog. Danach erhielt die Äbtissin vom französischen König das Versprechen der Neutralität.

Die Stärke dieser außerordentlichen „Damen von Remiremont" dauerte (wenn auch mit Einschränkungen) fort, bis der Höhepunkt der französischen Revolution vorübergehend gar den Namen der Stadt tilgte, die damals Libremont hieß. Die Kirche und andere Gebäude bestehen noch als letzte Überbleibsel dieser außergewöhnlichen Vereinigung.

Nachdem wir die Hügel oberhalb von Remiremont hinaufgestiegen waren und nun zwischen Heidekraut und Farnen saßen, breitete sich das Tal unter uns in prächtigem Grün aus. Die Hügel ringsum sind abwechslungsreich und schön, Baumgruppen schmücken die Wiesen, lange Schatten wandern und bieten unseren Augen eine Folge ständig wechselnder Bilder.

Wir beobachten, wie einer dieser Schatten den entfernten Berghang hinabwandert, über einem Getreidefeld hell und prächtig verharrt – und dann weiterwandernd auf einer großen Baumgruppe verweilt, deren Dunkelheit gegen das helle Gras darunter kontrastiert. In ihrer Bewegung bleiben die Schatten zurück und dann stehen sie im Licht zitternd gegen den finsteren, in Schleier gehüllten Berg. Die Wolken wandern weiter, andere folgen geschwind, und tauchen das Tal in die Erscheinung einer wandernden Grassteppe. Dann kommen sie näher und umhüllen den Berg, auf dem wir in der Helle sitzen. Aber schon bald darauf ist alles wieder klar, der Himmel darüber ist rein, die Luft sanft. Die Wiesen schimmern prächtig und unser Fluss windet sich mal in weiter Talferne und dann wiederum zur Stadt hin und erfrischt die erhitzten Kräuter mit seinen klaren Wässern.

So schön auch das Tal sein mag, wir wenden unsere Augen zu der noch strahlenderen Schönheit der

Mittäglichen Wolkenspiele

Über unseren Köpfen Sonnenstrahlen zittern
Die Luft ist erfüllt von Wärme und strahlendem Licht
Auf dem Fluss zu Füßen tausende helle Reflexe flittern
Und spiegeln den Himmel blau und dicht.

Entfernte Berge, in Linien, den dunklen,
Schlummern ruhig im dunstigen Hauch
Und eine gewaltige Wolke zeigt ein Funkeln,
Fesselt unsern Blick trotz leichtem Rauch.

In Wolkenschatten glauben wir zu sehen ganz fern
Täler und Hügel, wo Seraphine ihre Wohnung hatten.
Die loben und preisen ihren Schöpfer und Herrn.
Sie beten beständig „Ehre sei Gott in der Höhe",
Flehen ihn an und rühmen sein Tun.
Möge auf Erden vergehen alles Böse,
Damit die Menschheit ohne Sünden möge ruh'n.

Der Himmel schüttet Wasserstürme über die Berge.
Sie weiten und breiten sich aus über unsere Erde.
Unsere schwachen und ängstlichen Seelen brauchen Stärke und Trost,
Erbitten Sonnenlicht und im Herbst einen guten Most.

Da, wo wir sitzen, ist die Erde vielfältig gewellt und mit Farnen und Heidekraut bedeckt, aus Letzterem fliegt eine große Kette surrender Rebhühner auf und fällt ins Tal ein.

Darüber schickt der stumme Wald seine Schätze an Rinde und Feuerholz hernieder, die in knarrenden Wagen den steilen Abhang hinuntergebracht werden. Die Rinder wanken unter der Last, während die Führer sie antreiben, und deren große Hunde sehen gelassen vom über-hängenden Ufer auf die geschäftige Szene.

Die ganze Umgegend von Remiremont ist wunderschön und auch die Stadt selbst ist ein Musterbeispiel einer ländlichen französischen Stadt. Sie ist besser gepflastert als üblich, und die Hauptstraße hat Arkaden unter dem ersten Geschoss, in deren Schatten man in der Mittagshitze bequem sitzen kann und das Wasser durch die kleinen Rinnsale fließen hört.

In den kleinen Gaststätten kommen und gehen die Leute rasch ein und aus. Der vornehme Badeort Plombière les Bains ist nur zwölf Meilen entfernt. Die Gästetafel (tables-d'hôte) in diesen Lokalen ist großartig, ebenso die Anzahl der Gänge sowie die Schnelligkeit, mit der alles serviert wird, und auch die wirklich exzellente Küche. Die meisten Kellner sind Männer, die den Frauen Augen machen, und obwohl sie etwa zwanzig Gäste bedienen, noch Zeit haben, deren scharfzüngige Spötteleien schlagfertig zu parieren.

Hier kann man ein gutes Beispiel falscher französischer Höflichkeit finden – sie werden sich niemals selbst zu einem vin ordinaire verhelfen, ohne des Nachbarn Glas zu füllen, gleichgültig, ob er noch mehr will oder nicht, und fast unweigerlich finden sie heraus, was die Augen des vorher erwähnten Nachbarn sich aus der Karte schon mit sehnlichen Blicken ausgesucht haben. Ein Genießer langt herüber, um dir zu Öl und Pfeffer zu helfen, womit man eine schnöde Sauce anreichern kann. Ein anderer will dir unbedingt etwas von seinem Teller abgeben, was die Magd verwirrt. Alle essen gefräßig, und mit Messern löffeln sie die überflüssige Soße auf und bringen damit die Ränder ihrer Mäuler in Gefahr. Nach dem Mittagessen (welches um zwölfe ist), füllen Kartenspiel und Kaffee die Zeit, bis ein kleiner Bewegungsgang sie zu einem zweiten Essen um sieben leitet, wo dann die Messer erneut ihren Part spielen.

In kleineren Gefährten zu reisen ist eher elend, und diese zu mietenden kleinen, ratternden Karren sind schlecht und langsam. Und erneut: das Reisen bringt die Höflichkeit der französischen Männer wieder zutage – die sich wenn möglich die besten Plätze sichern, sie niemals den Damen anbieten und das Gefährt mit ihrem sehr schlechten Tabakrauch anfüllen.

Doch lassen wir sie zurück in Rauch und Dunst, und so wandern wir mit unserem frischen Fluss durch die Wiesen, der die Felder auf seiner Strecke zu der fröhlichen Stadt Epinal bewässert.

Gleich am Eingang der Stadt liegt auf einer leichten Anhöhe ein Schatten spendender öffentlicher Park mit alten Buchen, Wegen und Bänken. Raue Grasflächen füllen die Zwischenräume. An Sonn- und Feiertagen spielt hier eine Militärkapelle, und junge Männer sonnen sich in den Augen ihrer Angebeteten, die in vielfarbigen Kleidern auf und ab flanieren, angeblich der Militärmusik, aber in Wirklichkeit den Stimmen ihrer Bewunderer lauschend.

An allen anderen Tagen spielen hier Kinder und auf der Wiese sitzen malerisch gekleidete Kindermädchen, die Haare hoch aufgetürmt und mit schneeweißen Puffärmeln über ihren Armen. Es ist ein angenehmer Aufenthaltsraum von beachtlichen Ausmaßen; an einer Seite

Schwestern und Kinder von Epinal

ist der Fluss, von dem ein großer Teil über ein Wehr fällt, während ein anderer Teil in einem klaren Strom durch die Stadt geführt wird und sich unterhalb der Stadt wieder mit dem Hauptstrom vereinigt. So bildet sich eine Insel, und Epinal steht sowohl auf dieser Insel als auch beiderseits an den Ufern, und mehrere Brücken verbinden die verschiedenen Stadtteile.

Da gibt es nahe am Ende der Stadt eine sehr schöne alte Kirche. Auf dem Berg darüber war früher eine starke Burg, von der nur wenige Steine übrig geblieben sind. Der Berg ist mit einem privaten Garten bedeckt, von dem man schöne Ausblicke hat.

Epinal liegt an der Stätte einer ursprünglich alten Stadt, die zweifach von Feuer und Plünderung zerstört wurde. Die moderne Stadt umgab die Mauern eines im Jahre 980 n. Chr. vom Bischof von Metz gegründeten Klosters und hat sich im folgenden Jahrhundert vergrößert.

Es heißt, dass die Damen dieses Klosters sich mit den „Damen von Remiremont" im Wettstreit um die Führung eines skandalösen Lebens befanden, wenn nicht gar auch im Kampfe. Und als im dreizehnten Jahrhundert ein Erzbischof von Toul die Wiedereinführung einfacher Verhaltensregeln zwischen ihnen versuchte, verweigerten sie die Ablegung jeglicher Gelübde, was damit endete, dass sie sich verweltlichten, aber doch einige zurückhaltende Regeln gegenüber der Welt bewahrten. Sie trugen zwei Bekleidungen, eine für das Kloster und eine für die Gesellschaft. Als Vereinigung existierten sie bis zum letzten Jahrhundert.

Da ein Bischof von Metz dieses Kloster einst gegründet hatte, setzten seine Nachfolger ihre Souveränität über die Stadt voraus, was dazu führte, dass einer von ihnen im dreizehnten Jahrhundert die Befestigung der Stadt veranlasste. Seine Oberhoheit wurde einerseits von der Stadtbevölkerung und andererseits von einigen Gutsherren, die sich als die Beschützer des Klosters ansahen, oft diskutiert. Obwohl es vielerlei Streitgespräche gab, wurde schließlich zugestimmt, die Stadt den Herzögen von Lothringen zu überlassen, zu deren Haus es immer noch gehört.

Häufig von den Franzosen eingenommen und genauso oft zurückerobert, litt sie sehr unter den Kriegen, stand aber immer zu ihren herzoglichen Herrschern, bis sie schließlich doch von Frankreich vereinnahmt wurde. In der heutigen Zeit ist sie eine geschäftige, schmutzige, florierende und schlecht gepflasterte Stadt.

Nun aber weiter über Hügel und durch Täler! Der Fluss strömt unter uns oder an uns vorbei und wir lassen Thaon, Châtel, Charmes und viele andere Städte und Dörfer hinter uns. In ihrem Strome fällt sie über Wehre, umkreist viele Inseln und folgt ihrer Richtung, bis sie das Département des Vosges verlässt und in das der Meurthe eintritt.

Lachend und fröhlich werden wir im nächsten Kapitel „das schöne Mädchen" sich inmitten von Kornfeldern sonnen sehen, die ihren Lauf nach Toul umschmücken.

Wasserfall

III. Toul und Nancy

Baden bei Toul

„Oh, wunderschönes Land Frankreich!", singt der Poet, und es ist wirklich ein wunderschönes Land, besonders dann, wenn es sich so wie jetzt ausbreitet mit seinen gelben Ährenfeldern, die sich über weite Ebenen erstrecken. Und während wir uns Toul nähern, sind die Schnitter bei der Arbeit, Frauen und Kinder binden fleißig die Garben oder breiten sie aus, so rasch wie die Männer sie schneiden können. Alles wirkt froh und glücklich: Die strahlende Sonne über dem Getreide verleiht dem ganzen Land einen Anflug von El Dorado und scheint sich in goldene Träume eines Märchens zu verwandeln.

Als wir wieder an unseren Fluss kommen, wie er sich dahinschlängelnd und bummelnd die fruchtbaren Ebenen des „alten Lothringen" bewässert, finden wir den Lauf in seinem steinigen Bett etwas verkleinert, weil die Sonne von der Erde Feuchtigkeit aufgenommen hat und das feurige Element nun der Menschheit Güter beherrscht, wo hingegen das Erdreich befeuchtende Wasser den Keim in ihrem Busen befruchtet.

Der Gegensatz der flammenden Sonne und des Kornes scheint unseren lieben Fluss umso kühler und frischer zu machen. Den ganzen Flusslauf hinunter waten Badende und erfrischen sich. In einem Nebenarm, überschattet von hohen Pappeln und bewacht vor naseweisen Augen, hinter seitlich aufgetürmten Feuerholzstapeln, baden Frauen, Mägde und Mädchen in lang fließenden Gewändern; die Haare locker um ihre glühenden Köpfe gewunden, bespritzen sie sich gegenseitig mit glitzernden Tropfen und lachen, schreien und singen. Hier, Hand in Hand mit schwankendem Gang, stemmen sie sich gegen die Strömung, rutschen und taumeln bei jedem Schritt – und wenn sie dann den erwünschten Punkt erreicht haben, schwimmen sie fröhlich abwärts und ihre Schönheit spiegelt sich in den blauen Wellen. Oben am Ufer sind einige Furchtsame, die vorsichtig ihre Füße nach vorne wagen, ehe sie sich in das feuchte Element stürzen; einige binden noch vorbereitend ihre Haare; andere, die schon gebadet haben, machen sie auf und die langen Locken fließen über ihre schönen Schultern. So lassen sie munter ihre Zeit verstreichen und trotzen so der heißen Sonne über dem Flussufer.

Ein Stückchen weiter tauchen die grünen Wälle der Befestigungsanlagen auf, und die Türme der Kathedrale erheben sich hoch über die noch unsichtbare Stadt. Unterhalb der Türme ist ein großer, flachköpfiger Hügel, dessen kleinere Brüder sich südwärts ausbreiten und deren gleiche Flachheit sichtbar wird.

Die Mosel macht eine große Schleife, nachdem sie Toul passiert hat. Es erscheint so, als ob sie deshalb so weit entfernt ist, weil sie eigentlich gekommen war, um die Leuci zu treffen, da sie aber wenig Anlass hat, hier zu verweilen oder ihren Lauf zu verlangsamen, hastet sie von dannen, um von ihrer Freundin, der Meurthe, die Geschichte von Nancy zu hören, das von Wällen bewacht wird.

Ehe wir jedoch zusammen mit unserer Mosel die Geschichte von Nancy hören, müssen wir zunächst einer einfachen Geschichte aus dem französischen Alltag aus der Nähe von Toul lauschen.

Adele und Gustav

Schon wieder schlich sich ein Krieg durchs Land; und wieder bewaffnete sich Frankreich, rief seine Söhne zusammen, um einen fremden Widersacher zu bekämpfen. Aber diesmal erschien es eine gerechte Auseinandersetzung zu sein, da es Seite an der Seite mit England darum ging, die Schwachen gegen die Bedrängnis der Starken zu schützen.

Adeles Herz schlug heftig vor Angst, als der Tag der Ziehung der verhängnisvollen Nummern kam, jener Nummern, die angaben, ob Gustav sie ins Schlachtfeld verlassen musste, oder zur Heirat dableiben konnte, wie es zwischen ihnen und den Eltern ausgemacht worden war.

Gustav jedoch, obwohl er seine süße Verlobte herzlich verehrte, liebte noch mehr der hellen Trompete Ruhm, ein großes Wort und eines, dass die Männerherzen fesselt – aber so wie Trommeln und Trompeten sind ihre jeweiligen Töne nur der Ausdruck eines hohlen, aber doch verlockenden Klanges.

Der Ruhm, von dem Gustav träumte, war eigentlich kein wirklicher Ruhm, kein Heldentum im täglichen Leben, nicht der Heldentod zur Verteidigung dessen, was wir lieben – sondern viel-

mehr die Aufregung und der Glanz, der Prunk und der Stolz, das Jagen und das Getümmel eines imaginären Krieges.

Er dachte kaum an Tage schwerer Entbehrung, an nächtliches Wachestehen, an beständige kleine Nöte und an anhaltende Schmerzen und die durch das Soldatenleben verursachten Krankheiten; und noch weniger, ist zu befürchten, war in seinem Geist der Gedanke an die Vielzahl von Adeles mitleidsvollen Kriegsbriefen voller Trauer und Zittern, während gleichzeitig Männer, Freunde und Liebhaber in der Ferne kämpften und starben. Er dachte nur auf abstrakte Weise an Ruhm, etwa wenn er eines Tages siegreich triumphierend zurückkommen und ihr seine Siegesbeute zu Füßen legen würde.

Und er wurde tatsächlich eingezogen. Seine Freunde baten ihn, doch einen Ersatzmann zu stellen – aber er, in seinem Gefühl von Ehrgeiz und Liebe zu ihnen, wollte sich nicht auf diese Weise vor ihnen bloßstellen; und in seiner Bedrängnis wandte er sich an die still schluchzende Adele und überließ ihr die Entscheidung.

Die arme Adele, die ganz gut seine stillen Gedanken kannte und befürchtete, dass er zu Hause nur herumnörgeln würde – und vielleicht auch selbst ein wenig von seiner Ruhmesliebe angetan –, weinte und sagte: „Dann gehe nur, lieber Gustav, niemals soll ein französisches Mädchen ihren Geliebten zur Preisgabe seines Vaterlandes auffordern."

Von vielen Tränen und geheimen Gebeten um seine Gesundheit begleitet, macht sich Gustav schließlich auf. Das ganze Land ertönt voll kriegerischer Vorbereitungen; überall spürt man die Erregung des kommenden Krieges, die Standarten und Fahnen wehen hoch, und die ganze Luft ist erfüllt von der großen Hymne „Partant pour la Syrie" (Abreise nach Syrien).

Gustav schrieb oft: Zunächst war er in hartem Drill, dann hatte er seine Ausbildung beendet und war bei seinen Vorgesetzten gut angesehen, weil er ihnen oft mit klarem Verstand und sicherer Feder zur Seite stand. Bald darauf kam der Befehl, dass das Regiment nach Marseille zu eilen hatte, um von dort nach dem Orient verschifft zu werden.

Es folgte eine lange Pause, in der eine Schlacht in der Ebene oberhalb von Alma stattfand. Sein Name war nicht auf den Listen der Toten und Verwundeten, jenen beängstigenden Aufstellungen, die das Herzeleid vieler verursachen; dabei geht es weniger um die Kämpfer als um jene, die zurückbleiben und unser Mitleid erregen.

Dann kam ein Freudentag, Gustav hatte ein solches Bravourstück bestanden, von denen es viele im Russischen Feldzug gab. Er wurde befördert, und Adeles Augen funkelten und ihr Busen wogte, als Freunde scharenweise vorbeikamen um zu gratulieren.

Ein langer Winter zog ein, und immer noch bekämpfte mit dem Mut der Verzweiflung der Feind die belagerte Stadt, und Menschen starben bald an Ermüdung und Kälte sowohl innerhalb als auch außerhalb der Mauern.

Gustav war stark und gesund, niemals krank oder leidend, aber ach! da gab es einen Tag an dem, nachdem die Franzosen dem Feind fast in die Stadt gefolgt waren, man nach einer galant verbrachten Nacht herausfand, dass er nicht zurückgekehrt war, und seine Kameraden berichteten, dass er tödlich verwundet an der Stadtmauer gefallen sei. Sie hätten vergeblich versucht, ihn mitzunehmen, aber es sei zu schwierig gewesen und so hätte er sein Leben dort ausgehaucht, wo er gefallen war.

Der Obrist selbst schrieb an seine Freunde und eine Auszeichnung wurde beigegeben, aber konnten diese Lobesworte und das kalte Metallkreuz jemals für Adele ein Ausgleich sein für den Verlust ihres Geliebten? Oft, wenn sie mit sich und Gott allein war, saß sie mit diesen Schätzen in ihrem Schoß, aber aus ihren Augen rollten die Tränen und sie konnte das Kreuz und die Schrift durch ihre Tränen kaum erkennen. Nein, für Adele gab es keinen Trost, obwohl er für Frankreich gefallen war, klangen ihre Worte hohl: „Mourir pour la patrie" (Fürs Vaterland zu sterben).

Es gab wieder Frieden in der Welt, ein teuer erkaufter Friede, der Eltern und Kinder, Witwen und Schwestern trauern sah um diejenigen, die der Krieg ihnen aus den Armen gerissen hatte.

Außerhalb der Mauern von Toul war die Ernte eingebracht, die wenigen letzten Garben wurden aufgeladen, als die Sonne zu sinken begann; die bunt geschmückten Pferde und Rinder bewegten sich langsam zur Stadt; Kinder tanzten um die Wagen und die Mädchen sangen ein Lied wie in alten Tagen:

Herbstlied

Beim Abend-Sonnenuntergang
All unsre Arbeit ist getan.
Nun Ruhe das letzte Licht verspricht,
Wenn es langsam im Westen verlischt.

Das gelbe Korn ist eingeholt,
Von Herzen Dank dem großen GOTT.
Der spendete Sonne und Regen,
Gab Wachsen und Gedeihen den Segen.

Voll geladene Erntewagen,
Gezogen von Rindern, den starken,
Fahren im letzten Sonnenstrahl
Nach getaner Arbeit ein in den Stall.

Bunte Girlanden spielen im Wind.
Volkes Musik fröhlich erklingt.
Bis in den Morgen Erntetanz
Unter des gold'nen Füllhorns Glanz.

Das gelbe Korn ist eingeholt
Von Herzen Dank dem großen GOTT.
Der spendete Sonne und Regen,
Gab Wachsen und Gedeihen den Segen.

Adele konnte deren Freude nicht teilen, ihr Herz war wie das ihres Geliebten – tot. Und als man mit dem letzten Wagen heimfuhr, hörte man plötzlich einen Aufschrei. Die Menge kommt näher – sie hört ihren Namen rufen – viele Stimmen schienen „Gustav!" zu rufen – man machte ihr Platz.

Altbekannte Augen blickten in ihre, als sie das Bewusstsein wieder erlangte, sein Arm umschloss sie und sein Herz schlug gegen ihres.

Obwohl schwer verletzt, war er von einem großherzigen Gegner versorgt worden. Und bei Ende des Krieges entlassen, konnte er heimkehren; ein leerer Ärmel war an seine Brust geheftet, und dort befestigte sie sein Ehrenkreuz – es seufzend betrachtend, lächelte er sie liebevoll an und dachte, dass vergänglicher Ruhm wohl zu teuer erkauft sein mochte.

Und nunmehr umsorgt Adele an den Ufern der Mosel ihren invaliden Gatten, und für den Augenblick regiert der Frieden in Frankreich. Aber Ach und Weh! Viele andere Adeles werden noch viele andere Gustavs betrauern, ehe die Menschheit lernt, den Wunsch zu erfüllen, der in Jeanettes Lied steckt und lautet:

> *„Let those who make the quarrel be*
> *The only ones to fight."*

> *Lasst diejenigen, die den Streit anfangen,*
> *die einzigen sein, die kämpfen.*

Ernte

Außer seiner prächtigen Kathedrale hat Toul eigentlich wenig, dass uns aufhalten könnte, es ist die „langweiligste von den Langweilern", da es kein Leben in den Straßen gibt; die Eisenbahn läuft an ihren Toren vorbei und nur wenige Reisende kommen herein. Nur ihre Geschichte ist von Interesse: Bereits gebaut, noch ehe die Geschichte dieser Region begann, war sie, als die römischen Adler sie erreichten, die Hauptstadt des kriegerischen Stammes der Leuci.

Zu einer sehr frühen Zeit in einem Bistum errichtet, waren die Bischöfe ihre Herren. Zwar nominell den Bischöfen und den Grafen von Toul zugehörig, schienen aber deren Bürger alle Rechte einer freien Stadt genossen zu haben, schließlich galt sie als eine Freie Reichsstadt.

Als sich im dreizehnten Jahrhundert ein Streit zwischen diesen Bürgern und deren Bischof Gilles de Sorcy erhob, wurden drei Streitschlichter benannt, um den Ärger beizulegen. Es schien so, dass vormals die Stadtbürger verpflichtet waren, für den Bischof während des Monats April die Nahrungsmittel zu besorgen; dieser Brauch war eingeschlafen und der Bischof reklamierte die Versäumnisse und verlangte die Fortsetzung. Die Bürger hingegen beanspruchten gewisse Zugeständnisse des Bischofs beim Einzug in ihre Stadt.

Es wurde vereinbart, dass die Bürger jährlich den Betrag von sechzehn Pfund Touler Geldes an den Bischof zu zahlen hätten, und er seinerseits bei seinem feierlichen Einzug in die Stadt vierzig Maß Wein, achthundert Pfund Brot und einen ganzen gebratenen Ochsen mit Pastinaken verteilen solle.

Bei diesem Beschluss schien es, dass keine der beiden Parteien die Oberhand hatte und dass die Kräfte fast gleichmäßig verteilt waren.

Beim Tode von Gilles brachen Unstimmigkeiten aus, und so stellte sich das Volk anno 1300 unter den Schutz des Königs von Frankreich. Und da Toul eine freie Stadt war, erhoben sich jetzt Streitigkeiten zwischen den französischen Monarchen und den deutschen Kaisern; aber die Franzosen waren gewandter und die Stadt wurde so als unter ihrer Obhut stehend betrachtet.

Gelegentlich mussten die Bürger durch Brandschatzung ihrer Vororte oder Besetzung ihrer Stadt an ihre Gefolgstreue erinnert werden. Aber schließlich wurde Toul im sechzehnten Jahrhundert förmlich an Frankreich abgetreten und im Jahre 1700 riss Ludwig XIV. die Mauern nieder und errichtete Befestigungen, in deren Begrenzung die Stadt nunmehr stagniert.

Der große Kanal, der den Rhein mit der Marne verbindet, läuft parallel zur Mosel nach Frouard, wo in der Nähe dieses Ortes die Meurthe einmündet. Die reich bewaldete Gegend ist angenehm, Berge und Täler wechseln sich ab.

Jenseits von Liverdun laufen Eisenbahn, Straße, Kanal und Fluss nebeneinander her, Feuer, Erde, Wasser und Luft, alle geschaffen, der Menschheit zu dienen.

Und nun strömt die Meurthe herbei; voll fröhlicher Zuversicht vermittelt diese Freundin unserem Fluss ihre Erfahrung.

Sie berichtet ihr von einer herrlichen Stadt voller Gärten und großer Bäume, in deren Schatten Musik die Luft erfüllt und freundliche Damen und Jungfrauen flanieren. Gleich daneben plätschern zahllose Brunnen; und nicht fern ist der alte Palast des Königs Stanislas, der die Stadt mit vielen würdevollen Gebäuden bereicherte. Die Läden und Cafés, das Theater und die Promenaden, alles trägt dazu bei, Nancy zu einem angenehmen Orte zu machen.

In der alten Stadt gibt es einen merkwürdigen Palast der alten Herzöge, der ein Museum birgt, wo alle Arten von Hinterlassenschaften aufbewahrt werden.

Alte Türme bestücken die Mauern, und Statuen, Haine und Kirchen zieren die Stadt. In der herzoglichen Kapelle sind die Gräber der Herzöge von Lothringen, die mächtige regierende Fürsten waren. Diese Kapelle ist besonders reizvoll.

Es scheint, dass Nancy den Höhepunkt seiner strahlenden Existenz während der Regierungszeit von Stanislas erreichte, der vom französischen Monarchen das Herzogtum Lothringen im Ausgleich zu seinem eigenen Königreich Polen erhielt. Bei seinem Tode fiel das Herzogtum schließlich wieder an Frankreich und wurde 1766 ausgelöscht.

Stanislas und seine Königin nahmen 1699 an einer sehr ausgefallenen Feierlichkeit teil, die man „Das Fest der Brandons" nannte, das jährlich in Nancy gefeiert wird.

Das Fest lief folgendermaßen ab: An einem ganz bestimmten Tage hatten sich alle neu vermählten Paare, gleichgültig welchen Ranges, unter Strafandrohung außerhalb der Stadt zu begeben und ein Reisigbündel zu sammeln. Damit sie aber selbst nicht in den Wald gehen mussten, wurden diese Bündel vor den Toren, wo ein kleiner Markt stattfand, verkauft, wo man auch Bänder, Rebmesser aus weißem Holz usw. erwerben konnte. Sie kehrten dann mit den von Bändern zusammengehaltenen Reisigbündeln in die Hirsch-Halle des herzoglichen Palastes zurück. Der Ehemann trug dabei ein am Knopf hängendes Rebmesser. Von dort aus zogen sie dann in einer Prozession zum Markt, türmten dort ihre Bündel zu einem Haufen und schrieben ihre Namen in ein für diesen Zweck bereitgehaltenes Buch. Darauf erhielten sie einige Privilegien für das kommende Jahr.

Zum Palast zurückgekehrt, tanzten sie im Hof und junge Leute warfen ihnen Erbsen zwischen die Beine, die, wie der Chronist berichtet, „sehr hart waren und so gelegentlich die Tänzer zu Fall brachten und daher bei den Betrachtern große Heiterkeit hervorriefen."

Um sieben Uhr abends gab es ein großes Nachtessen im Rathaus und nachher wurden das große Freudenfeuer und Feuerwerke entzündet.

Während das Freudenfeuer loderte, hatten die Neuvermählten das Recht, vom Balkon des Rathauses „Les Valentins et les Valentines" zu rufen, das heißt, sie riefen die Namen aller unverheirateten Freunde mit den nachfolgenden Worten „Qui donne-t-on à M---?" (Wer gehört zu M--- ?) „Mademoiselle ---" (Fräulein ---), was von anderen beantwortet wurde, und die Menge wiederholte die Namen und drückte somit ihre Zustimmung aus oder anderes.

Im Verlauf der nächsten Woche musste der Valentin seiner Valentine ein Blumengebinde oder ein anderes Geschenk senden. Falls sie dies akzeptierte, erschien sie am folgenden Sonntag mit dem Geschenk zur Morgentoilette der Herzogin; und falls der Valentin ihr kein Geschenk gesandt hatte, zündeten die Nachbarn vor seinem Haus ein Strohfeuer an, um ihr Missfallen zum Ausdruck zu bringen.

Die Damen hingegen mussten ihren Valentins einen Ball ausrichten, und falls sie dies nicht taten, wurde vor ihrem Haus ein Strohfeuer entzündet.

Diese Feuer wurden „Brûler le Valentin ou Valentine" (den Valentin oder die Valentine verbrennen) genannt und bedeuteten, dass sich die „Neuvermählten" bei der Auswahl der noch Unverheirateten geirrt hätten. Die Chronik endete damit, dass man sagte, „die Leute waren so entzückt zu sehen, wie Stanislas und seine Königin an ihrem Feste teilnahmen, dass sie nun keine Erbsen unter deren Füße streuten, während sie tanzten".

Nancy hat nicht das Alter wie seine Nachbarn Metz und Toul, denn es stammt erst aus dem elften Jahrhundert und selbst da war es kaum mehr „als eine Burg mit ein paar Häusern drum herum".

Hier geschah es, dass Johanna von Orléans, geboren in Domrémy bei Toul, erstmals vom Herrn von Baudricourt dem Herzog Karl II. vorgestellt wurde, der ihr ein Pferd und Waffen gab und sie nach Chinon sandte zu König Karl VII. von Frankreich, an den Johanna folgende Worte richtete: „Ich verspreche vor Gott, dass ich innerhalb eines Jahres alle Engländer aus dem Reiche werfen werde und versichere, dass die Kraft dazu in mir ist."

Nach ihrem barbarischen Mord erhob der König ihre ganze Familie, Männer wie Frauen, auf alle Ewigkeit in den Adelsstand und sie behielten dieses Privileg bis ins siebzehnte Jahrhundert, als ein parlamentarischer Beschluss diese Ehre nur noch auf die Männer begrenzte.

Viele in Lothringen glaubten, dass Johanna tatsächlich nicht verbrannt wurde. Dieser Glaube ermunterte viele Betrügerinnen. Eine war so erfolgreich, dass sie sogar Johannas Brüder täuschte, und unter ihrem erheuchelten Namen einen gewissen Robert von Armoises heiratete. Einer anderen glaubte man eine Zeit lang, und sie wurde dafür auch entsprechend gefeiert, aber als sie mit dem König konfrontiert wurde, stellte er ihr die Frage nach ihrem wirklichen Geheimnis.

Johanna von Orléans

Im Jahre 1445 kam der Herzog von Suffolk nach Nancy, um für Heinrich VI., König von England, um die Hand von Marguerite, René von Anjous schöner Tochter, anzuhalten. René stimmte dieser Ehre gerne zu, und Marguerite zog fort, um von nun an ihr betrübliches Leben in Lagern und Gefechten zu verbringen, bis sie schließlich, nach dem Mord an ihrem Gatten und ihrem Sohn, wieder nach Lothringen zurückkehrte und 1482 in der Nähe von Mihiel starb. Historiker meinen, dass sie wegen ihrer Tugenden, ihrer Fähigkeiten, ihres Mutes, ihres schweren Schicksals und nicht zuletzt wegen ihrer Schönheit so bemerkenswert war.

Karl der Kühne belagerte und eroberte Nancy im Jahre 1475; entgegen seinem üblichen Verhalten war er höchst leutselig gegenüber den Bürgern, in der Hoffnung, Nancy zur Hauptstadt seines neuen Königreiches zu machen und es für sich selbst aus den umliegenden Ländern herauszulösen, aber seine Streitigkeiten mit den Schweizern beendeten den Fortgang dieses Planes, und in seiner Abwesenheit eroberte René II. die Stadt zurück, nachdem die Garnison kapituliert hatte. Nach der Kapitulation sandte der Gouverneur an René eine Pastete aus Pferdefleisch und ließ ihm sagen, dass sie sich für mehrere Tage mit einer derartigen Nahrung hätten begnügen müssen.

Unmittelbar darauf erschien Karl wieder und belagerte die Stadt erneut. Nachdem René die Garnison verpflichtet hatte, wenigstens zwei Monate auszuhalten, fuhr er los, um von den Schweizern Unterstützung zu holen. Die Stadt musste große Entbehrungen erleiden, um dieses Versprechen einzuhalten – die Mauern zerfielen, eine fürchterliche Krankheit wütete und nicht weniger als vierhundert Männer erfroren allein in der Weihnachtsnacht.

Schließlich erschien René mit den Schweizern. Dann fand die berühmte Schlacht statt, in der Karl geschlagen wurde. Man sagt, dass er sich bereits vor dem Beginn des Kampfes Sorgen um den Ausgang gemacht hätte, als er sich nämlich den Helm aufsetzen wollte, fiel sein Wappen zu Boden. René konnte noch in der gleichen Nacht bei Fackelschein seine Hauptstadt wieder betreten.

Noch unter der Herrschaft von Karl IV. litt Nancy unter der Kriegslast und musste mehrere Belagerungen ertragen; schließlich wurde es 1766 endgültig in das französische Imperium eingegliedert.

IV. Metz

Aquädukt von Jouy

Süße Jugend

Süße Zeit der mädchenhaften Blüte
In Glück und Freude und in Güte.
Von allen empfangend und allen gebend,
Liebe im fließenden Fluss des Lebens.

Bevor noch irdische Ängste und Sorgen
Den strahlenden Blick der Augen verdunkeln,
Leuchten sie mich an wie Karfunkeln,
Erhoffen Glück und glänzende Zukunft morgen.

Oh, du jugendliche Mosel!

Es ist ein reiches, grünes Tal, dort wo sich diese Wässer treffen, wo die Meurthe stirbt; und während sie vergeht, verstärken ihre Fluten die ihrer Freundin.

Und großzügig den Talgrund bewässernd, fließt unser Fluss durch das nach ihm benannte Département Moselle und bildet eine große Insel, über die sich ehemals ein antiker römischer Aquädukt erstreckte.

Von diesem Aquädukt stehen auf der rechten Seite noch sechzehn Bögen und eine Säule bei dem Dorf Jouy-aux-Arches, von dessen Gärten oberhalb man den Fluss durch das Tal glitzern sieht durch die riesigen Bögen, wie Bilder eingerahmt.

Natürlich gibt es auch eine Legende, wonach der Teufel diesen Aquädukt gebaut habe. Er hatte versprochen, es für eine unbekannte Zusage noch vor dem ersten Hahnenschrei zu tun. Jedoch krähte der Hahn zu früh, worauf der Teufel, durch den Hahn und durch sich selbst irritiert, den erstbesten Bogen umstieß, und so der unfertige Aquädukt bald zu einer Ruine wurde.

Eine andere Legende sagt, dass Azita, eine Tochter Noahs, diese Bögen gebaut habe; sie hätte sie nämlich als vorsichtiges Weib errichtet, um bei Hochwasser hinaufzuklettern und damit sicher zu sein.

Dieser Aquädukt, der sechs Meilen lang war, ergoss seine Wasser in ein riesiges Becken, wo die Römer großartige Schiffsvorführungen zeigten. Aber bereits im zehnten Jahrhundert war dies verfallen.

Jouy liegt rund sechs Meilen von Metz entfernt, der am stärksten befestigten Stadt Frankreichs mit einer Garnison von zwölftausend Mann. Und während wir uns der Stadt nähern, leuchtet uns die herrliche Kathedrale entgegen über die anderen Gebäude hinweg. Sie war im elften Jahrhundert begonnen und nicht vor dem sechzehnten vollendet worden. Sie erscheint in ihren Abmessungen sehr elegant und wundervoll in ihren Einzelheiten. Eine andere, ältere Kirche ist ihr eingegliedert und ihre Fenster füllen außerordentlich schöne Glasmalereien.

Bei der Annäherung an die Stadt teilt sich der Fluss in zwei Arme und ein weiterer Zufluss kommt hinzu, was alles dazu beiträgt, die alte Hauptstadt Austrasiens zu befestigen.

Die Geschichte von Metz ist eine der interessantesten, die man studieren kann. Ihre erste Erwähnung fand sie als Hauptstadt der Mediomatriker, und schon früh sah sie einen christlichen Bischof.

Im fünften Jahrhundert überschwemmte Attila mit seinen Hunnen Europa wie die Pest und Metz wurde erobert und niedergebrannt. Den Römern erschien Attila als „Geißel Gottes", aber seinen Landsleuten war er Gott selbst. Schließlich wurde er aber von den vereinten Germanen und Römern auf den Feldern von Châlons geschlagen, nachdem zweihunderttausend Menschen ihr Leben verloren hatten. Aber selbst dann war seine Macht noch nicht gebrochen, denn einige Monate später stand er vor Rom, das er durch die Fürbitte des Pontifex Leo verschonte, der ihn, in vollem Ornat und von seinem Hymnen singenden Klerus umgeben, in seinem Lager aufgesucht hatte. Bald darauf zog er sich nach Norden zurück und wurde von seiner deutschstämmigen Ehefrau Kriemhild ermordet. Mit ihm zerfiel dann das riesige Reich und die Hunnen verschwanden hinter dem Schwarzen Meer. Dieses außerordentliche Jahrhundert sah Aufstieg und Niedergang dreier unterschiedlicher Könige und Reiche. Zunächst kam Alarich, König der Westgoten, der das römische Reich überrannte und Rom 410 n. Chr. im Sturm eroberte. Aber als er schon bald darauf plötzlich verstarb, verschwand sein Königreich mit ihm. Seine Gebeine, sagt man, seien in einem italienischen Flussbett bestattet worden, dessen Gewässer man umgeleitet hatte. Ein ungeheurer Schatz wurde um ihn herum vergraben, und nachdem der Fluss wieder in seinen natürlichen Lauf zurückgekehrt war, waren die Arbeiter umgebracht und auf diese Weise das Geheimnis seiner Grabstätte auf immer bewahrt worden. Nach ihm kam Attila und schließlich wurde Odoaker, ein Abkömmling der Heruli, König von Italien, nachdem er Romulus Augustus, den letzten römischen Kaiser, entthront hatte. Auch er scheiterte, da er 493 im Auftrag von Theoderich, dem Ostgoten, ermordet wurde.

Während all dieser Kriege und inmitten der Erschütterung zerfallender Weltreiche erhob sich langsam die Sonne des Christentums und bald schon durchdrangen ihre Strahlen die Nacht, die die Erde verdunkelt hatte, seit der römische Glanz verschwunden war. Nun wurden Könige getauft und bald darauf starben Märtyrer, und beide Ereignisse halfen, die Religion des Friedens zu verbreiten. Auf den Ruinen des Paganismus wurde dann die Kirche Christi errichtet, und eine neue Periode der Weltgeschichte beginnt mit dem Zerfall des Römischen Weltreiches.

Die Geschichte von Metz in dieser frühen Epoche ist die Geschichte des Austrasischen Königreiches, dessen Hauptstadt es war. Zu Beginn des fünften Jahrhunderts erscheint auf der Geschichtsbühne eine Nation, die sich die Franken nannte. Diese Nation war ein mächtiger Zusammenschluss germanischer Stämme aus dem Nordwesten Deutschlands.

Sie nahmen Besitz der umgebenden Gebiete bis hin zur Mosel und die Hälfte von ihnen, die an diesem Fluss siedelten, wurden die Salier genannt. Bald nachdem die Römer abgezogen waren, wurden die Salier eine völlig unabhängige Nation, und um 420 nach Chr. herum, zu Zeiten des sagenhaften großen Gotenkönigs Alarich, erwählten sie erstmals einen König über sich selbst und erstellten das höchst beachtliche Salische Gesetz (Lex Salica). Dieser König wurde uns überliefert unter dem Namen Faramund, aber es ist zweifelhaft, ob es je eine Person mit diesem Namen gab. Ihm folgte Chlodio, dessen Nachfolger Merowech schließlich der Begründer der Merowingischen Dynastie wurde. Sein Enkel Chlodwig war der wirkliche Begründer des fränkischen König-reiches. Als er starb, hinterließ er „ein Königreich größer als das moderne Frankreich".

Er teilte seine Gebiete vierfach, aber sein Sohn Chlothar vereinigte sie wieder. Chlodwig wurde 493 christlich getauft. Er war stets der kirchliche Vorkämpfer gegen die Arianische Ketzerei und erhielt schließlich dafür von kirchlicher Seite, eigentlich ungerechtfertigt, das volle Lob, obwohl er sich „bei allen Gelegenheiten als herzloser Grobian, gieriger Eroberer und blutrünstiger Tyrann" gezeigt hatte. Seine ganze Macht hatte er nur dadurch erreicht, weil er durch ein Meer von Blut gewatet war, das nicht nur von seinen Feinden, sondern auch von seinen nächsten Verwandten und Freunden stammte.

Als Chlothar starb, von dem berichtet wird, er sei selbst den Merowingern grausam und unzüchtig erschienen, wurde das Königreich erneut durch seine Söhne vierfach geteilt. Sigi-bert erhielt Austrasien mit Metz als Hauptstadt. Er heiratete die schöne Brunichild, Tochter von Athanagild, dem König der Westgoten, und sein Bruder Chilperich heiratete ihre Schwe-ster. Diese Schwester wurde durch Anstiftung von Fredegunde ermordet, die Chilperich kurz darauf heiratete. Daraufhin begann eine Serie von Morden und Blutvergießen zwischen den Rivalinnen Brunichild und Fredegunde.

Niemals, so berichten Historiker, hat eine einzige Familie ein solches Erbe von Kriminalität hinterlassen wie König Chlodwig und seine Nachkommen. Seine Grausamkeiten und Morde waren aber noch weit entfernt von denen seiner Enkel, seiner Ehefrauen und Nachfolger. Die Geschichte dieser Periode ist ein einziges Chaos von Morden, Verrat und Zügellosigkeit. Während jeder dieser Könige mit mehreren Ehefrauen und Konkubinen lebte, die sich gegenseitig umbrachten und jedes Verbrechen begingen, sorgten die Königinnen dafür, dass diejenigen, die sich ihrer Macht widersetzten, ermordet wurden. Sie vergifteten die eigenen Söhne und säten Zwietracht nach allen Seiten und lebten wie ihre Männer ein niederträchtiges Leben.

Auf diese Weise zerbrach schließlich der Stamm der Merowinger unter der Last ihrer eigenen Verbrechen, und schon lange vor der endgültigen Auslöschung im Jahre 752, besaßen sie nur noch einen Anflug von Autorität, während die reale Macht in den Händen von „Hausmeiern" lag, die, mehr als bloße Hausverwalter, sich zu Heerführern und Ratspräsidenten ihrer weibischen Monarchen erhoben hatten.

Es ist schon seltsam, diese unwürdige Familie trotz all ihrer Missetaten, Verbrechen und Unfähigkeit immer noch mit Achtung und Verehrung von der Mehrheit ihrer Untertanen betrachtet zu sehen. Obwohl kaum mehr als Marionetten in den Händen ihrer Hausmeier, hat das Volk wohl den Verlust ihrer Würde nicht wahrgenommen, und die Augen der Menschen wurden systematisch geblendet durch den fingierten Prunk, der um diese nominellen Könige aufrechterhalten wurde.

Die nachfolgende Legende der Theolinda soll dies beispielhaft belegen. Der Sigibert, auf den darin verwiesen wird, ist Sigibert III., der Sohn Dagoberts I., der der Letzte der Familie war, der so etwas Ähnliches wie eine unabhängige Autorität verkörperte.

Theolinda

An den Ufern der Mosel war Theolinda die schönste aller Schafhirtinnen. Glücklich durch Liebe und Schönheit saß sie am Flussufer, von den Armen Alcidors umschlossen. Während sie da saßen, wurden sie von der Ankunft Sigiberts und seiner Königin überrascht, die einige Tage auf einem einsamen, von Hainen umgebenen Schloss in der Nähe am Moselufer verbrachten.

Der König fragte Alcidor, ob er nicht als Knappe eines Ritters im Heere dienen wolle und die Königin bot Theolinda eine Stelle bei ihren Hofdamen an, wo sie „wie eine Rose unter Wildblumen" sein würde. Beide wiesen unterwürfig darauf hin, dass ihnen ihre Liebe genügen würde, aber bekannten auch, dass sie bereit wären, falls nötig, dem König ihr Leben hinzugeben. Er lächelte und versicherte sie beim Abschied seiner Hilfe und Unterstützung, falls sie sie nötig hätten.

Die Vandalenhorden bedrohten Austrasia und Sigibert war bereit zur Verteidigung. Aber er fühlte seine Schwäche. Sein General baute eine starke Verteidigungsstellung in den Vogesen aus, und dort erwarteten sie den Feind.

Die Neuigkeiten dieses Ereignisses erreichten die ruhigen Täler der Mosel, und Alcidor beeilte sich, sein Versprechen gegenüber dem König zu erfüllen. Er trat in die Armee ein, die sich im Ardenner Wald versammelte. Als tapferer Mann bekannt und mit den Besonderheiten des Waldes vertraut, wurde ihm die Führung einer Gruppe von Bogenschützen übertragen.

Es ergab sich ein Gefecht, und Alcidor, mit dem Kampfschrei „Theolinda!" auf den Lippen, jagte alle vor sich her, aber in der Hitze des Gefechts traf ihn ein Speer mitten ins Herz. Der Kampf ging verloren und Theolinda hörte die Nachricht von einem grauhaarigen Schafhirten. Sie stürzte besinnungslos zu Boden, aber nachdem sie sich wieder gefangen hatte, eilte sie zum Lager des Königs. Der König saß umgeben von seinen Höflingen in seinem Beratungszimmer in Metz, als ein Bote hereinkam und sagte: „Gnädiger Fürst! Als ich auf Wache stand, näherte sich eine Jungfrau. Sie war außerordentlich schön und sanft. Erst dachte ich, sie sei eine Göttliche, aber sie sagte Folgendes zu mir: ‚Könnte ich den General sprechen, ehe der König sein Ratszimmer verlässt?'"

„Lasse sie herein!", sprach der König.

Und Theolinda trat mild und standhaft lächelnd ein.

„Oh arme Schäferin!", sagte der König, „dein treuer Geliebter ist gefallen, sein Andenken wird uns auf immer lieb und teuer sein. Was kann ich für dich tun?"

„Oh mein König", antwortete Theolinda, „letzte Nacht sah ich ihn in meinen Träumen und er berichtete mir, dass ich auf Ratschluss des Himmels dazu berufen sei, das Vordringen der barbarischen Horden aufzuhalten. Wo immer ich den Blick hinwende, soll die dunkelrote Fahne scheitern, es soll, wie ich vorhersage, das Lilienbanner obsiegen, das der General tragen wird. Deshalb wird eine weiße Taube der Armee vorausfliegen und siegreich wie der königliche Adler darüber schweben – und ich bin gekommen, mein König, deine Krieger zum Sieg zu führen!"

Der König erklärte ohne Zögern: „Ich fühle die Kraft ihrer Worte und gebe Theolindas Begehren statt."

Von glänzender Rüstung umhüllt und mit einem weißen Federbusch auf ihrem Haupt führte Theolinda die Armee des Königs an. Der König stürmte mit großer Reiterei, von Mal zu Mal ermutigt, und schließlich krönte der Sieg ihren Einsatz. Die eingedrungenen Vandalen flüchteten und Friede und Wohlstand kehrten an die Ufer der Mosel zurück.

Im Triumph zurückkehrend, bewegte sich der festliche Zug zur Kathedrale, und als alle in den geheiligten Hallen versammelt waren, fragte der König: „Wo ist das heldenhafte Mädchen, das unser Land gerettet hat?"

Bei diesen Worten öffneten sich die Reihen der Wächter und Theolinda erschien. Ihre Waffen leuchteten wie der Morgenstern, ihre Augen strahlten hell und ernsthaft, Rosen schmückten ihr wallendes Haar. Der König richtete folgende Worte an sie: „Sei hiermit Mitglied des höchsten Ordens: Mit Faramunds Schwert seiest du zum Ritter geschlagen!"

Die Jungfrau kniete demütig nieder, er berührte sie mit seinem Schwert und Ritter und Volk riefen: „Heil sei dir, und gesegnet seiest du, Retterin des Volkes!"

Eine einzige Bitte hatte sie: Bei ihrem Tode solle ihre Asche bei der des toten Alcidor beigesetzt werden; und daraufhin verbrachte sie ohne Rücksicht auf jeden Widerspruch ihr Leben wie ein Einsiedler in der Abgeschiedenheit, und viele trauernde Pilger begaben sich zum Troste zu ihr.

Sie lebte noch viele Jahre in frommer Einsamkeit und mit der Zeit erschien ihr Alcidor wieder im Traum, und er sagte: „Deine Zeit der Bewährung ist zu Ende, folge mir nun in die Gefilde ewiger Glückseligkeit!" Sie neigte ihr Haupt und starb. Sie bestatteten sie, wie sie es gewünscht hatte, bei ihrem Alcidor.

In vielerlei Hinsicht ist diese Legende seltsam und interessant. Könnten wir den Schleier der Geschichte wegziehen, würden wir vielleicht herausfinden, dass die Merowinger doch nicht so schwarz waren wie man sie malte. Oder jedenfalls scheint es, dass sie aufgrund einiger versöhnlicher Punkte so in den Herzen ihrer Untertanen lebten.

Auf jeden Fall ist diese Legende höchst seltsam, insofern als sie aller Wahrscheinlichkeit nach Johanna von Orléans zu ihren Taten veranlasst haben könnte, denn die Ähnlichkeit beider Geschichten ist wirklich bemerkenswert, und es kann eigentlich kein Zweifel bestehen, dass diese Legende zu Johannas Zeiten in dieser Gegend, wo sie lebte, weit verbreitet war. In jedem Fall ist diese Legende anrührend schlicht und schön. Sie wird im Übrigen in voller Länge wiedergegeben in den „Traditionen der Länder am Rhein" von Dr. Aloys Schreiber [genau: „Der Rhein", Heidelberg 1841, Anm. d. Übers.].

Die Bischöfe von Metz spielten schon früh eine bedeutende Rolle in der Geschichte.

Arnulf, der um 622 herrschte, war gleichzeitig auch regierender König und von ihm stammte Karl Martell ab, langjähriger König von Frankreich, dessen Sohn Pippin hieß.

Pippins Sohn Karl der Große, so heißt es, hatte seine Hofhaltung in Thionville (rund zwanzig Meilen moselabwärts). Er war hier umgeben von seinen sieben wundervollen Töchtern, die alle das Spinnen, Weben, Reiten und Jagen gelernt hatten, damit sie nicht durch Müßiggang verdorben würden. Sie alle saßen mit ihm zu Tisch, und wenn er unterwegs war, ritten sie hinter ihm her.

Man sagt, dass Karl der Große sieben Fuß groß und sein Arm so mächtig war wie sein Geist. Weisheit und Würde zeichneten seine Stirn. Sein Siegel war der Griff seines Schwertes, und er pflegte zu sagen: „Mit meinem Schwert verteidige ich alles, worauf ich mein Siegel drücke." Er starb 814 und wurde aufrecht wie auf einem Thron sitzend und in seine kaiserlichen Gewänder gekleidet begraben.

Sein Sohn Ludwig der Fromme rief die Gaue 835 nach Thionville, und nicht weniger als acht Erzbischöfe und fünfunddreißig Bischöfe kamen bei dieser Gelegenheit zusammen, so zahlreich waren die christlichen Prälaten geworden. Im Jahre 869 wurde Karl der Kahle in Metz gekrönt, wobei die Bischöfe von Metz und Toul besonders erwähnt wurden.

In der Regierungszeit seines Enkels findet man einen Bischof Wala von Metz, der vor den Toren dieser Stadt getötet wurde bei seiner tapferen Verteidigung gegen die Normannen, die in jener Periode des Öfteren nach Frankreich und in die umliegenden Länder eindrangen. Bischöfe hatten aufgehört, Seelsorger zu sein, sie wurden Kriegsleute und vorübergehend Fürsten.

Den Bischöfen von Metz gelang es lange, ihre Autorität in der Stadt zu wahren, obwohl deren Bürger oftmals darüber im Streit lagen. Zur Regierungszeit von Heinrich dem Vogler wurde Metz eine Freie Reichsstadt, und im zwölften Jahrhundert wurde ein Friedensrichter mit zwölf Ratsherren eingesetzt, und diese Regierungsart hielt sich über Jahrhunderte. Auf diese Weise wurden die Bischöfe durch die Republik abgelöst. Aber immer noch erfreuten sie sich einer bemerkenswerten Machtstellung, da sie bei der Wahl des Bürgermeisters und seines Rates eine Hauptrolle spielten.

Eine seltsame Legende von Metz ist uns überliefert aus dem Anfang des dreizehnten Jahrhunderts.

Das wunderbare Hemd

In Metz lebte eine Dame namens Florentina, deren Gatte Alexander auf einen Kreuzzug ging. Bei seiner Abreise überreichte sie ihm ein geheimnisvolles Hemd, welches stets seine Reinheit bewahren sollte (ein großer Luxus bei einem Kreuzzug).

Der Ritter wurde gefangen genommen und zur Arbeit gezwungen. Der Sultan bemerkte den außerordentlichen Umstand, dass ein Gefangener stets ein sauberes Hemd trug, und fragte nach dem Grund. Alexander sagte ihm, dass es ein geheimnisvolles Hemd sei, das immer so fleckenlos bleibe wie die Tugend seiner Frau. Der Sultan entsandte einen schlauen Mann, um die Tugend der Dame auf die Probe zu stellen, da er eine geringe Meinung vom weiblichen Geschlecht hatte.

Doch der Abgesandte blieb ziemlich erfolglos.

Nachdem Florentina von diesem Schlaufuchs das Schicksal ihres Gatten erfahren hatte, tarnte sie sich selbst als Pilgerin und erreichte schließlich den Ort seiner Gefangenschaft. Als sie dann den Sultan durch ihren Gesang bezirzt hatte, machte er ihr das Geschenk eines Sklaven, den sie selbst aussuchte. Das war ihr Gatte, sie schenkte ihm seine Freiheit und erhielt von ihm ein Stück des geheimnisvollen Hemdes, ohne dass er seine Frau erkannte.

Florentina eilte nach Metz zurück, aber Alexander war schon vorher angekommen und von seinen Freunden über die lange Abwesenheit seiner Frau während seiner Gefangenschaft informiert worden. Als sie ankam, machte er ihr bittere Vorwürfe (obwohl das Hemd nicht schmutzig geworden war). Sie erklärte alles und zeigte ihm das Stück, das er ihr gegeben hatte, was ihm bewies, wie treu sie war. Und sie lebten von da an glücklich zusammen.

Sehr kurios ist diese Legende und wir sind ein wenig ratlos, den Ursprung einer solchen Eingebung zu verstehen.

Die nachfolgende Geschichte stammt aus der gleichen Zeit, und obwohl sie mit Metz nichts zu tun hat, hilft sie ein wenig, diese Periode zu erhellen:

Die Tochter des Sultans verliebte sich in einen verheirateten Thüringer Grafen, der im Osten gefangen genommen worden war. Sie gab ihm die Freiheit und floh mit ihm nach Europa, nachdem er versprochen hatte, sie zu heiraten.

Daheim angekommen, stellte er sie seiner Gräfin vor, und im Einverständnis aller Seiten und mit päpstlicher Genehmigung heiratete er sie – und alle drei lebten sehr glücklich zusammen. In Erfurt kann man ihre drei Bildnisse sehen, den Grafen in der Mitte.

Als ihr Grab geöffnet wurde, fand man einen der Schädel asiatisch aussehend und durch seine Maße die Wahrheit dieser bemerkenswerten Geschichte bestätigend.

Metz

Wir haben nun das dargelegt, was man als die alte Geschichte von Metz betrachten könnte. Die mehr ins Einzelne gehenden Nachrichten der modernen Zeit berichten uns von Belagerungen, Kämpfen und anderen Ereignissen, aus denen wir die uns am interessantesten erscheinenden ausgewählt haben.

Im Jahre 1354 weilte Kaiser Karl IV. eine Zeit lang in Metz und kam nach zwei Jahren zu einer Kaiserwahl wieder, zu der auch die Erzbischöfe von Trier, Köln und Mainz und die vier Kurfürsten anwesend waren. Anlässlich dieser Kaiserwahl wurden Ergänzungen zur berühmten „Goldenen Bulle" veröffentlicht, die als Gesetz des Reiches bis ins neunzehnte Jahrhundert bestand. Metz war nun auf dem Höhepunkt seines Ruhmes.

Nun, so sagen die „Annalen", strahlte Metz, voll von Rittern, Prinzen, Herzögen und Erzbischöfen. Der Kaiser, mit den imperialen Insignien ausgestattet und umgeben von hohen Würdenträgern des Staates, das blanke Schwert in Händen und die Krone auf seinem Haupte, nahm an einer Messe in der Kathedrale teil.

Eine Gruppe in der Stadt wollte einen Tumult anzetteln und die Stadt dem Kaiser ausliefern. Kardinal Piergort war Haupt dieses infamen Verrats. Der Kaiser informierte die Oberhäupter der Stadt und lieferte ihnen die Verräter aus, die dann nachts im Fluss ertränkt wurden. Der Kaiser reiste ab, es folgte eine Reihe von – außer für die Beteiligten – unerheblichen Dissonanzen.

Im Jahre 1365 attackierten Heerscharen von Bauern, die durch den Frieden von Bretigny aus der Leibeigenschaft freigekommen waren, sowie Plünderer – beide erfolgreich – Metz und verwüsteten die Gegend. Mit einiger Anstrengung wurden sie niedergeschlagen und vertrieben.

Kaum waren diese Kleinkriege beendet, als ein größerer gegen die Lothringer ausbrach. Der Graf Bar marschierte gen Metz und zwang die Metzer zum Kampfe, indem er ihnen einen blutigen Fehdehandschuh hinwarf. Die Bürger jedoch lehnten den Konflikt ab und so wurde Frieden geschlossen.

1405 gab es einen Aufstand in der Stadt und das aufrührerische Volk warf die Stadträte hinaus und ersetzte sie durch seine eigenen Vertreter. Aber schon bald darauf gelang es den früheren Machthabern, sich wieder einzusetzen, und sie nahmen blutige Rache an ihren Feinden.

Im Jahre 1407 beschloss Graf Bar Metz im Handstreich zu nehmen. Er rüstete insgeheim eine Reihe von Booten aus, füllte sie mit Kriegswaffen und Munition und entsandte eine große Truppeneinheit, die sich heimlich der Stadt näherte. Als alles vorbereitet war und am Morgen der Angriff starten sollte, trieb eine plötzliche Panik die Angreifer auseinander. Sie flüchteten und ließen Boote und Munition zurück. So erkannten die Metzer, welcher Gefahr sie entronnen waren.

1444 wurde ein fürchterlicher Krieg zwischen dem Herzog von Lothringen und den Metzern geführt. Der Herzog erhielt Beistand von seinem Schwager Karl VII. von Frankreich. Der Streit war entstanden wegen einiger Geldforderungen, die die Stadt an die Herzogin von Lothringen hatte, welche aber von ihr abgelehnt wurden. Die verunsicherten Metzer beschlagnahmten darauf das Gepäck der Dame, die sich gerade auf einer Pilgerfahrt zwischen Pont-à-Mousson und Nancy befand. Als Antwort belagerte der Herzog die Stadt, und die Bürger verwüsteten seine Gebiete. Viel Blut wurde auf beiden Seiten vergossen, bis schließlich durch Vermittlung des Königs, der von den Metzern Geld dafür bekam, zwischen den Kriegführenden Frieden geschlossen wurde. Diese Republik war so mächtig, dass sie allein einen Krieg gegen einen unabhängigen Fürsten führen konnte.

Als einige Jahre später der berühmte Investiturstreit stattfand, wurden die Metzer von Adolf von Nassau, dem Kandidaten des Papstes, zu den Waffen gerufen. Sie verwiesen aber auf ihre Privilegien und die vorangegangenen ruinösen Kriege und verlangten, neutral zu bleiben. Daraufhin exkommunizierte der Papst die ganze Stadt. Ein großer Teil des Klerus unterwarf sich jedoch der päpstlichen Order und zog mit Kreuz und Bannern über ihren Köpfen in einer Prozession nach Pont-à-Mousson. Drei Jahre lang dauerte dieser ungewöhnliche Zustand, in denen die Kirchen leer blieben und die Sterbenden ungeläutet. Schließlich nahm der Papst das Interdikt zurück, Priester und Kanoniker kehrten wieder, aber die Metzer kam ihr Widerstand gegen die Macht der Kirche letztlich teuer zu stehen.

Während dieser Periode kam der gewitzte König Ludwig XI. von Frankreich auf den Gedanken, die Stadt Metz in sein Reich einzugliedern. In diesem Zusammenhang schrieb er einen freundlichen, milden Brief an die Bürger und schlug ihnen vor, sich unter seinen Schutz zu begeben und somit ihren Frieden zu sichern. Die Bürger schrieben vorsichtig zurück und drückten ihre Verwunderung über die Ansichten des Königs aus. Er aber war darüber so erzürnt und befürchtete, dadurch die mächtige Stadt in ein Bündnis mit dem Adel zu treiben, die sich dann gegen ihn wenden könnte, so dass er seinen Herold verstieß und den Brief verleugnete, den er ihnen geschrieben hatte.

Das nächste Ereignis war die Absicht des Herzogs von Lothringen, Metz im Sturm zu nehmen, was beinahe erfolgreich war. Am frühen Morgen des 9. April 1473, während die Metzer noch schliefen, erreichten zehntausend Mann, nachdem sie die ganze Nacht marschiert waren, von Pont-à-Mousson kommend die Wälle. Unter ihnen war ein gewisser Krantz, den sie den „Großen Bart" nannten. Der hatte einen außergewöhnlichen Karren gebaut, der, mit Fässern beladen, in der Lage war, das Gewicht eines Fallgatters auszugleichen und so verhindern konnte, dass es wieder geschlossen wurde, nachdem man es einmal hochgezogen hatte.

Krantz und einige seiner Kumpane erschienen als Kaufleute verkleidet mit einer mit Fässern beladenen Wagenkolonne vor den Stadttoren und wurden eingelassen. Die Karren kamen herein, der präparierte hielt unmittelbar unter den Fallgittern, und die vorgeblichen Kaufleute stürzten sich auf den Torwächter und brachten ihn um.

In Anwesenheit einer ausgewählten, schnell nachdrängenden Truppe von fünfhundert Mann erhob der „Große Bart" seine Stimme und schrie: „Die Stadt ist genommen!", und fügte hinzu: „Tötet Frauen und Kinder! Verschont niemanden! Es lebe Lothringen!"

Die erwachenden Bürger sprangen erschrocken aus ihren Betten und wussten, was dieser Lärm bedeutete. Alles wäre verloren gewesen ohne die Geistesgegenwart des Bäckers Harelle, der ganz in der Nähe des Tores wohnte, wo der besondere Wagen stand. Er eilte zu dem Haus oberhalb des Tores und schaffte es, die Seitenteile der Fallgitter herabzulassen, sodass keine Reiter mehr hereinkonnten, sondern höchstens Fußsoldaten, wenn sie unter dem Wagen hindurchkrochen.

Dann eilte Harelle durch die Straßen, trommelte die Bürger zusammen und spornte sie an. Sie spürten die Lothringer auf, erschlugen den „Großen Bart" und zweihundert seiner Genossen. Die Übrigen entkamen durch die Flucht.

Alles war in einigen Minuten geschehen, die Angreifer tot oder geflohen, die Tore wieder geschlossen und der zusammengetretene Stadtrat organisierte den Fortgang des Krieges. Auf diese Weise hatte ein Bäcker mit kühlem Kopf die gute Stadt Metz gerettet.

Im Jahre 1473 besuchte Kaiser Friedrich III. die Stadt und bei der Übergabe der Schlüssel versprach er feierlich, die Freiheiten der Bürger zu erhalten. Alsdann betrat er, begleitet von seinem Sohn Maximilian, die Stadt, gefolgt vom Erzbischof von Mainz und anderen Fürsten und Prälaten.

Die Metzer waren aber durch derartige Versuche so besorgt, dass sie von da ab ständig auf der Hut waren vor ihm. Und sie waren auch so ängstlich geworden, dass sie, als der Kaiser beim Besuch ihrer Kirche den Wunsch äußerte, die große Glocke zu hören, ergebenst darauf hinwiesen, dass es ein alter Brauch sei, sie höchstens dreimal im Jahr zu läuten. Sie verhielten sich so, weil sie befürchteten, dass dies als ein Angriffszeichen auf ihre hart errungenen Freiheiten gelten könnte. Sie hatten auch während des Kaiserbesuchs ständig 2.000 Mann unter Waffen, die jederzeit den Anweisungen ihres Friedensrichters Folge geleistet hätten. Und sie wachten auch sorgfältig über ihre Stadttore.

Solange Friedrich bei ihnen war, weigerten sich die Metzer, Karl den Kühnen mit fünfhundert Reitern einzulassen. Er wurde ganz zornig, aber der Kaiser gestand ihm zu, ihn stattdessen in Trier zu treffen. Und später dann hatte Herzog Karl weder Zeit noch Gelegenheit, sich an Metz zu rächen. Stattdessen versöhnte er sich mit der mächtigen Stadt, und als er dann Nancy erobert hatte, sandte er den Metzern ein Geschenk von Kanonen und anderen Dingen, worüber sie wegen des Missgeschicks ihrer alten lothringischen Feinde sehr erfreut waren.

Im Jahr 1491 machte der Herzog von Lothringen einen erneuten Versuch, sich in den Besitz der Stadt zu bringen. Nachdem Überraschung und List bisher keinen Erfolg gebracht hatten, versuchte er es jetzt mit Verrat. Er versicherte sich der Dienste eines gewissen Sire Jehan de Landremont. Der sollte den Torwächter dazu veranlassen, sich an der Sache zu beteiligen. Dieser, ein gebürtiger Bretone namens Charles Cauvellet, hatte um die Bürgerrechte nachgesucht.

Dank Cauvellet, der die Schlüssel zur Stadt hatte, war alles schnell arrangiert. Es wurde ein Datum festgesetzt, aber es regnete dermaßen, dass die Wellen des Flusses die Zugänge zur Stadt überfluteten. Daraufhin wurde ein neuer Tag bestimmt. Zwischenzeitlich plagte Cauvellet sein Gewissen und er offenbarte die Sache dem Friedensrichter, worauf er mit dem Leben davonkam. Aber nachdem das Urteil an jeder Straßenecke der Stadt verkündet und er auf dem Rücken eines Pferdes hinausgebracht worden war, wurde der Sire de Landremont gerädert, erdrosselt und geviertelt. Er starb mit einem Lächeln auf seinem Antlitz mit der einzigen Bemerkung, dass es ihm leid täte, nicht erfolgreich gewesen zu sein. Kurz darauf wurde zwischen René und den Metzern ein Friede arrangiert.

Obwohl sie so lange Widerstand geleistet hatte, war die Stadt schließlich durch Verrat dem Untergang geweiht – und diese Zeit kam dann auch.

1552 überfiel Heinrich II. von Frankreich Lothringen und besetzte Pont-à-Mousson.

Am 10. April zeigte er sich vor den Toren von Metz, einer, wie es in den Annalen diesen Tages lautet, „sehr auf ihre Freiheiten eifersüchtigen großen, reichen Reichsstadt". Obwohl Heinrich in seinen eigenen Gebieten mit härtester Gewalt gegen den Protestantismus vorgegangen war, erschien er hier als Befürworter dieser Religion und erreichte ein Geheimabkommen mit den protestantischen Fürsten, die zustimmten, dass er als Reichsverweser Metz, Courtrai, Toul und Verdun besetzen solle. Da Heinrich sich sofort in den Besitz von Metz bringen wollte, veranlasste er seinen verbündeten Bischof, die Bewohner des „Heu-Viertels" zu bestechen und Unruhe in der Garnison zu stiften. Als diese Vorbereitungen getroffen waren, erschien der Sieur de Tavannes in dem Viertel, hielt eine Ansprache vor den Leuten und erzählte ihnen, dass der gute König Heinrich sich für ihre Freiheiten schlagen würde und sie könnten nichts weniger tun, als ihm zu gestatten, sich in ihrer Stadt mit seiner Leibgarde von fünfhundert Mann einzuquartieren. „Das war doch sicher nicht zu viel verlangt von ihrem Verteidiger?" Die halb überzeugten Leute erlaubten einer Einheit, herbeizukommen und durch das Tor zu schlüpfen. Aber als sie sahen, dass statt fünfhundert nun fast fünftausend näher rückten, wollten sie das Tor schließen. Während Tavannes fortfuhr, auf die Menschen beruhigend einzureden, waren schon über siebenhundert ausgewählte Männer hereingekommen. Als schließlich ein schweizerischer Hauptmann, der die Schlüssel von Metz in Händen hielt, die wirkliche Zahl erkannte, warf er die Schlüssel dem Tavannes an den Kopf und rief in seiner typisch schweizerischen Mundart: „Das ist doch alles Kappes!"

So also wurde Metz genommen, da König und Adel jede Verräterei gegenüber den nur Bürgerlichen für erlaubt hielten. Natürlich behielt Heinrich die Stadt für sich selbst, anstatt sie den Protestanten zu überlassen, und fortan blieb sie ein Teil des französischen Staatsgebietes.

Ehe jedoch Kaiser Karl V. einer so bedeutenden freien Stadt zugestand, friedlich nach Frankreich zurückzukehren, sandte er den Herzog von Alba mit einem großen Heer, um sie zu belagern, während er zunächst in Thionville wartete, um die Vorbereitungen zu leiten, denn seine Gesundheit ließ es nicht zu, dass er die Belagerung selbst durchführte.

Die Stadt wurde durch den jungen Herzog von Guise verteidigt, der alle Frauen, alte Männer und Kinder hinaus in Sicherheit brachte. Dann ließ er die Hälfte der Stadt niederreißen, um die andere Hälfte besser verteidigen zu können. Er selbst arbeitete in den Gräben mit und ermutigte damit seine Soldaten und Bürger derart, dass sie allen Angriffen der Imperialisten widerstanden.

Als Karl V. einsah, dass die Belagerung nicht vorwärtskam, dass die Breschen genauso schnell wieder geschlossen wurden wie sie eingerissen wurden und dass seine eigene Armee schnell durch Kälte und Krankheiten an Stärke verlor, befahl er Alba widerstrebend, die Belagerung zu beenden. Der Herzog zog sich zurück und ließ seine Zelte und Kranken zusammen mit einer Menge Munition und Gepäck zurück. Zur Ehre der Sieger muss gesagt werden, dass sie die Kranken mit großem Mitgefühl behandelten, im Gegensatz zu den üblichen Gewohnheiten jener Zeit. Karl zog ab und sagte, dass er habe erkennen müssen, „dass das Schicksal, wie andere Frauen, den Jungen seine Gunst gewährte und graue Locken verschmähte."

Im Jahr 1555 musste das Volk von Metz überaus unzufrieden feststellen, dass ihnen der Gouverneur viele ihrer Rechte genommen hatte. Dies führt zu der Geschichte:

Das Komplott der Franziskanermönche

Ein Franziskaner namens Pater Léonard, der Vorsteher des Konvents, vereinigte viele führende Köpfe der Stadt mit der Absicht, Metz den Franzosen wieder zu entreißen.

Nachdem er zunächst seine Mönchsbrüder überzeugt hatte, machte er sich zu diesem Zweck das Kloster zunutze, welches über verteidigungsfähige Mauern, Waffen und Soldaten verfügte.

Dann traf er mit dem Gouverneur von Thionville eine Vereinbarung, wonach einer Einheit kaiserlicher Truppen in einer bestimmten Nacht der Zutritt zur Stadt geöffnet werden solle. Gleichzeitig sollten in der Stadt zur Ablenkung der Franzosen an einigen Stellen Feuer entfacht werden.

Der Gouverneur von Metz, Vieilleville, hörte, dass ein Franziskanermönch ständig im Gespräch mit dem Gouverneur von Thionville gesehen würde und wurde misstrauisch, als er daraufhin plötzlich das Kloster besuchte und Waffen und versteckte Männer fand. Folglich verhaftete er den Pater Léonard bei seiner Rückkehr in die Stadt aus Thionville, der gestand, dass eine Einheit kaiserlicher Truppen in jener Nacht im Anmarsch auf Metz war. Er sandte eine Streitmacht aus, die die Anrückenden ausfindig machte, sie im Handstreich festnahm und zerschlug.

> *Die Klosterbrüder wurden, nachdem sie durch Versprechungen und Drohungen die Einzelhei-*
> *ten des Komplotts preisgegeben hatten, in ein Verlies geworfen. Man sagte ihnen, dass sie am näch-*
> *sten Tag gehenkt würden, und sie sollten einander schon einmal gegenseitig ihre Sünden beichten.*
>
> *Als man am Morgen das Verlies öffnete, fand man, dass die Mönche ihren Abt, der sie in das*
> *Komplott hineingezogen hatte, ermordet und seine vier Berater verstümmelt hatten; die Letzteren*
> *wurden mit zehn ihrer Brüder gehenkt und die zehn jüngsten aus der Stadt verjagt.*

Im Jahre 1631 ergab sich Metz König Gustaf Adolf von Schweden. Er blieb den ganzen Winter dort und verschenkte die Bibliothek des Bischofs an seinen Kanzler Graf Oxenstierna, der sie nach Schweden sandte. Aber das Schiff ging unter und die Bücher waren verloren.

Die einzige weitere Zusammenfassung, die wir von der Metzer Geschichte hier berichten, ist von anderer Art.

Ludwig XV. erreichte Metz mit einer starken Streitmacht, um Karl von Lothringen zu bekämpfen, der das Herzogtum an Stanislas von Polen gegeben hatte.

Ludwig, der von seiner Geliebten, der Herzogin von Châteauroux, und deren Schwester begleitet wurde, war sterbenskrank. Schon früher war eine Baumallee entlang von vier Straßen angelegt worden, die von den Gemächern der Herzogin zu denen des Königs führte. Man hatte diese Allee dem wütend protestierenden Volk überlassen, das sehr aufgeregt war wegen der Verhältnisse. Die beiden Schwestern begaben sich in des Königs Residenz, wo sie sich in einem an das des sterbenden Monarchen angrenzenden Gemach einschlossen.

Der Herzog von Richelieu, der im Bunde war mit der Herzogin, war auch Erster Schlafzimmerkämmerer und alleine maßgeblich, welche Fürsten Zugang zum König hatten. Die Stadt drängte des Königs Beichtvater, mit ihr Einwände zu erheben, was er aber verweigerte. Dann übernahm der Bischof von Soissons die Aufgabe und setzte den König so unter Druck, dass er ihm das letzte Sakrament verweigern würde, wenn er sich nicht von seinen Mätressen trennte. Die Türen wurden aufgerissen zwischen dem Raum des Königs und dem, worin die Herzoginnen saßen und ängstlich auf den Fortgang der Dinge warteten.

Schließlich wurde der König veranlasst, sie zur Abreise zu bewegen, und sie flüchteten aufs Land.

Im Gegensatz zu allen Befürchtungen und als Folge einer von einem Quacksalber verschriebenen starken Dosis erholte sich der König, nachdem er von seinen Leibärzten aufgegeben worden war und schon die letzte Ölung empfangen hatte. Daraufhin wurden die Herzoginnen zurückgerufen.

Heutzutage ist Metz die Hauptstadt des Départements Moselle, sie liegt an beiden Ufern und auf der Insel, die durch die Gabelung des Flusses gebildet wird. Ihre malerischen Straßen sind durch mehrere Brücken verbunden, von denen man eine herrliche Aussicht genießt.

Die Stadt hat ausgezeichnete Badeeinrichtungen, schöne Cafés, ein Theater, gute Läden und darüber hinaus eine an Schönheit unübertroffene Promenade. Diese liegt auf einem erhöhten Sockel, dicht überschattet von großen Bäumen; und es gibt Ruheplätze, Blumen und Rasenflächen dort. Militärkapellen spielen des Abends. Die ansehnlichen Damen sind wohlgekleidet.

Umgebung von Metz

Und von den Spazierwegen eröffnen sich weite Ausblicke über die grünen Talauen der Mosel. Die verschiedenen Abzweigungen des Flusses schimmern im Tal. Die Sonne sinkt über die Hügel, wo sich der Blick nach Westen richtet. Ihr goldenes Licht strahlt durch das Laub und überströmt das ganze Tal. Kleine Boote bewegen sich stromauf und stromab, in der Ferne hört man fröhliche Stimmen – und auf solche Weise verlassen wir mit Musik, Schönheit und Sonne die alte Hauptstadt Austrasiens.

V. Von Metz nach Trier

Römerbrücke Trier

Metz mit all seinen Soldaten, Wällen und Gräben verlassend, erreicht unser Fluss nach einem flachen Landstrich Thionville. Diese Stadt war einst eine Diözese von Trier und dem Parlament von Metz untergeordnet. Hier hatte Karl der Große seinen Lieblingspalast und hier teilte er während einer Festversammlung seine riesigen Besitztümer unter seine drei Söhne auf.

Die Geschichte von Thionville gleicht der von Metz mit Belagerungen, Angriffen und Überraschungen – aber alles von geringerer Bedeutung und von weniger Interesse. Es war immer bis auf den heutigen Tag ein starker Ort mit seinen von Vauban und Cormontaigne gebauten Befestigungen, die zu den stärksten Europas gehörten. Es liegt in einer flachen Ebene und erscheint eher uninteressant, obwohl eigentlich ziemlich malerisch.

Die Mosel fließt dahin und erreicht nach etwa zwölf Meilen Sierck, eine kleine, saubere Stadt auf der rechten Seite. Und dann überschreiten wir die Grenze zwischen Frankreich und Preußen und unser Fluss wird deutsch und seine künftige Schönheit erwacht wie eine Morgendämmerung, während wir Trier erreichen. Zwei Zuflüsse vergrößern nun ihre Wassermenge – ein kleinerer von links (die Sauer) und die Saar von rechts.

Es gibt da einen besonderen Reiz an den Ufern und der Umgegend der Mosel, die wir ähnlich an ihrer Quelle bei Bussang fanden, so wie hier inmitten der deutschen Berge. Das ist die

Anzahl und Vielfalt der wunderschönen Wildblumen, von denen es am ganzen Flusslauf nur so wimmelt und mit denen unser Fluss, so wie er erscheint, bekränzt ist.

Moselblumen

Wo die Mosel murmelt so leise,
Gehen fließend Wässer auf Reise.
In Wäldern und blühenden Auen
Ist die Waldnymphe zu schauen.

Vor sterblichen Blicken verborgen
Folgt man ihren Spuren am Morgen,
Wo die Nacht hat ihren Tau versprengt
Und wildes Gezweig das Tal verengt.

Wo den Boden berühren die Nymphen mit Füßen,
Hervor die üppigsten Blumen sprießen.
In Wäldern und Wiesen und auf den Fluren
Entdecken wir liebliche Blumenspuren.

Duftende Veilchen und Lilien vergehen,
Bevor wilde, zartrosa Rosen entstehen,
Strahlend blühende Kornblumen blauen
Und sanfte Wellen den Ufersand stauen.

Wasserdosthüte stolz im Flusse sich spiegeln
Und weiß-grüne Winden in Reben sich wiegeln.
Phlox, Reseda, Clematis und Löwenmaul
Sind in allen Sommergärten nicht faul,
Ginster und Farne vom Fels herab grüßen
Heideblüten bilden Farbkleckse zu Füßen.

Das Geißblatt klettert in jedes Eck,
Bietet wilden Kräutern und Beeren Versteck.
Alle blühenden Blumen und süßen Früchte
Schenken Schönheit den Hängen und liebliche Düfte.

Blumen verbreiten sich auf der Nymphe Pfad
Ihre Schönheit rühmend – talauf, talab.
Von Ort zu Ort sie die Erde bedecken
Allüberall ihre bunten Blüten sich recken.

Nur einige der Blumen, die wir hier wachsend finden, sind im Vorstehenden benannt. Zudem sind sie schöner als es Wildblumen normalerweise sind und sie erreichen eine ziemliche Größe: die Nachtkerzen, Glockenblumen, Fingerhut und wilden Geranien und eine Fülle anderer, die die Liste bereichern.

Ehe die Saar einmündet, erscheinen schon dicht am Flusslauf auf der linken Seite, die Bäume überragend, die roten Felsen von Trier, dann ziehen sie sich landeinwärts zurück, bis man die alte Römerbrücke erreicht. Dort erscheinen sie wieder und von ihren Höhen kann man die römischen Ruinen ausgebreitet liegen sehen, von Alleen umgeben und schier übersät mit Kirchen. Der Fluss liegt unten, und die achtbogige Brücke, in den goldenen Tagen Roms vollendet, umfängt ihn gleichsam wie die Hüfte eines jungen Mädchens, das sich zur Fraulichkeit entwickelt.

Und so hat auch unser anmutiger Frauen-Fluss seine Mädchenhaftigkeit hinter sich gelassen und wird schöner, bedächtiger und noch graziöser. Die Berge rücken näher und die Weinberge schimmern zwischen den Felsen. Ihre Mägde, die Bäche, warten an jeder Biegung, um sich ihr zuzuneigen und somit ihre Schönheit zu steigern; und ihrem Laufe folgend, verbeugen sich die Bäume in strahlender Reihe und die Felsen treten zurück vor der Macht ihrer Schlichtheit und Anmut.

Nicht weniger als der strahlende Widerschein des Himmels hat hier am jungfräulichen und unbefleckten, unschuldigen Busen je geruht; aber mächtige Liebe – unbändige Liebe, das veranlasst sie, die Erde zu netzen und den Boden zu bewässern, wo immer sie entlangfließt, sodass die Menschen, die aus ihrer Hand ihre tägliche Nahrung empfangen, ihr danken und sie segnen und durch sie ihren Schöpfer anbeten.

Wir, die vorbeistreifenden Betrachter oder Erkenntnis-Sucher, sollten sie nicht weniger preisen als der arme Weinbauer oder Schollen-Umpflüger. Es ist wahr: Für die einen hat sie sonnige Flächen in den Felsen ausgewaschen und für die anderen hat sie auf den Felsen eine dicke Humusschicht für kreatives Wachstum hinterlassen. Aber uns hat sie ein weit strahlenderes und höheres Geschenk gegeben – den Eindruck von Gottes Gnade, nicht nur durch das stoffliche Essen und Trinken, sondern durch die höchsten Sinne, die unseren Geist sensibilisieren.

Es ist schier unmöglich, von der Moselquelle aus zu wandern, über Aufstieg und Zerfall von Nationen und Städten an ihren Ufern zu sinnen, an ihren Felsen hochzuschauen, Blumen zu betrachten, den Fluss hinunterzugleiten, inmitten zerfallener Wälle ihrer alten Burgen zu stehen, Rebenblüte und die Weinlese in ihrem Tal zu erleben, die reich behangenen Reben, den hellen Glanz des Weines und Getreides wahrzunehmen und auch all die weniger wichtigen kleinen Dinge, die ihr huldigen. Es ist unmöglich, alles dies zu betrachten, darüber zu sinnen, mit ihr zu leben und nicht ein Teil von ihr zu werden mit all ihren Schleifen, ihrem Sonnenlicht und erfrischenden Schatten und somit nicht auch einen Teil ihres Geistes in sich aufzusaugen. Ein Teil, größer als wir schauen und tiefer als wir denken können, und ihre Schlichtheit und der Frieden ihres Geistes, der in unsere Herzen gebettet ist, wie das Korn und der Wein im Lager, wird uns zukünftig Freude und Fröhlichkeit vermitteln.

Herbstzeit vergeht und die Weinlese endet. Aber wenn der lange Winter kommt, ist ihre Schaffenskraft noch ständig präsent und ihre Lagerstätten sind voll gepackt mit wahren Schätzen.

VI. Trier

·

ugusta Treverorum, bei den Deutschen Trier und von Franzosen und Engländern Trèves geheißen, ist die älteste Stadt Europas oder erhebt jedenfalls Anspruch darauf es zu sein, denn nach der Legende wurde es einst von einem Prinzen Trebeta gegründet, der aus seinen asiatischen Besitztümern in der Nähe von Semiramis vertrieben wurde. Er wird als ein weiser und starker Prinz beschrieben, der einen überaus prächtigen Palast von mächtiger Stärke auf den Moselhöhen gegenüber von Trier errichtet hatte, den er nach seinem Namen benannte. Dies alles sollte 1300 Jahre vor der Gründung Roms geschehen sein, denn am „Roten Haus" stehen immer noch die Worte: „Ante Romam Treviris stetit annis mille trecentis". Eine Abbildung, die den Prinzen Trebeta darstellt, hängt im Rathaus: Er sitzt auf seines Vaters Schoß mit den Turmspitzen des Domes in Händen.

Trier ist sehr interessant, und wenn wir auch dem Prinzen Trebeta und seinen Tagen nicht unbedingt trauen möchten, so wenden wir uns doch lieber jener sichereren Periode zu, als es die Hauptstadt der römischen Gebiete jenseits der Alpen war und als Stadt des Kaisers Augustus im Land der Treverer benannt wurde. Diese Treverer bewohnten als germanischer Volksstamm diese Moselgegend.

Unter seiner römischen Bezeichnung entwickelte sich Trier zur Höhe seines Ruhmes und es wurde gefeiert wegen der Vielzahl seiner riesigen Tempel, seiner prächtigen Paläste, seines Amphitheaters und seiner Bäder. Überreste dieser strahlenden Vergangenheit sind immer noch vorhanden, wie zum Beispiel Teile der Bäder und des Amphitheaters, der Brücke und hauptsächlich der Porta Nigra, die eine der großartigsten immer noch bestehenden Ruinen ist.

Trier war häufig Residenz der römischen Kaiser und die Einwohner hatten alle Privilegien einer römischer Staatsbürgerschaft. In der zweiten Hälfte des dritten Jahrhunderts hielt Galienus hier Hof und hier wurde Maximinian von den Franken angegriffen, die er besiegte. Und hier warf Konstantin der Große anlässlich der Feierlichkeiten seines Sieges über die Franken zwei gefangene Stammesführer vor die wilden Bestien in der Arena. Sie traten ihrem Tod lächelnd entgegen, und schon bald darauf erhob sich ganze germanische Volk, um sie zu rächen. Konstantin verbarg sich und, in das feindliche Lager eindringend, vermittelte er dem Feind falsche Informationen, was im Jahre 310 n. Chr. zu ihrer völligen Niederlage führte. Die einfältigen Germanen waren einfach den arglistigen Römern nicht gewachsen. Sie hielten jeglichen Hinterhalt für unehrenhaft und es wird uns sogar berichtet, dass sie ihren Gegnern Tag und Stunde beabsichtigter Angriffe mitgeteilt hätten.

Die Grausamkeit, Gefangene wilden Tieren vorzuwerfen, wird aber noch übertroffen von einem Germanen namens Magnentius, der, nachdem er römischer Soldat geworden war, sich selbst als Gegenkaiser zu Konstantin ausgerufen hatte. Dieser Magnentius opferte am Vora-

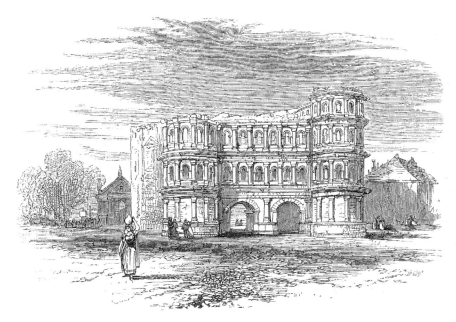

Porta Nigra

bend der Schlacht von Marsa eine Jungfrau, mischte ihr Blut mit Wein, gab das seinen Soldaten zu trinken und rief seine Götter an, indem er ihnen zu Ehren ein Trankopfer dieses teuflischen Getränks vergoss. Er wurde vernichtend geschlagen und gab sich selbst den Tod.

Das weströmische Reich zerfiel und Germanen bevölkerten die Straßen Roms und verdrängten mit ihrer Vitalität die erschöpfte Macht dieses wunderbaren Weltreiches. Ihre Anführer setzen quasi Fuß auf dessen Ruinen, zunächst etwas unsicher und rutschend, aber fanden dann schließlich festen Halt und errichteten das, was wir heute moderne Geschichte nennen.

Es gibt viele Geschichten, die uns deutsche Dichter über Trier berichten. Nachstehend folgt die höchst beeindruckende:

Legende des großen Kanals von Trier nach Köln

Mehr als hundert Jahre lang hatten sich die Menschen von Köln angestrengt, eine Kathedrale zu errichten, die alle anderen in den Schatten stellen sollte. Der Baumeister war eifrig damit beschäftigt, Ausmessungen für den Bogen des großen Portals zu vorzunehmen, als einer seiner Lehrlinge spöttisch meinte, dass das Gebäude wohl niemals fertig würde, sondern auf alle Zeiten unfertig bliebe. Darauf ergrimmte der Meister und entließ den Lehrling, der beim Fortgang sagte: „Wehe dir, mein Herr! Eher werde ich von hier nach Trier einen Kanal bauen, ehe du einen Turm auf deinen Dom setzt!"

Jahre gingen dahin und die Kathedrale näherte sich rasch ihrer Fertigstellung, als der Baumeister einen großen Lindwurm über den Boden kriechen sah. Das war der Teufel, mit dessen Unterstützung der Lehrling einen Kanal von Trier nach Köln gebaut hatte, denn der Lehrling erschien plötzlich vor seinem erschrockenen Meister und sagte: „Sieh an, mein Kanal ist fertig, während dein Dom immer noch eine Baustelle ist!" Und darauf floss Wasser durch den Kanal, auf dem eine Ente aus Trier heranschwamm.

Das Wasser schwoll an und umspülte den Baumeister, der darin umkam. So ist der Dom bis heute unvollendet. Aber dem gerissenen Lehrling erging es noch schlechter, da der große Lindwurm ihn erwürgte, und er bleibt auf ewige Zeiten verdammt, in der Kathedrale zu spuken und dabei die unfertigen Arbeiten auszumessen.

Der auf diese Weise entstandene Kanal wurde benutzt, um Wein von Trier nach Köln zu leiten, ohne den Umstand, ihn erst in Fässer füllen zu müssen.[1]

Nicht weniger wundervoll ist folgende Geschichte:

Die Legende des Domes zu Trier

Während er über sein Vorhaben nachsann, wurde der Bauunternehmer des Domes von einem in Rot gekleideten, herrschaftlich aussehenden Fremden angesprochen, der ihm in herzlichem Ton sagte: „Kopf hoch, denn ich kann dir helfen! Aber verrate mir erst, zu welchem Zweck du ein so großes Haus brauchst."

Der hocherfreute Unternehmer vermutete zwar, wer der Fremde sein könnte, aber er antwortete in gesetzten Worten, dass er dieses Gebäude als eine Trink- und Spielhalle errichten wolle.

„Hurra!" sagte der Mann in Rot, „das ist genau das, was ich mir vorstelle!", und sie wurden schnell handelseinig und gingen ans Werk.

Der Bau schritt ordentlich voran, bis auf einmal der Rote Mann Altäre und derartige Dinge sich entwickeln sah, die ihm unvertraut vorkamen, und als er deshalb fragte, was das denn bedeutete, gab er sich zufrieden, als man ihm sagte, es handele sich um Würfeltische.

Eines Tages, als er vom Dach herunterkam, auf das er schwere Steine geschleppt hatte, sah der Rote Mann, wie der Bischof die neue Kirche einsegnete. Als dann die Glocken feierlich zu läuten begannen, erkannte der Teufel, dass man ihn ausgetrickst hatte. Er eilte zu einem der Altäre und bemühte sich, ihn niederzureißen. Dabei hinterließ er eine Klaue von sich, die dadurch mitgesegnet wurde. Dann verschwand er mit gellendem Schrei und der Bauunternehmer verspottete ihn, indem er rief: „Baue niemals mehr Kirchen ohne schriftliche Verträge!"

---

1 Der Ursprung dieser Legende geht darauf zurück, dass man Teile einer (Wasser-)Leitung zwischen Trier und Köln gefunden hat. Aber es wird vermutet, dass es mehrere waren und nicht Teile eines großen Kanals. Darum kann auch wahrscheinlich keine Ente von Trier aus die ganze Strecke geschwommen sein.

Die Bekehrung der heidnischen Treverer zum Christentum geschah nach der Legende auf folgende Weise:

Die Leute von Trier verehrten ein Marmorbildnis, aus dessen Mund Orakel verkündet wurden; ganze Pilgerscharen kamen nach Trier, um von den Lippen ihres Idols Anworten auf ihre Fragen zu bekommen. Aber dann erschien plötzlich ein fremder Krieger vor der Menge, und mit einem Kreuz in der Hand sprach er zu ihnen von Christus, dem Sohn Gottes. Die Menschen von Trier, die ihr Idol für die ganze Wahrheit gehalten hatten, versammelten sich von nun an zu seinen Füßen trotz der Drohungen der heidnischen Priester.

Auf diese Weise hatte der heilige Eucharius die Trierer bekehrt.

Im Moselland hatte eine Anzahl von Einsiedlern Zuflucht gesucht, die in unzugänglichen Winkeln der Berge lebte. Der heilige Antonius war der erste von ihnen.

Der heilige Nikolaus war der Brückenheilige und unter dem Steinkreuz war sein Standbild, das ihm geweiht war. Eines Tages rief ein Schiffer, dessen Boot unterhalb der Brücke Gefahr lief abzutreiben, den Heiligen an und versprach ihm eine Kerze so lang wie sein Mast, falls er gerettet würde. Er kam glücklich davon, aber sobald er in Sicherheit war, schnippte er mit den Fingern dem Heiligen zu und sagte: „Du wirst doch nicht so viel bekommen." Der Heilige antwortete nicht. Als dieses Schiffers Boot erneut den Fluss hinunterkam und an der Brücke in Gefahr geriet, rief er abermals den heiligen Nikolaus an. Aber das Wasser verschluckte seinen Schrei und Mann und Schiff gingen verloren.

Es gibt noch eine andere Legende von der Moselbrücke, die ich erzählen will:

Der Ring

Nachdem ein Mann als Mitglied einer adligen Familie ein ruhmreiches Leben geführt hatte, beging er Brudermord. Sein Verbrechen bereuend hatte er das Land verlassen und kehrte nach vielen Jahren wieder nach Trier zurück.

Bei Sonnenuntergang stand er auf der Moselbrücke, und dort vor dem Kruzifix kniend, weinte er. Seine Tränen flossen in den Fluss unter ihm. Ein Engel flog herbei und überbrachte ihm einen Palmzweig aus dem Himmel. Frohlockend rief er: „Lieber Gott, vergib mir meine Sünden noch vor meinem Ende! Ich will nie aufhören meine schwere Schuld zu bereuen!" Dann warf er seinen Ring, den er von des Bruders Hand genommen, in den Fluss und er bat darum, dass er ihn zurückbekommen möge, falls ihm vergeben würde.

Nachdem er sich erhoben hatte und in ein Kloster eingetreten war, wurde er schließlich Bischof. Eines Tages kam ein Fischer und bot ihm einen Fisch dar, den er als Zeichen der Verehrung annahm.

Zum Abendessen kam der Koch und brachte ihm mit dem Fisch den Ring, den er darin gefunden hatte. Als der Bischof erkannte, dass es sei eigener war, rief er aus: „Der Himmel hat ihn mir als einen Beweis der Vergebung gesandt!" – und er verschied.

Das Marktkreuz

Auf dem Trierer Marktplatz steht eine Säule mit einem Kreuz oben darauf. Die Inschrift schildert das folgende Wunder als Grund für ihre Aufstellung.

Die Hunnen schwärmten über Deutschland aus und verbrannten und zerstörten alles, was sie finden konnten. Ihr Eindringen war wie eine Pestilenz. Aber das Volk von Trier lebte fröhlich und unbeschwert, als ob keine Gefahr drohe, sie ergötzten sich am Wein und am Luxus.

Nur ein Mensch in der Stadt blieb nüchtern und umsichtig; er träumte, dass er die scheußliche Länge eines riesigen Monsters sich vom Markusberg hinab auf die Stadt zubewegen sah. An der Mosel angekommen, wälzte sich das abscheuliche Monster in ihre blauen Wellen und verursachte eine Woge, die die Stadt überflutete.

Kaum aufgewacht, rannte der Mann zum Erzbischof und berichtete von seinem Traum und, ihn deutend, erklärte er, dass die Hunnen vom Markusberg her anrücken würden. Als der Erzbischof ihn nur auslachte, wurde er ärgerlich. Aber bald darauf erfüllten ihn bessere Gedanken und er betete zum Himmel, den drohenden Ruin abzuwenden.

Der Himmel wurde schwarz und schaurig. Ein unbekannter Schrecken kam über die Menschen, und, auf die Knie niederfallend, flehten sie um Vergebung ihrer Sünden – darauf sollen Kreuze vom Himmel gefallen sein.

Als sie dann schließlich seiner Vorahnung Glauben schenkten, stiegen sie zum Markusberg hinauf – und fanden, dass sie die Hunnen besiegt hatten.

In der letzten Phase des römischen Reiches entwickelten sich zwei Kräfte: Die eine hatte, wie wir schon sagten, ihren Fuß auf die Ruinen des kaiserliches Roms gesetzt und ihre zeitweise Macht auf Dauer verfestigt; dies war die germanische oder fränkische Macht. Die andere errichtete über den von germanischen Eroberern zerstörten Tempeln einen noch prächtigeren Bau und Gotteskult – das war die christliche Kirche. Zunächst überschattet von der noch prachtvolleren Gottesanbetung und den noch größeren Tempeln des Paganismus (= Heidentum) musste die neue Kirche um ihre bloße Existenz kämpfen. Aber nachdem dies überwunden war, schmolzen die Reste des Paganismus bald dahin, ehe die ihm innewohnende Kraft der Wahrheit und der zu Staub zerfallene Aberglaube eine feste Grundlage für das neue und mächtigere Gebäude gaben.

Diese beiden Kräfte beherrschten beim Untergang des weströmischen Reiches fast ganz Europa. Noch waren beide nicht zentralisiert, da sie viele Schwerpunkte hatten, und erst, als diese beiden Kräfte verschmolzen, erreichten sie ihren weltlichen Einfluss, den sie seither besitzen. Gemeinsam, Hand in Hand sehen wir sie an Macht und Einfluss gewinnen; und mag es auch gelegentliche Verärgerungen gegeben haben, ihre gemeinsamen Interessen vereinigten sie doch unweigerlich wieder.

In ihrem Anfangsstadium leuchtete die christliche Kirche im hellsten Licht und es erscheint folgerichtig, dass der Zeitgeist wieder dorthin zurückkehren und in diesem glücklichen Frühling verweilen möchte, als die Kirchenväter noch unter den Heiden einhergingen und die Völker zu einer Familie vereinten, deren Mitte und Oberhaupt Gott war. Wie schön war es doch, „den kleinen Stern im Osten aufgehen zu sehen" und sich über Ruinen und verfallende Tempel des alten Roms zu erheben, bis allmählich der ganze Himmel vom „Licht der Wahrheit" strahlte.

Nun also! Solche Zeiten könnten wiederkommen, wenn die Kirche in Gestalt ihrer Repräsentanten und Anhänger von ihrem wackelnden Thron in der Höhe so tief fallen würde, wie wir es bei den Chronisten des fünfzehnten Jahrhunderts finden, die berichteten, dass „Nonnen etwas taten, was selbst der Teufel nicht zu denken wagte. Und dass Äbte aufgrund ihrer ‚Armut' die größten Eigentümer wurden, wegen ihrer ‚Folgsamkeit' mächtige Prinzen und wegen ihrer ‚Keuschheit' die Ehegatten aller Frauen". Und wir hören von Männern, die sich darüber beschweren, nicht reich genug zu sein, um Mönche zu werden.

Jedoch ist es unnötig, hier über solch teuflische Bräuche Rechenschaft abzulegen, die sich im Innersten der Römischen Kirche ereigneten und schließlich zu dem führten, über das wir berichtet haben. Wir wollen uns lieber den Legenden dieser früheren Epoche zuwenden, von denen viele außerordentlich schön sind. Darunter werden wir viele Dinge finden, die vielleicht zunächst ein Lächeln hervorrufen, die uns aber bei näherer Betrachtung zu der Ansicht bringen, dass es sich nur um Allegorien handelt.

Zum Beispiel wird uns berichtet, dass „König Sigibert den heiligen Goar zum Bischof von Trier berief, und als der Heilige die Gemächer des Königs betrat, hängte er seinen Umhang über einen Sonnenstrahl, um zu beweisen, dass er von Gott erleuchtet sei." Dieses wäre zweifellos wie auch andere Legenden aus jener Zeit eine Bestätigung der Kraft des Glaubens. Wir werden aber an dieser Stelle nur einige auswählen, die unmittelbar mit Trier in Zusammenhang stehen.

Die Legende von Orendel[2]

Der große König Eigel residierte in Trier. Er war Herrscher über zwölf Königreiche und sein Lieblingssohn war Orendel.

Als Orendel das dreizehnte Lebensjahr erreicht hatte, wurde er mit einem Schwert belehnt und im Angesicht der Jungfrau darauf vereidigt, „auf Erden ein wahrer Ritter und ein Beschützer von Witwen und Waisen" zu sein. Daraufhin erbat er von seinem Vater eine Ehefrau, damit sein Königreich eine Königin hätte.

---

2   Grimm vermutet, dass Eigel und Orendel Odysseus und Laertes sind.

Sein Vater sagte jedoch, dass in all seinen Reichen niemand würdig wäre, seine Gefährtin zu sein. Aber in Jerusalem lebte eine schöne Königin mit Namen Breide, die Besitzerin des Heiligen Grabes sei; sie zu finden um sie heiraten zu können, würde sein Glück vollkommen machen.

Orendel, von der Beschreibung dieser Jungfrau beeindruckt, bat seinen Vater, ihm eine Flotte auszurüsten. Sein Vater stimmte zu und es dauerte drei Jahre, diese Expedition vorzubereiten.

Dann verkündete der junge König laut bei einer großen Zusammenkunft, dass nur Freiwillige ihn auf dieser Reise begleiten sollten: „Wo seid ihr, wagemutige Könige, die es wagen, mich auf meiner Reise zum Heiligen Grab zu begleiten?", und acht tapfere Könige traten vor, jeder mit tausend Rittern.

Und wiederum fragte König Orendel: „Wo seid ihr, Herzöge und Grafen, die mich auf meiner Reise zu Ehren Gottes und des Heiligen Grabes begleiten wollen?" Und erneut boten sich tausend Adelige an.

Und nochmals sprach Orendel: „Seid gewarnt, ihr Könige, Ritter und Adeligen! Ihr werdet unter höllischer Hitze und Entbehrungen leiden, ehe ihr denn das Grab erreicht. Kommt weder zögerlich noch unbewaffnet!" Niemandem versagte der Mut, alle gürteten ihre Schwerter und bereiteten sich auf die lange Reise vor.

Dann machte sich König Orendel von Trier auf, umgeben von seinen Königen und Rittern, ein goldenes Kreuz fest in der Hand und vom Volk umjubelt. Die Mosel trug ihn auf seiner Reise und im Heiligen Land fand er seine „Breide".

Das große Gemetzel

Varus, der Regent von Gallien, ließ so viele Christen in Trier niedermetzeln, dass sich die Mosel bis Neumagen blutrot färbte. Deswegen wurde er verdammt, nach seinem Tode ruhelos durch die Stadt zu irren und jedem gegenüber barmherzige Taten zu verrichten, der ihn in Trier darum bat. Darum wurde er der „Stadtgeist" genannt.

In späteren Tagen suchte einmal ein Büßer Absolution beim Papst. Der Letztere forderte ihn auf, ein Stück Erde von Trier zu holen, und als der Büßer mit der Erde wieder beim Papst erschien, nahm der Heilige Vater das Stück, betete und presste es mit den Händen zusammen. Sofort tropfte Blut daraus hervor.

„Dieses Blut", sagte der Heilige Vater, „ist von Märtyrern in Trier vergossen worden, die Christus so inbrünstig liebten, dass sie ihr Leben für ihn hingaben und somit Beschützer ihrer Stadt wurden."

„Gehe also hin, um ihretwillen sei dir vergeben. Und erzähle deinen Leuten, was du gesehen und gehört hast, sodass sie in ihrem Glauben bestärkt werden!"

Sankt Maternus

Der heilige Maternus war der erste Bischof von Köln und sehr beliebt. Als er jung starb, wandte sich die trauernde Gemeinde nach Rom und bat den heiligen Petrus um Tröstung.

Sankt Petrus übergab den Bittstellern einen Stab und hieß sie, ihn dort auf die Erde zu stoßen, wo die Gebeine von Maternus bestattet wären. Gleichzeitig sollten sie ihn anrufen, er möge sich erheben, da seine Zeit für die ewige Ruhe noch nicht gekommen sei. Es sei noch immer seine Aufgabe, für die Sache Gottes zu streiten.

So geschah es. Und Maternus, der vierzig Tage tot erschien, stand wieder auf und verwaltete von da an gleichzeitig drei Bistümer, nämlich Tongeren, Trier und Köln.

Das erste Findelkind-Hospital

Es heißt, dass es die erste Einrichtung dieser Art in Trier gegeben hätte und sie sei folgendermaßen entstanden: Der heilige Goar war ein sehr frommer Mann, der niemandem etwas zuleide tat. Aber Böse verleumdeten ihn beim Erzbischof von Trier.

Der Bischof forderte ihn auf, bei ihm zu erscheinen und, um seine Integrität auf die Probe zu stellen, bat er ihn zu erklären, wer der Vater des Kindes sei, das man in der Nähe des Domes ausgesetzt hätte.

Der Heilige beugte sich betend nieder und berührte die Lippen des Kindes. Darauf begann der Knabe zu sprechen und stotterte das Wort „Rusticus", was der Vorname des Bischofs war.

Der Bischof wurde blass, die Verleumder verflüchtigten sich, und der heilige Goar, sich zum Bischof wendend, sagte: „Erblickst du darin nicht deine Verpflichtung? Weil die Kirche irrende Kinder mit Güte umarmt, musst du als Haupt deiner Kirche solch arme Kinder ernähren und sie in Ehrfurcht vor Gott aufziehen."

Die Stadt Trier und ihre Umgebung fielen unter die Macht der Erzbischöfe dieser Diözese, die üblicherweise eher Krieger als Priester waren, wenn wir sie nach ihren Taten beurteilen. Hier folgt die Beschreibung eines Erzbischofs, der im Jahre 1169 wirkte: „Man sagt, dass Christian von Mainz sechs Sprachen sprach, und er wurde für seine ritterlichen Waffentaten gefeiert. Täglich sah man ihn mit goldenem Helm auf dem Haupt, von Kopf bis Fuß bewaffnet auf seinem Kriegsross, vom erzbischöflichen Mantel umwallt, in seiner Hand einen schweren Morgenstern, mit dem er achtunddreißig seiner Gegner erschlagen hatte."

Zu dieser Zeit gab es vier Klassen oder Möglichkeiten für den Adel: Zunächst das Priestertum, also Bischof, Abt oder ein anderer kirchlicher Würdenträger zu werden. Die drei anderen Klassen können wie folgt beschrieben werden: Erstens waren es die alten, stolzen Familien, die sich ihre freien Privilegien des Landbesitzes bewahrten. Sie verachteten Fürsten, Bischöfe sowie höfische oder kirchliche Würdenträger gleichermaßen.

Römische Bäder

Die zweite Klasse wurde durch jene Adligen gebildet, die den verschiedenen Ritterorden angehörten; diese erfreuten sich als Gemeinschaft der Macht eines einzelnen Fürsten.

Die verbleibende Klasse bestand aus der feudalen Aristokratie, das war der Hofadel, der alle Staatsämter besetzte, und obwohl durch Eid verpflichtet, ihre Fürsten zu unterstützen, schlossen sie sich oft zu bewaffneten Bündnissen gegen diese zusammen.

Diese vier Kräfte standen sich in andauernder Feindseligkeit gegenüber, und aus dem Umfeld der zweiten und der letzten kroch schließlich eine fünfte, zerstörende Kraft hervor. Das waren diejenigen, die man üblicherweise als Raubritter bezeichnete und deren Burgruinen man häufig an Mosel und Rhein finden kann. Als Folge von deren Verwüstungen mussten Fürsten und Adel Bollwerke zum Schutz ihrer Städte und Dörfer errichten. Deshalb erheben sich zahllose Türme, deren Ruinen die Ufer der Mosel und anderer Flüsse zieren.

Die meisten der späteren Legenden haben mit diesen Raubrittern zu tun und die Geschichte ihrer Kleinkriege gegen die Erzbischöfe von Trier und die Grafen von Sponheim ist die Geschichte der Mosel im Mittelalter (Letztere waren übrigens die Herren über einen Großteil des Landes).

Die Grafen von Sponheim standen ganz allgemein im Widerspruch zu den Erzbischöfen von Trier – und beide zusätzlich gegen die Erzbischöfe von Köln. So erkennt man ganz deutlich die Notwendigkeit von Mauern, die mit ihren Resten noch immer Städte und Dörfer umgeben. Und während wir ganz dezent malerische Pforten und Wassertürme zeichnen, wenden sich unsere Gedanken zurück zu den Tagen, als arme Bürger sie mit Eifer bewachten.

So verbrachten die Bürger ihre Tage und obwohl die Raubritter noch ihre Macht verstärkten, schwanden sie doch schließlich dahin und ließen lediglich die geschwärzten Mauern ihrer alten Bergfriede zurück, wo sie dem Gewerbe ihres Raubrittertums nachgegangen waren. Lesen Sie bitte in der folgenden Geschichte, wie es die Bürger von Trier einem solchen Raubritter mit dem Namen Adalbert heimzahlten, dessen Burg, wo sich Gewalt und Betrug begegneten, nicht weit von der Stadt entfernt lag.

Die lebendigen Weinfässer

Adalbert zerstörte von seiner Burg auf Heilig-Kreuz aus die Stadt Trier. Sie schwor Vergeltung.

Ein gewisser tapferer Ritter namens Sicco bot an, beide, den Adalbert und seine Burg, durch List zu vernichten. Dieses Angebot wurde freudig begrüßt und der Klerus segnete den listigen Ritter.

Als an einem sehr heißen Tag alle in der Heilig-Kreuz-Burg dösten, erschien ein Fremder am Tor und bat den Wächter, ihm einen Becher Wein zu geben, da er von weit aus Italien daherkomme und auf dem Weg zu seiner Burg an der Mosel sei. Er erhielt den Labetrunk, und der dankbare Reisende bat den Wärter seinem Herrn auszurichten, dass seine Freundlichkeit nicht unerwidert bliebe; denn er wäre Eigentümer eines herrlichen Weinbergs, und wenn er nach Hause käme, würde er ihm einige Fässer seines besten Weines als Dank für seine Gastfreundschaft zusenden.

Es dauerte nicht lange, da sah man einen Trupp von Bauern sich der Burg nähern, die einige mit Fässern beladene Karren begleiteten, die jedoch anstatt mit Wein mit bewaffneten Männern gefüllt waren.

Der Wächter rief die Prozession an und Sicco, der als Bauer getarnt war, sagte, dass sie von dem Pilger geschickt seien, zu dem Adalbert so gastfreundlich gewesen wäre und der sie in Erfüllung seines Versprechens ausgesandt hätte.

Das Tor wurde geöffnet und Adalbert selbst geleitete die Karren in den Burghof. Da zog Sicco plötzlich sein Schwert und gab seinen Begleitern das Zeichen, indem er Adalbert mordete, und die aus den Fässern herauskommenden Männer überfielen die Besatzung und machten alle nieder. Darauf wurde die Burg in Brand gesteckt. Auf den Ruinen hat man später eine Kirche gebaut.

Die Kreuzzüge gaben der Kunst und Wissenschaft neuen Auftrieb, indem sie den Luxus und die Vornehmheit des Orients mit der ziemlich barbarischen Einfachheit der westlichen Völker in Berührung brachten. Mit dem elften Jahrhundert nehmen die Legenden einen anderen Charakter an. Heilige und Einsiedler machen Platz für Ritter und edle Damen, und Minnesänger singen Balladen der Liebe und der Lebensfreude, anstatt sich mit den alten Themen des Krieges und der Religion aufzuhalten. Anstatt der Beschreibungen von in Wüsten ausgehauchten Leben und himmlischer Visionen finden wir nun Bilder von Ritterturnieren und Geschichten von Räubern, Geistern und mitreißenden Abenteuern jeglicher Art, und alles ist verwoben mit den Träumen von orientalischem Luxus.

Des Volkes Wut, angestachelt durch die Predigten von Peter dem Einsiedler und anderen, entlud sich zuallererst über denjenigen in unmittelbarer Reichweite. In Trier wurden die Juden derart verfolgt, dass sie sich oftmals dem Selbstmord hingaben, nachdem man ihre Kinder ermordete. Scharen von ihnen traten zum Christentum über, nur um nach der Verfolgung weiterleben zu können.

In den zwei darauf folgenden Jahrhunderten wurde eine ganze Reihe dem Zeitgeist entsprechender, merkwürdiger Gesetze verfügt. Darunter sind solche, die Urteilsfindung durch Gewaltanwendung betreffend, am bemerkenswertesten. Wir wollen wenigstens eines davon beispielhaft schildern: Wenn einer Frau aus niederem Stand Gewalt angetan worden war, aber die Sache nicht bewiesen werden konnte, dann grub man den angeklagten Mann bis zur Hälfte in die Erde ein und gab ihm einen Knüppel, etwa eine Elle lang, in die Hände. So musste er sich dann der Frau erwehren, die mit einem in ihren Kleidern verborgenem Stein bewaffnet war. Falschmünzer wurden in jenen Tagen in Kesseln gekocht.

In Ergänzung ordentlicher Gerichte wurden auch sogenannte Liebesgerichtshöfe gebildet. Sie waren aus ausgewählten Damen und ritterlichen Dichtern zusammengesetzt, die mit außerordentlichem Scharfsinn über Liebesdinge zu richten hatten.

Den Damen zu dienen machte einen wesentlichen Teil des ritterlichen Brauchtums aus. Eine Frau zu beleidigen oder gar zu verletzen, galt als Schande. Eine Frau als Idealbild von Schönheit, Zartheit und Liebe konnte die Herzen aller Ritter mit dem Wunsch, ihre Huld durch Heldentaten und Selbstverleugnung zu erlangen, entflammen. Sie wurde angebetet als eine beschützende Gottheit, und die Ritter unterwarfen sich jeder noch so schwierigen Herausforderung, sodass man es selbst bei geringster Andeutung hinnahm, um ihretwillen den Tod zu erleiden und somit ihre Zustimmung zu erlangen.

Liebe entwickelte sich zur Kunst „ritterlicher Herausforderung", und diese Unterwerfung unter das fraulich-sanfte Joch, entstanden aus Demut und Religion, trug wesentlich dazu bei, Sitten und Bräuche dieser Zeit zu vermenschlichen und zu zivilisieren. Und wir können es dem deutschen Wesen danken, die gröbere und eher sinnliche Lebensart verdrängt zu haben, in der Frauen vorher bei der Entstehung der Nation betrachtet wurden. Der Historiker fasst seine Erkenntnisse zu diesem Punkt wie folgt zusammen: „Treue war das Wesen wahrer Liebe – und so verhielten sich damals auch die Liebhaber."

Im dreizehnten Jahrhundert entstand eine Einrichtung, die sich in Kürze mit der Nachbarschaft unseres Flusses verband; das waren geheime oder Feme-Gerichte. Engelbert, ein Erzbischof von Köln, war Begründer und erster Präsident dieses geheimen Gerichts. In erster Instanz war es aus einer Anzahl ehrenwerter Männer aus allen Klassen zusammengesetzt, die sich trafen, um alle Übeltäter zu verurteilen und zu bestrafen. Ihre Maßnahmen waren hauptsächlich gegen unzüchtige Adlige und Raubritter gerichtet; ihre Verfahrensweise war notwendigerweise geheim, denn wären die Namen der Richter bekannt geworden, wären sie, ganz in Übereinstimmung mit dem Zeitgeist, der Rache ausgesetzt gewesen. Im vierzehnten

Jahrhundert hatte diese Vereinigung etwa hunderttausend Mitglieder, die alle durch geheime Eide verpflichtet waren und die sich durch Geheimzeichen untereinander erkannten.

Es waren weder Kleriker, außer dem geistlichen Oberherrn, noch Juden, Frauen oder Untergebene als Mitglieder zugelassen, noch war jenen diese Gerichtsbarkeit zugänglich, die nur gleichrangige Angeklagte verurteilen konnte. Es konnten nur solche Beschuldigungen vor diesen Gerichten vorgebracht werden, die von den hauptsächlich öffentlichen Gerichten nicht angenommen worden waren.

Der Beschuldigte wurde dreimal vorgeladen zu erscheinen, und wenn er dem nicht Folge leistete, wurde ihm das Urteil üblicherweise zugestellt, wobei der Eid des Anklägers zu seiner Verurteilung ausreichte. Der verurteilte Verbrecher wurde auf geheime und mysteriöse Weise um sein Leben gebracht. Seine Leiche fand man stets mit einem Dolch, auf den die Buchstaben S.S.G.G.[3] eingeritzt waren.

Als Beweis der wirksamen und harten Rechtsprechung eines solchen Gerichtes lesen wir das Folgende:

„Ein gewisser Baron Wolfgang von Cronenberg entführte im Widerspruch zu den Gesetzen eine Nonne auf seine Burg; aber selbst hier erreichten ihn diese Gerichte – und er wurde eines Tages tot aufgefunden. Die von ihm schwanger gewordene Nonne wurde aus ihren Eiden entlassen und das Eigentum ihres Verführers wurde ihr und ihrem Sohn übertragen."

Am Ende des dreizehnten Jahrhunderts wurde von einem Trierer Erzbischof eine ungewöhnliche Wallfahrt eingeführt: Die Pilger hatten das Grab des heiligen Willibrord in Echternach zu besuchen und sich dort zu seinen Ehren an einem allgemeinen Tanzritual zu beteiligen. Während dieses Tanzes aller Stände waren die Pilger miteinander verbunden. Zuerst bewegten sie sich nach vorn, dann nach hinten und anschließend im Zickzack von rechts nach links. Dieser Brauch wurde viele Jahre aufrechterhalten und existiert noch heute in etwas abgewandelter Form.[4]

Im Jahr 1473 wurde Trier von Karl dem Kühnen und Kaiser Friedrich III. als Treffpunkt zur Vorbereitung der Hochzeit von Maria von Burgund mit Maximilian, dem Sohn Friedrichs, ausgewählt. Karl seinerseits sollte dabei König werden und den Titel „König von Burgund" annehmen. Friedrich traf mit großem Gefolge ein, aber Karl überstrahlte, umgeben von seinen flandrischen Adeligen, den Kaiser. Letzterer setzte Karl als Herzog von Geldern ein und es wurde der Tag zur Königskrönung festgelegt. Aber ehe noch dieser Tag kam, nahm Friedrich still und leise ein Schiff und fuhr die Mosel abwärts. Dieser Schritt war vermutlich von französischen[5] Emissären angestiftet worden.

Der Abscheu Karls über den Betrug an der Krone und der Ärger der Bürgerschaft, um ein Schauspiel gebracht worden zu sein, müssen maßlos gewesen sein.

Die Missbräuche der römischen Kirche nahmen zu, und Luther, der den Bannstrahl gegen den römischen Bischof geschleudert hatte, brachte den Zeitgeist in zwei entgegengesetzte Richtungen – Abtrünnigkeit und Aberglauben. Die Gemüter der Menschen gerieten aus den Angeln: Keiner wusste mehr so recht, was er glauben sollte, fantastische Visionen jeglicher

---

3   S = Stock; S = Stein; G = Gras; G = Grün
4   Wie der Autor in Trier in Erfahrung brachte.
5   Frage: War das der Ursprung des „französischen Abschiednehmens"?

Art blendeten die Augen aller. Der Teufel schien auf der Erde zu wandeln und Menschen, die sonst an nichts mehr glauben konnten, suchten seinen Schutz. Das war die Zeit, als Menschen glaubten, dass bestimmte Amulette ihre Körper unverletzlich machen würden und dass Kugeln, die niemals ihr Ziel verfehlten, gegossen werden könnten. Man vermutete, dass Gold allein durch Kunstfertigkeit zu beschaffen sei, und darüber hinaus wurde mit Eifer nach einem Lebenselixier gesucht, das in der Lage wäre, seinem Besitzer die Dauer seines Daseins nach Belieben zu verlängern. Ein Scharlatan behauptete gar, dass man aus Juden Gold gewinnen könne und dass die Asche von vierundzwanzig dieses Volkes eine Unze ergäbe. Im darauffolgenden Jahrhundert glaubte ein Bischof von Lausanne an die Wirksamkeit des Kirchenbannes, um Heuschrecken und Mäuse zu vertreiben, und bald darauf verfluchte ein Bischof von Chur sogar die Maikäfer.

Die Hexenverbrennung bildete eines der auffälligsten Merkmale im Zeitalter der Reformation; sie hatte zwar schon zu früheren Zeiten begonnen, wurde aber im sechzehnten und siebzehnten Jahrhundert allgemein üblich.

Bereits im vierzehnten Jahrhundert hatte der Rat von Trier den Hexenglauben verurteilt und erklärt, dass deren vermutetes nächtliches Treiben eine sagenhafte Erfindung sei. Aber im fünfzehnten Jahrhundert tauchte dieser Irrglaube ganz plötzlich mit neuer Kraft wieder auf, und 1485 bestätigte Papst Innozenz VIII. sogar das Vorhandensein von Hexen.

Von den Lutheranern wurden mehr alte Frauen verfolgt als durch die Inquisition. Sie wurden angeklagt, mit dem Teufel im Bunde zu sein, um mit seiner Hilfe Stürme zu entfesseln, den Kühen die Milch zu nehmen, das Getreide durch die Luft zu entführen, Menschen und Vieh zu Tode zu bringen oder sie mit Krankheit zu schlagen, Liebe durch einen Trank und unnatürlichen Hass durch Zauberei zu entfachen.

Für all dieses und viele andere vorgebliche Missetaten wurden arme alte Frauen aus ihren Häusern gezerrt und verschiedenartigen Folterungen unterzogen. Zunächst schnitt man ihnen ihre Haare ab, und falls irgendein Mal oder Kratzer gefunden wurde, folterte man sie üblicherweise durch Wasser oder Gewichte. Im ersteren Fall wurde ihr rechter Daumen an den linken großen Zeh gebunden und ihr linker Daumen an den rechten großen Zeh. Dann wurden sie ins Wasser geworfen; wenn sie schwammen oder schwebten, waren sie Hexen. Falls der Gewichtstest infrage kam, hatten hutzelige Frauen keine Chance, denn sie wurden allgemein als untergewichtig erklärt und gefoltert, bis sie gestanden. Unter diesen Torturen gestanden sie schließlich alles, was die Ankläger ihnen vorwarfen – dann wurden sie verbrannt. Aber es gab auch anderwärts noch viele andere Prüfungen.

Im Jahr 1589 verurteilte der Erzbischof von Trier so viele Frauen zum Scheiterhaufen, dass in zwei Gebieten nur noch zwei Frauen übrig blieben. Dieser Erzbischof verurteilte gar den Rektor der Universität Trier als einen Zauberer.

Gegen Ende des siebzehnten Jahrhunderts litt Trier sehr unter den verschiedenen Heeren, die wiederholt durch seine Gegend kamen. Und zu Beginn des achtzehnten Jahrhunderts hatte einer seiner Kurfürsten die Kühnheit, dem König Ludwig XIV. den Krieg zu erklären, ohne auf eine Entscheidung des Imperiums zu warten.

Ludwig beschloss, die Person des Kurfürsten festzunehmen, den er herablassend als „kleinen Pfarrer von Trier" bezeichnete. Zu diesem Zweck sandte er ein Husarenregiment von

Saarlouis aus mit dem Befehl, ihn tot oder lebendig herbeizubringen. Die Husaren trachteten, den Kurfürsten bei der Jagd zu überrumpeln, aber ein gewisser Posthalter warnte ihn vor dem Überfall und er floh nach Ehrenbreitstein, die Husaren dicht hinter ihm. Der Kurfürst belohnte den Posthalter und verfügte, dass, wann immer er nach Ehrenbreitstein käme, er essen und trinken könne, was und wie viel er möge und was Küche und Keller bereithielten.

1803 wurde das geistliche Kurfürstentum abgeschafft und Trier Frankreich eingegliedert. Heute ist es ein Teil von Rhein-Preußen.

Nachdem wir die mit Trier in Verbindung stehenden wichtigsten Ereignisse vom frühesten Beginn bis zum heutigen Jahrhundert kurz gestreift haben, werden wir nun einen Überblick über die heute bestehende Stadt geben.

Früher breitete sich Trier weiträumig an beiden Moselseiten aus, aber später hat es sich dann im Wesentlichen auf die rechte Flussseite beschränkt. Man kann eigentlich auch nicht sagen, dass es ganz an der Mosel liegt, weil der Hauptteil der Stadt mit einigem Abstand landeinwärts liegt und überall Mauern sie vom Fluss abtrennen. Nur einige freistehende Häuser liegen direkt am Flussufer.

Obwohl vollständig neuzeitlich, hat Trier immer noch ein gewisses altertümliches Aussehen, was vermutlich auf die mit Bäumen bestandenen Alleen rund um seine Mauern und eine gewisse Atmosphäre des Verfalls zurückzuführen ist, die man auf allen Straßen und Plätzen spüren kann. Der letzte Baustil der Häuser stammt aus der Zeit Ludwigs XV. und viele davon sind gute Beispiele sattsam geschmückter Wohnungen.

An Markttagen bietet der Marktplatz ein höchst lebhaftes Bild, und an solchen Tagen kann es ganz schön eng werden, sich seinen Weg durch die Menge zu bahnen. Dem Brauch entsprechend tragen die Frauen ihre Körbe auf dem Rücken. Diese sperrigen Dinge werden dem Passanten gnadenlos in die Rippen gestoßen, und während er nach einer Gehirnerschütterung wieder versucht, zu Atem zu kommen, erhält sein unvorsichtiger Fuß möglicherweise einen heftigen Holzschuh-Tritt auf seine empfindlichste Stelle. Auf dem Marktplatz steht ein eleganter Brunnen gegenüber dem Roten Haus, dem früheren Rathaus. Dieses Gebäude ist heutzutage eine wohltuende Kneipe, gut gelegen, um Trachten und Gebräuche zu studieren.

In Sichtweite des Marktplatzes liegt die berühmte Porta Nigra, deren ursprünglicher Zweck Gegenstand wechselnder Vermutungen ist, wobei die Gebildeten ihre Ansichten nicht in Einklang bringen können. Während des Mittelalters wurde sie für religiöse Zwecke benutzt und war deswegen als Doppelkirche eingerichtet worden, eine über der anderen, in denen regelmäßige Gottesdienste stattfanden. Die preußischen Behörden haben sie wieder in den ursprünglichen Zustand zurückversetzt. Sie ist gut erhalten und ist alles in allem mit Sicherheit eines der interessantesten römischen Gebäude überhaupt.

Es gibt (wie wir schon am Anfang dieses Kapitels sagten) noch viele andere Erinnerungen an die römische Herrschaft, die man in Trier sehen kann, wovon die wichtigsten die Brücke, das Amphitheater und die Bäder sind. Von Letzteren steht noch ein ansehnlicher Teil, während vom Amphitheater nur die äußere Gestalt übrig geblieben ist mit einem bloßen Mauerrest am Eingang. Der jedoch ist, im Vergleich mit anderen Ruinen in Trier, wohl erhalten.

Der alte Palast des Erzbischofs ist heutzutage eine Kaserne und eigentlich nur für Militäreinheiten von Interesse.

Springbrunnen

Die Liebfrauenkirche ist ein wunderschönes gotisches Gebäude mit hohen Bögen von außerordentlicher Helle und feingliedriger Erscheinung. Die Türöffnung ist reich gegliedert, und und alles in allem lässt sich für den Baustil dieser Kirche kein schöneres Beispiel finden.

Der Dom ist ein vornehmes Gebäude und steht direkt neben der Liebfrauenkirche, die er zwar weit an Größe, aber weniger an Schönheit innen übertrifft; trotzdem ist er ein gutes Muster des byzantinischen Stiles, und wegen seiner Nachbarschaft zur Liebfrauenkirche sind wir auf einen Blick in der Lage, die unterschiedlichen Architekturstile zu vergleichen.

In diesem Dom wird der Heilige Rock aufbewahrt, der „von oben bis unten zu seinem Saum ohne Naht gewebt ist", und hierhin pilgerten, so letzlich 1844, nicht weniger als eine Million und hunderttausend Menschen, um einen Blick auf das wundersame Kleidungsstück zu werfen, das acht Wochen lang den Gläubigen gezeigt wurde und dann wieder in seinen Schrein zurückkam.

Es gibt noch viel mehr Kirchen in und um Trier herum, von denen eine von ihren Repräsentanten besonders hoch geschätzt wird, die die Besucher wie eine Art Sklaven hier hereinführen in der Erwartung, dass diese ins Schwärmen geraten in einem weiß getünchten, hoch aufragenden, einem Ballsaal ähnelnden Raum, der bedeckt ist mit kitschig-bunten, grob gemalten Arabesken und mittelmäßigen Bildern. Die Sklaven bedanken sich im Allgemeinen

Römisches Denkmal von Igel

bei ihren Tyrannen, indem sie in ein unbeschränktes Schwärmen verfallen und sich fast den Hals verdrehen, um einen Blick auf die Gemälde an der Decke zu erlangen. In letzter Zeit werden kleine Spiegel bereitgehalten, um zu vermeiden, dass sie sich den Hals verrenken.

Rund sechs Meilen von Trier, an der Straße nach Luxemburg, liegt ein Dorf mit Namen Igel. Hier wird ein sehr ungewöhnlicher Steinobelisk bewahrt, der ganz mit figürlichen Steinornamenten und Inschriften bedeckt ist; es gibt eine ziemliche Diskussion über seinen Ursprung und Bedeutung, aber ganz zweifellos ist es ein seltsames Überbleibsel vergangener Tage und es ist nicht ohne Reiz in Entwurf und (künstlerischer) Ausführung.

Luxemburg ist ein starker Ort, geradezu wissenschaftlich befestigt, sodass es für eine uneingeweihte Person ziemlich schwierig ist, ihren Weg hindurch zu finden; und wenn es einem schließlich gelungen ist, dann ist die Stadt so erbärmlich fade und trüb, dass der Besucher sehr schnell zur Erkenntnis kommt, dass er sich eigentlich eine ziemliche Mühe für nichts gemacht hat und sich eilig wieder davonmacht, was ihn viel weniger anstrengt als das Hereinkommen. Von den Mauern hat man sehr eindrucksvolle Ausblicke, lediglich die Wachtposten scheuchen einen rasch fort, insbesondere dann, wenn man ein derart todbringendes Utensil wie einen Zeichenblock dabei hat. Jedoch, wir haben keinen Grund, uns über Luxemburg weiter zu verbreiten, weil es lediglich ein kleiner Anlieger an unserem Fluss ist.

VII. Fluss-Begebenheiten

Fähre

Der Abschnitt unseres Flusses zwischen Trier und Koblenz gilt als der schönste, und dieser Teil wird von den wenigen besucht, die sich selbst das Vergnügen gönnen, eine durch die Kunst noch unentdeckte Szenerie zu erleben. Die Mosel heutzutage ist so ziemlich noch das, was der Rhein vor einem halben Jahrhundert war. Keine großen Straßen laufen an den Ufern entlang und schneiden malerische Häuser alter Dörfer und Städte von den Ufern ab. Und die Städte und Dörfer selbst sind, von wenigen Ausnahmen abgesehen, stimmungsvoller als jene am Rhein. Ihre alten Wassertürme und Mauern haben immer noch ihre Fundamente im Wasser, so wie vor einigen Jahren einst in St. Goarshausen am Rhein, als die neue Straße sie noch nicht landeinwärts vertrieben hatte.

An Stellen, wo Felsen dicht an den Fluss heranreichen, sind die Häuser üblicherweise längs einer Straße angeordnet, hinter der in Abständen Ruinen von Türmen entlang der aufsteigenden Mauern kauern, die sich durch die Weinberge winden, bis der Anstieg doch zu steil wird, als dass Eindringlinge darüber hinweg steigen könnten.

Wo mehr Platz ist, stehen die Häuser gruppenweise unter Walnussbäumen, die zu beträchtlicher Höhe heranwachsen. Der größte Reiz beim Hinabfahren unseres Flusses ist die Abwesenheit ganzer Schwärme von Nur-Touristen, wie sie über den Rhein herfallen. Unbedeutende Beschwernisse an weniger besuchten Strecken reichen, um auch diese „geschwätzigen Schmetterlinge" abzuhalten, die Mosel zu „machen". Und so hat auch nicht Murray [Lord John Archibald Murray, 1779–1859, Anm. d. Übers.] im Einzelnen die Anzahl der Türme jeder Burg entlang des Flusses angegeben, die eifrige Beobachter „abzuzählen" hätten, während der Dampfer den Strom durchpflügt. Es ist auf jeden Fall bemerkenswert, wie wenige all derer, die an der Flussmündung der Mosel in Koblenz vorbeikommen, ihren Gewässern hinauffolgen.

Wir laden nunmehr alle diejenigen ein, die nicht höchstpersönlich „die blaue Mosel" schauen können, im Geiste unser Schiff zu besteigen, und während wir hinabgleiten, werden wir

Geschichten aus alten Zeiten erzählen, als aus Ruinentürmen über unseren Köpfen Waffengeklirr von Männern und das Echo von Liebes- und Weinliedern erklang.

Trier und seine Brücke sind durch Bäume verdeckt, aber Flussnymphen umschmeicheln uns mit Girlanden und Gesängen.

Stromabwärts

Unser Boot treibt abwärts an Stromes Saum.
So träumten wir einen glücklichen Traum.
Dort, wo die ruhigen Wasser mäandern
Uns're Gedanken ins Reich der Phantasie wandern.

In rein kindlichem Geiste Luftschlösser errichtend,
Die schönste Gegend in güldnem Sonnennetz sichtend,
Auf zärtlichen Wellen hin plätschernd wir gleiten,
Gesänge uns den sonnigen Fluss hinab leiten.

Mit Glücksgefühlen und naiver Heiterkeit
Genießen wir in aller Unschuld diese Zeit.
Mögen alle Erdbewohner so wie wir
Mit Freude erfüllen ihr Leben dort wie hier.

„Bei der Arbeit singen wir,
In Mußestunden spielen wir,
Die Mühsal überspringen wir,
Girlanden drüber schwingen wir."

Dann erheben sich wieder dunkle Felsmassen
Und von hellen Wellen umflossene Bergnasen,
An die sich der Fluss tapfer kämpft heran
Und kein Wind oder andere Macht hält ihn an.

Allzu oft liegen uns in unserem Leben
Dicke Felsbrocken auf unseren Wegen.
Deren Sperre lässt uns zwar oftmals verharren,
Doch aufhalten können uns nicht die stärksten Sparren.

Nur Mut! Kehrtmachen aus Angst – oh nein!
Doch ganz behutsam müssen wir sein.
Umrunden oder durchstoßen ist hier die Frage,
So gewinnen wir freien Weg aus aller Plage.

Fährfrau

Während wir so dahingleiten, erscheinen die kleinen Begebenheiten, die man an den Fluss-ufern sehen kann, außerordentlich malerisch und geben ein Bild von Leben und Wirklichkeit, wie wir es in unserer Vorstellung von Schönheit erträumen anstatt wirklicher Bilder von Mühe und Arbeit. Und zusätzlich, welche Vordergründe für Künstler! Da ist eine Frau gerade beim Mähen, ein wenig weiter treibt jemand mittels einer Stange ein schweres Boot daher, und dort stehen rote Kühe halb im Wasser und halb auf einer grasigen Böschung, wobei das wider-spiegelnde Grün sich von ihrem Rot abhebt. Und da schon wieder: als wir uns einem Dorfe nähern, sieht man Mädchen beim Wasserschöpfen, während Gruppen anderer, die mit ihrem Verhalten zu endlosen Studien Anlass gäben, ihre bunte Wäsche waschen oder lange Streifen bräunlichen Linnens bleichen.

Bootsbau wird fast bei jedem Dorfe betrieben, und der Rauch der dazugehörigen Feuer wabert zwischen den Walnussbäumen. Die Menschen arbeiten wirklich hart, aber es ist für uns kaum vorstellbar, dass sie das wesentlich belastet, denn sie bilden Gruppen zu ihrer eigenen Freude und zum Ergötzen anderer. Alles ist so voller Anmut, das es geradezu unwirklich erscheint.

Die Spanten der flachbödigen Boote sehen wie Gerippe einiger fremdartiger Tiere aus, die sich offensichtlich bei ihrem Herumliegen wohlfühlen, und der fast fertige Lastkahn erscheint wie eine Art Sommerhaus, in dem ein Müßiggänger sitzen und im Schatten seine Pfeife rau-chen kann – denn, natürlich, alle rauchen. Üblicherweise wird die langstielige Pfeife mit dem irdenen oder Porzellankopf verwendet, um das duftende Kraut einzusaugen, aber manchmal dient auch (seinem Aussehen nach) ein grober Holzknüttel als Ersatz.

Diese Boote werden nach ihrer Fertigstellung für alle möglichen Zwecke verwendet. Das Fehlen guter Straßen und die Tatsache, dass der Fluss sehr viel langsamer ist als der Rhein sowie auch die Abwesenheit von Dampf-Schleppern lassen die Mosel mit ihren Kähnen und Booten sehr viel lebhafter erscheinen, besonders durch die Letzteren. Obwohl, natürlich, nur drei oder vier Dampfer auf der ganzen Strecke von rund 150 Meilen zwischen Trier und Koblenz verkehren, erscheint durch das Fehlen dieser schnaufenden Ungeheuer die Mosel im Ganzen ein ruhigeres Vergnügen zu bereiten.

Bootsbau

Die größeren Kähne transportieren Eisen, Töpferwaren, Holzkohle, Baumrinden, Wein und andere Güter, während die kleineren angefüllt sind mit Markterzeugnissen aller Art, um in größeren Orten verkauft zu werden. Eine Anzahl dieser Boote liegt bei jedem Dorf, um die Bewohner zu ihren Feldern und Weinbergen auf der anderen Seite hinüberzubringen. Außerdem gibt es Fähren, groß genug für Wagen, Vieh oder Pferde, in der Nähe so ziemlich jeder Häusergruppe.

Wenn wir öfters diese großen Boote mit ihrer unterschiedlichen Ladung betrachteten oder selbst an der Reihe waren, auf die Überfahrt zu warten, waren wir sehr berührt von dem unterschiedlichen Aussehen der jungen, hübschen, flachshaarigen Kinder und den von Sorgen gezeichneten Gesichtern ihrer Eltern, deren Haut manchmal so braun gebrannt erschien wie die eines maltesischen Schiffers, fast schon wie weinrot gefärbt. Die Bauernschaft ist, soweit wir das beobachten oder in Erfahrung bringen konnten, von einfacher, zufriedener Art, hart arbeitend und in schweren Zeiten schlecht ernährt.

Bootsbau

Die Fähre

Am grasigen Ufer liegt der Ort.
Die Bewohner zieht's nach Haus.
Mit kräftigen Bewegungen drückt dort
Die anlegende Fähre die Wellen hinaus.

Beladen ist die Pont, die schwere,
Mit Frauen, Männern und großen Karren.
Dazwischen laufen Kinder in die Quere
Die ängstlichen Herzens hinstarren.

Die Augen der Frauen schauen bedachtsam
Und die Männer sind so rechtschaffen müde.
Aber alle zusammen wachen achtsam
Über ein Neugeborenes in ihrer Mitte.

Des Menschen Schicksal ist Leben voll Plage,
Das auf beider Eltern Schultern ruht
Jedoch die Wärme heller Sonnentage
Spendet den fröhlichen Kindern Mut.

Kaum wagt man, die zarten Händchen zu drücken,
Die ganz lieb um der Mutter Zuwendung bitten.
Da hört man aus des Himmels Licht
Wie eine Stimme zu den Leuten spricht:

„Lebe, liebe und bete Gott ergeben,
Denn Arbeit schafft Zufriedenheit,
So wirst Du meistern dieses Leben
Und sterbend erlangen Ewigkeit".

Die verschiedenen Jahreszeiten bringen natürlicherweise auch verschiedene Ereignisse an unserem Fluss zur Geltung, jedes in seiner eigenen Weise. Die Heuernte ist eine sehr lebhafte Zeit an seinen Ufern; überall werden die grünen Hänge von ihrer überreichen Fracht befreit und Boote kreuzen mit ihren süß duftenden Ladungen hin und her über den Fluss. Einiges wird in Speichern aufbewahrt, anderes auf größere Boote für den Transport stromabwärts gebracht.

Später kommt die Getreideernte, dann sind die Boote mit goldenen Ährengarben beladen; und schon bald darauf beginnt eine ähnlich geschäftige Zeit, wenn jede Art von Booten voll gestapelt ist mit dünnen Ästen der Eichen. Deren Blätter werden von den Ästen abgestreift, nach

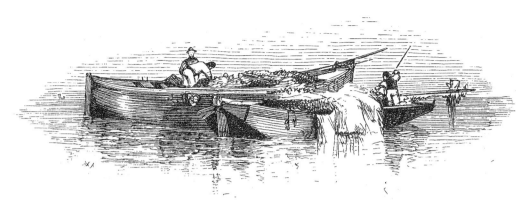

Heu laden

Streu laden

Hause gebracht und sorgfältig getrocknet. Das ergibt ein ausgezeichnetes Material, womit die Menschen ihre Matratzen ausstopfen, und auf diese Weise, so behaupten sie, werden die Betten viel wärmer und weicher als mit Stroh. Jedes Dorf hat das Recht, Bettstreu an bestimmten Plätzen zu schneiden und verschiedenen Einwohnern werden Tage zugeteilt, an denen sie sich auf diese Weise dazu verhelfen können.

Wenn sich der Winter nähert und die Weinlese beginnt, dann sind auch alle Boote mit dieser anstrengenden Arbeit beschäftigt. Kleine Boote mit großen Fässern an Bord sehen von Weitem wie Gondeln aus, wohin auch immer das Auge blickt, es gibt nichts, was nicht in irgendeiner Weise mit dem großen Jahresereignis an der Mosel zu tun hat. Da jedoch der Weinlese ein eigenes Kapitel gewidmet ist, wollen wir uns hier darüber nicht weiter verbreiten.

Der Transport von Brennholz ist die letzte große Herausforderung für die kleineren Boote und es hilft denen, die für einen guten Vorrat an Brennstoff sorgen, denn die Winter sind hart und schwer. Unglücklicherweise ist das Holz auch knapp und teuer, obwohl es an der Mosel noch um einiges billiger als in anderen Teilen Deutschlands ist. Jedoch ist ein gutes wärmendes

Boot mit Weinfass

Feuer oft außer Reichweite der ärmeren Klassen und so kratzen sie jeden Krümel zusammen, um ihre eisernen Öfen zu „stochen", die ihre Hütten erwärmen.

Der Fluss ist teilweise so flach, dass Wellenbrecher [sog. „Kribben", Anm. Anm. d. Übers.] von den Ufern aus gebaut wurden, mit der Absicht, in der Mitte des Flusses das Wasser zu vertiefen. Auf diese Weise fließt das Wasser schneller, und es erfordert die Kräfte vieler Pferde, um die Kähne flussaufwärts zu ziehen. Um flussabwärts zu steuern, ist diese Strömung ganz angenehm und die Hinunterfahrt geschieht mit weniger Anstrengung. Dörfer und Städte reihen sich an den Ufern entlang, die mit Obstbäumen gesäumt sind, an denen Nüsse und Kirschen am auffälligsten sind.

Die Kirschen sind hervorragend und so reichlich, dass Kinder sie oft zurückweisen, wenn man ihnen eine Handvoll anbietet, da sie sich vorher schon zu Hause reichlich damit eingedeckt haben. Gewisse Mengen werden auch verschickt und gehen den Fluss hinunter nach Koblenz und weiter den Rhein abwärts. In guten Jahren gibt es auch reichlich Aprikosen, die an gewöhnlichen Bäumen wachsen. Alle möglichen Gartenerzeugnisse gibt es in Fülle und Äpfel und Birnen fallen unbeachtet zur Erde.

Wir treiben mit Begebenheiten wie diesen an Fluss und Ufern hinunter. Vielleicht haben wir während der mittäglichen Hitze an einem einladenden Plätzchen Halt gemacht, wo unter Nussbäumen Schatten Kühle spendete. Jetzt naht der Abend heran und nach der nächsten Biegung kommt unser Nachtquartier in Sicht. Zarter Nebel, der vom Fluss aufsteigt, umhüllt den Fuß einer Kirche, deren scharf gezeichneter Turm neugierig über die Bäume ragt. Licht fällt in zittrigen Streifen aus hohen Fenstern und in der Luft schwingt der Klang von Kirchenmusik.

Kirchenmusik

Vom Kirchturm tönt hymnisches Glockenspiel,
Schleicht langsam über die Wellen dahin,
Aufklingend und abschwellend in leichtem Spiel,
In getragenen, heiligen Harmonien.

Über den Bäumen des Turmes Spitze
Lenkt empor unserer Augen Blitze.
Der Windhauch verstärkt den Klang
Und bringt zu uns des Himmels Sang.

„Ehre sei Gott in der Höhe" steigt als Ruhmeslied,
Das all unsere Gedanken mit emporzieht
Und verweilt in himmlischem Gefilde
Zu erbitten des Höchsten Gnade und Milde.

Kirche im Mondschein

VIII. Piesport

Piesport

Zwischen Trier und Trittenheim hat sich, obwohl schon sehr freundlich, die Szenerie unseres Flusses noch nicht zur vollen Schönheit entfaltet. Die Mosel, zur Frau geworden, hat kaum noch an Schönheit zugenommen. Sie zeigt zwar schon viele Reize, aber vor ihrer Ankunft in Neumagen erreicht ihr Leben noch nicht die Fülle ihrer sommerlichen Herrlichkeit. Dann allerdings überfällt uns der ganze Zauber ihrer Schönheit, und, wie das oft so im Leben ist, waren wir ganz gewohnt, ein liebliches Mädchen sich von der Kindheit zur Anmut junger Weiblichkeit entwickeln zu sehen, die wir bewundern und lieben. Aber an irgendeinem weiteren Tag haben wir plötzlich erkannt, dass aus dem lieblichen Mädchen eine strahlende

Frau voller Grazie geworden ist. Die Veränderung scheint an einem Tag, ja sogar binnen einer Stunde zu geschehen. Irgendein Vorgang – eine Kleinigkeit vielleicht – hat den Geist beflügelt und aus der zuletzt schüchternen und furchtsamen Maid wurde eine Frau im Geiste und dem Namen nach. Ohne auch nur etwas von der beglückenden Anmut ihrer frühen Jahre zu verlieren, hat sie die Würde und einen unbeschreiblich-unerklärbaren Reiz erlangt, der ihre Schönheit vollendet und dem unsere Herzen erliegen.

So also hat sich unsere Mosel entwickelt, wenn sie sich um die Berge hinter Neumagen und Piesport entlangwindet.

Die Halbinsel nach Neumagen ist zweigeteilt durch den Bachlauf der Dhron. Es wird von vielen vermutet, dass der berühmte „Palast der dreißig Türme" an den Ufern dieses kleinen Baches stand. Dieser von Erzbischof Nicetius von Trier erbaute Palast soll einer der schönsten gewesen sein, völlig aus Marmor errichtet und mit Lustgärten an Bach und Fluss entlang. Eine Beschreibung dieser Gärten stammt vom Dichter Venantius Fortunatus, die sich eher wie eine Beschreibung der Paradiesgärten liest, die sich manchmal dem Wanderer in der arabischen Wüste eröffnen. Bischofstein – weiter unterhalb am Fluss – erhebt auch den Anspruch, Ort des Palastes der dreißig Türme gewesen zu sein, aber dies entspricht in keiner Weise der Beschreibung. Gleichgültig, ob der Marmorpalast am Dhronufer stand oder nicht, allein die Schönheit der Lage erhebt den Anspruch, es müsse hier gewesen sein. Die Erzbischöfe besaßen übrigens bei Neumagen noch ein Landhaus.

Einige Meilen unterhalb von Trier kommen wir an Pfalzel vorbei, das auf der linken Seite liegt. Dieser kleine Ort ist deshalb so interessant, weil man sagt, es sei der Platz der schönen Genoveva-Legende, die uns in verschiedenen Versionen überliefert ist.

Legende der Genoveva

Pfalzgraf Siegfried war mit der schönen und tugendhaften Genoveva verheiratet, und sie lebten in großem Glück und Zufriedenheit zusammen, bis ein böser Höfling namens Golo, dessen Aufmerksamkeiten die Dame zurückgewiesen hatte, danach trachtete, wie er sie in der Achtung ihres Herrn herabsetzen könnte.

Zu diesem Zweck vergiftete er des Pfalzgrafen Sinne gegen seine tugendhafte Frau, und im Verdacht von Vergehen, an die sie niemals auch nur gedacht hätte, verstieß ihr Herr Genoveva von der Burg, auf dass sie von wilden Tieren getötet oder Hungers sterben würde.

Als Genoveva dann an den Burgtoren vorbeikam, warf sie den Ehering ins Wasser, um so die Schuld ihres Herrn zu vermindern, da sie auf diese Weise von ihren Ehebanden befreit war.

Die Zeit ging dahin und als Siegfried einmal auf der Jagd war, wollte er sich ausruhen und etwas essen. Deshalb ordnete er an, dass ein Zelt an einem Bachufer aufgeschlagen werden solle. Kaum war das erfolgt, da erschienen zwei Fischer mit einem großen Fisch, den sie dem Pfalzgrafen schenkten. Als der Fisch geöffnet wurde, fand man einen Ring, den der Pfalzgraf sogleich als den Ring seiner toten Frau erkannte.

Nach Hause zurückgekehrt, war er über diese Sache sehr beunruhigt, und als er eingeschlafen war, träumte ihm, dass Genoveva, die ihm immer noch teurer war als alles in der Welt, von einem Drachen verfolgt würde. Er erzählte Golo von diesem Traum, der ihn kurz besänftigte. Als er aber in einem erneuten Traum eine weiße Hindin jagte und ihr unerbittlich folgte, wurde er wach und erkannte, dass Genoveva die weiße Hindin war und er selbst der grausame Jäger, der eine unbefleckte Hirschkuh zu Tode gehetzt hatte.

Er befahl, alles für eine Jagd vorzubereiten – warum, wusste er selbst nicht, aber er hatte das Gefühl, den Traum verwirklichen zu müssen. Golo hatte böse Befürchtungen, als der Graf aufbrach, und folgte heimlich seines Herrn Pfad.

Eine makellose Hindin wurde ausgemacht, der Pfalzgraf folgte eifrig ihrer Fährte und verwundete sie mit einem Pfeil. Die Hindin jagte mit letztem Sprung durch das Gebüsch davon und brach schließlich blutend und erschöpft zu Genovevas Füßen zusammen.

Siegfried folgte unmittelbar und warf sich vor seiner so schwer gekränkten Frau auf die Knie, die bisher auf wundersame Weise vom Tode bewahrt worden war: Zusammen mit dem Kind, dass sie geboren hatte, hatte die arme Hindin sie genährt. Nun lag die Hirschkuh sterbend da in ihren Wunden.

Auf ihr Kleines deutend, zeigte Genoveva, dass es in jeder Hinsicht ihrem Herrn ähnlich sei. So wurde Golos Hinterlist offenbar und, nachdem man ihn geköpft hatte, wurde sein Haupt auf den Mauern der Burg zur Schau gestellt.

Eine andere Legende von Pfalzel berichtet von einer heimtückischen Nonne, die mit des Teufels Hilfe ein verzaubertes Gewand gewirkt und es dem Erzbischof geschenkt hatte. Nachdem er es angezogen hatte, überfielen ihn böse Verlangen und er fühlte sich, als ob der Satan ihn ins Verderben ziehen wolle. Als er es dann ausgezogen hatte, zogen es andere mit dem gleichen Ergebnis an. Da er auf diese Weise von der Boshaftigkeit seiner Herstellerin überzeugt war, verwies der Erzbischof die Nonne aus dem Konvent. Aber als er dann herausfand, dass ihre schwesterlichen Nonnen genauso verworfen waren wie sie, sah er sich gezwungen, sie auf die gleiche Weise zu behandeln. Das Gewand jedoch existiert noch heute und wird von vielen getragen.

Landeinwärts von Pfalzel liegt Ramstein, wo ein gewisser Graf von Vianden (wie Adalbert vom Heiligen Kreuz) durch seine übergroße Vorliebe zum Wein zu einem vorzeitigen Ende kam. Er hatte eines Tages den Bischof gefangen genommen und ihn in Fesseln gelegt. Das konnte Letzterer weder vergessen noch vergeben, und da er von des Grafen Vorliebe zum Wein wusste, sandte er eines schwülen Tages eine Reihe von mit Fässern beladenen Wagen an den Mauern der stark befestigten Burg des Grafen entlang. Und schon stürzten sich die Anhänger des Grafen wie die Raubtiere, die sie waren, hinab und schleppten den Wagenzug davon. Dann fingen alle in typisch deutscher Weise mit ihrer Haupttätigkeit, dem Saufen an.

Während dieser Zecherei überraschten Anhänger des Bischofs sie ganz plötzlich und die Burg wurde eingenommen und in Flammen gesetzt. Der Bischof rief dem Grafen, der nun seinerseits in Fesseln geschlagen wurde zu: „Bedenke die Folgen, jemals wieder deine Hand gegen den gesalbten Oberhirten zu erheben!"

Bei Pfalzel münden eine Anzahl Bäche in die Mosel. Einer davon auf derselben Seite, die Kyll, fließt durch ein entzückendes Tal an Ramstein vorbei und bewässert einen langen Streifen ertragreichen Gartenlandes, welches sich von der Mosel aus in einiger Entfernung ausdehnt.

Diese Seitentäler gibt es oft an unserem Fluss. Kaum wandert man eine Viertelmeile an seinen Ufern entlang, kann man schon einen Taleinschnitt in den benachbarten Bergen erkennen, durch den ein kleiner Bach tanzend herunterströmt. Wenn man in die Schlucht eindringt, findet man kleine emsige Mühlen bei der Arbeit und man wird in eine Umgebung geleitet, die hinter jeder Biegung an Schönheit zunimmt. Wir wollen anschließend noch einige dieser Seitentäler beschreiben, sodass wir uns jetzt noch nicht über ihre Herrlichkeiten verbreiten müssen.

Auf der anderen Seite liegt Grünhaus und darüber der Grüneberg. Von diesen Weinbergen kommen die am höchsten bewerteten Weine der Mosel, obwohl manche denken, dass die Weine von Zeltingen noch köstlicher sind in ihrem Duft.

Entlang kleiner Inseln und fruchtbarer Felder, die mit Gartenerzeugnissen gefüllt sind, gleiten wir weiter, dem Schlangenlauf unseres Flusses folgend. Gediegene Holzfachwerkdörfer blinzeln uns an, während wir vorbeitreiben, und jede Häusergruppe hat ihre Kirche, die aus ihrer Mitte emporragt. Allmählich werden die Ufer steiler, Berge erheben sich dahinter, die hier und dort hervorlugen, um die Mosel zu schauen. Diese Kundschafter ziehen sich dann zurück, um ihren Herren von der Ankunft des ruhmreichen Stromes zu berichten. Bei Trittenheim finden wir am rechten Ufer wahre Berg-Giganten, die herbeigekommen sind, um dem Geist des Gewässers zu huldigen.

Bei Trittenheim ist eine dieser sogenannten „fliegenden Brücken" [sog. „Gierfähren" oder „Ponten", Anm. d. Übers.], die ziemlich einmalig an der Mosel sind. Das geschieht folgendermaßen: Zwei starke Türme werden gebaut, auf jeder Flussseite einer. Von der Spitze dieser Türme erstreckt sich, befestigt an schweren Pfosten, die im Mauerwerk verankert sind, ein Seil, welches in einer Kurve über der Mosel durchhängt. Von einem Drehgelenk, das frei über das Seil laufen kann, führt ein starkes Kabel zur Wasseroberfläche. Daran ist ein Kahn befestigt, der, durch die Strömung des Flusses vorwärtsgetrieben, von einem Bootsmann gesteuert wird und zu seiner Freude von einer Seite zur anderen gleitet und mit nur geringer Mühe des Fährmannes schwere Ladungen trägt.

Wo es die Strömung des Flusses erlaubt, gibt es solche Fähren. An anderen Orten, mit denen der Leser, wie vermutlich am Rhein, vertraut ist und wo, wie gesagt, der Fluss wenig Strömung hat, werden die an keinerlei Seilen befestigten Kähne den Strom hinaufgestoßen, um ihn dann frei treibend zu überqueren.

Trittenheim war der Geburtsort des gefeierten Johannes Trithemius, berühmt wegen seiner vielen Schriften und seines Wissens. Er, in Gemeinschaft mit allen Gelehrten dieser Zeit (Ende des fünfzehnten Jahrhunderts), wird auch als ein Magier angesehen, und Kaiser Maximilian wandte sich an ihn, um den Geist seiner verstorbenen Frau Maria von Burgund wieder zu befreien. Man behauptet, dass er dies getan habe und dass die Prinzessin mit der ganzen Grazie ihrer jugendlichen Schönheit wieder erschienen sei. Aber ein weitaus glaubhafterer Bericht findet sich in folgender Fassung, die dem schönen Gedicht in den Moselsagen entnommen ist.

Trithemius und der Kaiser

In einer sehr düsteren Nacht traf am Kloster Spanheim ein Mann ein, der, wie um seine Absichten zu verbergen, in einen Mantel gehüllt war, und begehrte den Abt zu sprechen.

Abt Trithemius kam, um seinen Besucher zu empfangen, den er sofort als den Kaiser Maximilian erkannte. Der Kaiser bat ihn, den dunklen Schatten von seiner ersten Frau Maria hinwegzunehmen. Darauf hin nahm ihn Trithemius bei der Hand und geleitete ihn vor die Tore, wies ihn auf zwei hell am Himmel leuchtende Sternkonstellationen in Form von Fassdauben hin und sagte Folgendes: „Dort seht ihr, verehrter Fürst, die beiden Grundsätze des Regierens. Mit der einen Daube regierend, schlagen böse Herrscher auf die zu ihren Füßen Liegenden ein und bringen diese kleinen Sterne hervor, die Blut und Tränen symbolisieren". In jenem Garten, wo Samen sonst zeitgemäß zur Reife gelangen, wird diese Daube wie ein verdorrter Stamm dastehen, während die andere wie eine Palme, unbeeindruckt von der Hitze eines Sommertages, ergrünt. Die zweite Daube ist wie ein gerechtes, rein goldenes Zepter, um diejenigen zu stützen und zu stärken, die sich ihr vertrauensvoll zuwenden und sie so zu eigenem Nutzen gebrauchen. Wählt also, verehrter Herr, mit welcher Daube ihr regieren wollt!"

Während der Priester so sprach, leuchtete ein anderer Stern auf und erregte das Interesse des Kaisers. Und wieder wandte sich Trithemius an den Kaiser:

„Ich erkenne, mein König, wie ein junges, lächelndes Gesicht vom neu erschienenen Stern strahlend ausgeht. Ohne Tränen und herrlich lächelt es dich an und lenkt den Blick auf dein berühmtes Weib. Schmerzen und Tränen sind zurückgelassen in ihrem Grab, auf dem sie wie zarte Rosen erblühen. Maria winkt dir von oben zu und bittet dich, sie in den Gärten Gottes wiederzutreffen.

Du kannst dein Zepter wählen, mein Fürst! Errichte deiner Frau ein Denkmal der Taten. Zu handeln ist die Aufgabe des Regierenden! Uns Priestern ist eine magische Tugend verliehen worden. Sie besteht darin, eure Tränen wegzuwischen und euch zu ermuntern, den rechten Pfad zu betreten mit dem Zepter des Segens in der Hand.

Sei stark und weise, mein Herr, und nimm meinen Segen auf deinem edlen Weg. Lebe wohl!"

Der Kaiser erkannte den Wert des erhaltenen Ratschlages und entschwand in der dunklen Nacht, die nun durch die Worte der Wahrheit hell aufleuchtete.

Die Halbinsel, auf der Trittenheim liegt, ist ganz mit Obstbäumen bedeckt, deren Fruchtbarkeit mit dem gegenüberliegenden Ufer wetteifert, auf dem weiter unterhalb Neumagen liegt.

Ehe wir Neumagen erreichen, kommen wir an einer kleinen Kapelle vorbei, die an der Stelle errichtet ist, bis wohin nach alter Überlieferung das Moselwasser mit dem Blut gefärbt war, das bei Massakern an den christlichen Märtyrern in Trier vergossen wurde.

Neumagen erfreut sich einer besonders günstigen Lage. Geschützt durch die Berge, die sich dahinter erheben, blickt es auf die schroffen Felsen, die nun über der linken Seite unseres Flusses ansteigen. Am Berganstieg hinter der Stadt befinden wir uns auf einer Fläche zwischen der Mosel auf der einen und der Dhron auf der anderen Seite, dahinter erstrecken sich weitere Höhenflächen und verschiedene Silhouetten entfernter Berge zeichnen sich am Himmel ab.

Auf dieser erhöhten Ebene weht ein erfrischendes Lüftchen, selbst an den schwülsten Tagen, und die zartblauen Linien der zurückweichenden Hügel spenden eine Luft der Kühlung, die dem erhitzten Fußgänger wohltut. Solch eine abwechselnde Szenerie, die der wandernde Tourist an der Mosel antrifft, ist kaum noch zu überbieten, Hügel und Tal, Berg, Fluss, Wald und Flur, alle zusammen vereinigen dort ihre Reize.

Es war oberhalb dieser Hügel, als Konstantin der Große bei Tagesanbruch dort vorbeikam und ihm (nach Eusebius) das flammende Kreuz am Himmel erschien mit dem Schriftzeichen „In hoc signo vinces" [„Unter diesem Zeichen wirst du siegen!", Anm. d. Übers.]. Ein Staunen entstand im Bewusstsein von Konstantin und seiner Legionen. Aber niemand konnte den Sinn des himmlischen Zeichens deuten. Nachts im Traum sah Konstantin Jesus mit einem Kreuz in den Armen, wie er es am Himmel gesehen hatte. Diese Vision ermunterte ihn, ein Zeichen in gleicher Form auf seine Standarten zu setzen, und verkündete ihm, wenn er das täte, könne er alle seine Feinde bezwingen.

Nachdem er in Trier angekommen war und noch ganz unter dem Eindruck seines Traumes und des himmlischen Zeichens stand, rief Konstantin befähigte Künstler zusammen, und ein Kreuz mit aufgesetzter goldener Krone und Edelsteinen wurde auf der Lanze befestigt, von der die purpurne Standarte des Königtums wehte.

Und all seine Feinde wurden besiegt gemäß den Worten, die ihm im Traum verkündet worden waren. Und auf diese Weise triumphierte das Christentum über das Heidentum.

Auf der Wanderung über die Halbinsel, die zwischen Neumagen und Piesport liegt, fanden wir das ganze Erdreich bedeckt mit Herbstzeitlosen, deren Blüten zwischen dem Gras aufleuchteten, und viele rotbackige Äpfel lagen unter den Bäumen, aus denen sie in Mengen heruntergefallen waren.

Piesport ist durch den großen dahinterliegenden Berg auf eine enge, verwinkelte Straße begrenzt. Es hat eine stattliche Kirche, an der wir kurz nach unserer Ankunft eine Prozession sich in Gang setzen sahen. Zuerst kamen zu zweit die Männer, in blaue Kutten gekleidet, dann die Kinder, gefolgt von den Frauen in gleicher Anordnung. Voraus ging der alte Priester mit seinen Ministranten. Und dann kamen erneut Männer und ganz zum Schluss alte Frauen. Die Prozession zog singend durch den kleinen Ort, und nachdem sie zurückgekehrt waren, machten sie einen Umgang um die Kirche und betraten wieder das Gebäude.

Die Gläubigen und die Begleiter des Ganzen unterhielten sich und schwatzten miteinander zwischen den Liedern und der gute alte Priester schien ziemlich ermüdet und froh darüber, wieder in der Kirche zu sein. Der Gesang hatte sicher – auch auf einige Wochen hinaus – keinerlei Einfluss auf das Wetter.

Der Berghang hinter Piesport ist vollständig mit Weinbergen bedeckt. Diese hochgelobten Wingerte wurden Anfang des letzten Jahrhunderts zu den besten an der Mosel gezählt. Aber nachdem sie für ihren Wein diesen Ruf erlangt hatten, haben die Weinbauern eine schlechtere Traubensorte eingeführt, die reichlicheren Ertrag brachte, um mehr Wein zu erzielen. Glücklicherweise veranlasste sie ein Pfarrer, der 1770 sein Amt antrat, wieder die alte Rebsorte zu verwenden, um ihren guten Ruf zu erneuern, den sie rasch verloren hatten.

Nachdem es uns gelungen war, ohne Sonnenbrand fast bis zum Berggipfel aufzusteigen, gelangten wir in ein Wäldchen pittoresk geformter Eichen, von denen einige eine beachtliche Höhe erreichten. Wir ließen uns unter ihrem wohltuenden Schatten nieder und genossen einen wunderbaren Ausblick auf die unter uns liegende Landschaft. Wir haben uns bemüht, diesen Ausblick unseren Lesern als Zeichnung am Beginn dieses Kapitels zu unterbreiten. Die Kirchturmspitze von Piesport sieht man das Flussbett durchschneiden und die Ansicht aus der Entfernung gibt eine gute Vorstellung von der besonderen Gestaltung der Bergformationen.

Die Moselberge sind keine Berge im eigentlichen Wortsinn, da sie alle miteinander eine Hochfläche bilden, die von hier bis nach Andernach am Rhein auf der linken und bis Bingen auf der rechten Seite reicht. Das Gebirge auf der rechten Flussseite ist der Hunsrück, auf der linken die Eifel. Durch das einstige Rumpfgebirge flossen Rhein und Mosel, deshalb sind sich auch die Seiten beider Flüsse in Gestalt und durchschnittlicher Höhe ziemlich ähnlich. Da aber die Mosel ein viel kleinerer Fluss ist, erscheinen logischerweise ihre Flanken sehr viel gebirgiger und die Berge rücken viel näher an den Strom heran und es gibt viel mehr Seitentäler.

Nachdem man eine Stunde lang unaufhörlich hinaufgestiegen ist, findet man es zunächst sehr erstaunlich, auf einer sanft hügeligen Fläche zu stehen, wo das Getreide wogt und des Waldes Bäume in großer Zahl wachsen. Den Fluss kann man dann in einer Schlucht erkennen, wie träge geworden durch die unermüdliche Bewegung seiner Wässer, und dabei haben wir lediglich die mittlere Höhe des Geländes erreicht.

Diese Hochfläche ist jedoch von vielen anderen Schluchten zerschnitten, die alle ihre eigenen Bäche haben, die hinunter zu unserem Fluss führen. Zum Horizont hin (wie wir ihn schon bei der Aussicht von oberhalb Neumagens beschrieben haben) erhebt sich die Tafelfläche zu noch höheren Bergzügen. Daher gibt es auch keine Monotonie in der Aussicht, die belebt wird von Kirchturmspitzen und fleißigen Landleuten bei der Arbeit, was uns wie Jack und das Bohnenstangen-Land vorkommt. Es erinnert sehr stark an die Beschreibung, wo der unsterbliche Jack hoch und immer höher seine Bohnenstange hinaufklettert, bis er schließlich die Ebene einer neuen Welt erreicht.

Im Herbst, wenn Unkraut und so weiter verbrannt werden, sind die Bilder auf dieser Hochfläche sehr beeindruckend. So weit das Auge reicht, steigen weiße Rauchsäulen auf und verbreiten den reinigenden Ruch des Feuers und bannen den Blick in einem hauchdünnen Schleier, was die ganze Schönheit noch verstärkt.

Der Name Piesport kommt von Pippini Portus mit der Bedeutung, dass der so benannte Ort ein Allodium [Privatbesitz, Anm. d. Übers.] des Hauses der Karolinger gewesen ist, das Pippin einst gegründet hatte.

Klausen, das in kurzer Entfernung von Piesport liegt, besitzt ein wundertätiges Bild der Jungfrau, das ursprünglich vom ruhelosen heiligen Eberhard von Trier hierhergebracht worden war, dessen Einsiedelei im Walde lag.

Der Heilige baute eine Kapelle, stellte darin das wundersame Bildnis auf, und viele Wunder geschahen. Einmal konnte sogar ein Gelähmter seine Gliedmaßen wieder gebrauchen, er warf seine Krücken hinweg und ging wieder heim, ohne des Pferdes zu bedürfen, das ihn hierher gebracht hatte.

Die in des Heiligen kleiner Kapelle zuwege gebrachten Wunder bereiteten dem Gemeinde-priester von Klausen ein großes Ärgernis, sodass letztendlich das Bild in seine Kirche umge-setzt wurde. Aber dann hörten die Wunder auf, seine Heilkraft war beendet, aber heute noch wird es lediglich im Hinblick auf seine vormalige Berühmtheit verehrt.

Da wir jetzt im Herzen des Weinbaugebietes angekommen sind, werden wir nun damit beginnen, ein wenig vom Weinherbst zu berichten, der die ganze Aufmerksamkeit in Anspruch nimmt und in dieser Gegend alle Kräfte tätig werden lässt.

Und mit den fröhlichen Weinbauern wollen wir ein Loblied singen auf ihren guten Geist:

Die Rebe

Die Rebe! Die Rebe! Ein Hoch auf die Rebe!
Sie schenkt uns den Wein, den glänzend-fröhlichen Wein.
Ein Hoch dem glücklichen Wein!

Oh, die lieblichen Mädchen, die Süßen
Treten die Trauben mit nackten Füßen.
Augen blitzen wie Edelsteine in lachenden Mienen.
Sie keltern den Most, von der Sonne beschienen.

Stramme Waden tanzen mit sanfter Kraft.
Rinnen sieht man der Traubenbeeren hellen Saft.
So fließe gelöst dahin und werde Wein!

Und danach, ihr Mädchen, ihr Süßen,
Schürzt eure Lippen zu vollen Küssen –
Verführet die Männer zum Seligsein
Und schlürfet mit ihnen den neuen Wein!

Vereint mögen sein der Wein und die Liebe,
Damit das Leben uns're Freude nicht trübe.
Lasst heiter und fröhlich genießen Jugend und Wein.
Drum schenkt uns ein den köstlichsten Wein!

Ein Hoch auf die Rebe und ein Lied ihr gesungen,
Und beim Trinken hoch in die Lüfte gesprungen!
Ein Hoch der glücklichen Rebe!

IX. Weinlese

An der Mosel findet die Weinlese immer noch in der althergebrachten Weise statt, wobei der größte Teil der Trauben mit Füßen zu Most gekeltert wird. Die Gehänge, die man sorgfältig von den Reben geschnitten hat, werden in Körbe getan (die die Leute meist auf dem Rücken tragen) und den Abhang hinunter ins Dorf geschafft, wo sie in große Bütten geschüttet werden, in denen sie entweder mit den Füßen oder mit Holzstampfern zerquetscht werden.

Die mühselige Arbeit, große Körbe mit Dünger für die Wurzeln hinaufzuschleppen, das Hacken um die Reben herum, das sorgfältige Binden der Reben und sie in jeder Beziehung zu pflegen, das Reparieren von Mauern und Treppchen und flache Schiefersteine unterhalb der Tragreben zu legen, damit die Sonnenwärme auch von unten zurückstrahlt, ist nun beendet. Alles ist wohl gediehen, die Freude auf dem Höhepunkt, und im kommenden Winter wird Überfluss herrschen in den Häusern der Winzer.

In geringen Jahren erleidet die Winzerschaft große Entbehrungen, und unglücklicherweise erfolgen diese öfters als die guten. Wenn sie sich nun Woche für Woche auf den nahezu senkrechten Felshängen hinauf und hinunter abgeplagt und mitten in ihren Weinbergen ungeachtet von Sonne und Regen gearbeitet haben, kann man sich schlecht vorstellen, dass im Allgemeinen der Ertrag bei so viel Arbeit so gering ausfällt. Und selbst in guten Jahren, obschon dann der Weinbau einigermaßen einträglich ist, sind es nicht sie, sondern im Gegenteil die Weinhändler, die den größten Gewinn machen.

In jedem Dorf kann man ein oder zwei Häuser sehen, die augenscheinlich von einer besseren Schicht oberhalb der Winzerschaft bewohnt werden. Zu diesen Häusern gehören riesige Keller, durch deren offene Tore man gelegentlich große Fässer aufgereiht sieht. Die Besitzer dieser Gebäude sind einfache Kaufleute, die Trauben von kleineren Winzern aufkaufen und sie nach Gewicht bezahlen. Das sind die wirklichen Gewinner in guten Jahren, denn sie diktieren die Marktpreise, und da sie den Weinbauern gewisse Beträge vorstrecken, wenn es nötig ist, sind die Letzteren in gewisser Weise verpflichtet, ihnen gefällig zu sein. Dies alles ist aber ohne Zweifel ein Vorteil, und so ist der Weinherbst die fröhlichste Zeit des Jahres an den Ufern unseres Flusses.

Mit Klängen wie diesen hat der große Herbst des Jahres seinen Platz eingenommen. Jubel und Heiterkeit erfreuen alle Herzen, Stimmen verwandeln sich in Lieder und es folgen unermüdliche Tänze. Jeder Gedanke der letzten Monate galt unmittelbar dem Wein. Andere Ernten wurden dankbar eingebracht, aber die Weinlese war schon immer das große Gesprächsthema in jedem Haus und an jedem Brunnen. Das langweilige Ausharren ist nun zu Ende, denn an allen Weinstöcken warten die dicht gepackten Trauben auf die Hände der Leser.

Unser Fluss ist nun viel schöner als sonst, das Panorama zu unseren Füßen ist hinreißend durch sein Purpur und Gold. Kindergruppen stapeln Trauben in Körbe hinein, mit reichen

Der Weinherbst

Grüne Blätter welken unter des Herbstes Hauch,
Braune Blätter fallen, machen das Leben weiß.
Schleicht auf leisen Sohlen Winter herbei auch
Und beeilt sich zu schließen den jährlichen Kreis.

Am Moselufer machen sich Sorgen nicht breit.
Zwar weht kein Sommersäuseln hier und heut',
Jedoch in des Herbstes letzten Strahlen reifen
Früchte der Reben, zu denen alle gern greifen.

Das sterbende Jahr lohnt die Winzer mit vollen Fässern.
Heitere Lieder erklingen am Abend von Zechern und Essern.
Feurige Raketen steigen hoch in die Lüfte und fallen nieder.
Neckische Rufe das Ende der Lese künden:
„In einem Jahr werden wir uns wiederfinden!"

Bengalische Feuer beleuchten rötlich die Rebenhänge
Und ballernde Schüsse verhallen in lautem Gedränge.
Festlich empfängt man den Traubengott, den treu'n,
Denn über das Weinjahr herrscht Freund Bacchus allein.

Schätzen beladene Boote kreuzen hin und her, und von dort hört man Stimmen der Ruderer, die von Felsen widerhallen, in der Ferne verebben und so das ganze Tal mit Liedern des Glücks erfüllen:

Der Mosel Rebenhänge

Von der Mosel fruchtbaren Hügeln
Fließt so reich der perlende Wein.
Glitzernde, kühle Wassertümpel
Leuchten durch des Laubes blitzenden Schein.

Wie diese lieblichen Bilder entzücken
Und freundlich das menschliche Auge berücken,
Wir hoffen erneut zu erleben recht bald
Die strahlende Schönheit von Wein und Wald.

An den Bächen erfreu'n sich unsere Blicke.
Am kühlen Wein unsere Lippen nippen.
Wir winden Girlanden am helllichten Tag
Und bei Nacht jeder gern zechen mag.

Krönen werden unsere Girlanden gar fein
Alle die schönen, lieblichen Mägdelein.
Darüber vergehen die fröhlichen Stunden,
Die Nacht versinkt in den Bechern, den runden.

So verströmt das Leben in Tagen und Nächten,
Wir versuchen ihm singend eine Krone zu flechten.

Der gesamte Mosellauf ist mehr oder weniger mit Weinbergen bedeckt. Wo auch immer ein Felsvorsprung erklommen oder so hergerichtet werden kann, gibt es Weinstöcke. Auch innerhalb alter Mauern zerfallender Burgen gibt es Wingerte, auf fast jeder ebenen Fläche sind Felder mit Reben. Die saftigen grünen Blätter und anmutigen Ranken dieser weinspendenden Pflanze hängen von jeder Mauer und umranken jedes Fenster. Und doch gibt es keine Eintönigkeit, denn von der eigenartigen Gestalt der Berge gibt es immer hervorspringende Felsnasen oder überhängende Abgründe, wo Wipfel der Bäume die Linien der Weinberge durchbrechen. Große Wälder für Brennholz und andere Zwecke stehen noch an manchen Stellen. Die Weinberge aber bestehen meistens aus uralten Reben, folgerichtig ist ihr Blattwerk auch meist üppig. Durch diese Dinge ergeben die Rebflächen an der Mosel nicht das monotone Bild, wie es in einigen Gegenden am Rhein vorherrscht und ganz allgemein in Frankreich. Zwischen den Reben gibt es eine Vielzahl von Wildblumen, unter denen die Winde die auffälligste ist. Ihre graziöse Blüte kontrastiert in wunderbarer Weise mit dem tiefen, reichen Grün ihrer Stützpflanze, und wo Reben sich zu Girlanden winden, da entsteht eine unübertroffene Herrlichkeit.

Piesport wird als Mittelpunkt des Weingebietes betrachtet, und sein Wein genießt eine hohe Anerkennung, obwohl andere Namen höhere Preise erzielen und einige Weine einen schöneren Duft haben. Fast aller Moselwein ist weiß, hat einen zarten Duft und ein ausgezeichnetes Bouquet. Er wird von manchen höher eingeschätzt als der Rheinwein, obwohl er den Transport nicht so gut verträgt.

Selbst die ganz gewöhnlichen Tafelweine haben im Allgemeinen eine prickelnde, dem Trinker sehr entgegenkommende Frische, da sie seinen Durst sehr viel besser löschen als andere Weine. Aber was wir als „Perlenden Mosel" (Sparkling Moselle) bezeichnen, kann man eigentlich nur in Koblenz oder Trier bekommen und selbst dann entspricht er nicht immer unserer Vorstellung von dieser Art Wein. Daher muss er, wie Port und Sherry, bearbeitet werden, um ausdrücklich dem englischen Gaumen zu entsprechen.

Einige der Rotweine sind ganz passabel, aber keineswegs zu vergleichen mit denen von Rhein und Ahr; sie haben manchmal etwas von ihrer Rauheit, aber nicht deren Duft.

Es gibt viele Orte in Deutschland, wo man „Trauben-Kuren" machen kann. Die Saison dafür beginnt, sobald die Trauben reif genug sind, um sie zu essen. Und die Kur besteht einfach darin, so viele Trauben zu mampfen, wie der Patient schafft – ungefähr vierzehn Pfund, heißt es, seien eine angemessene Tagesration, die eine Person essen kann. Zusätzlich wird nichts gegessen. Ob diese Völlerei den Patienten von irgendetwas kuriert, mit Ausnahme seiner Liebe zu Weintrauben, darf bezweifelt werden. Aber es muss wohl seine Wirkung zeigen, denn sonst würde man es nicht „Trauben-Kur" nennen.

Kleine Pfade führen die Berghänge hinauf durch die Wingerte. Oft müssen Stufen in den harten Fels geschlagen werden, und die Arbeit dafür und Ausdauer müssen wohl ungeheuer gewesen sein. Wenn die Weinlese näher kommt, werden die Pfade durch Dornenbündel gesperrt und auch andere Zeichen und Markierungen werden aufgestellt, um Eindringlinge zu warnen.

In schlechten Jahren macht man Essig anstatt Wein, aber oft genug versuchen sie nicht mal Ersteres.

Das Ende der Lese wird mit Feuer, Geschrei, Tanz und Gesang gefeiert so wie der Beginn, und dann beginnt die Mühsal der Rebpflege aufs Neue. Aber falls die Saison günstig gewesen ist, kann man das Ergebnis im Wesen der Winzer leicht erkennen, die nun für eine Zeit lang befreit sind von dem ängstlich gekrümmten Aussehen, das sie während des Sommers und frühen Herbstes mit sich trugen.

Trotz so viel Feierei um den Wein, und immer im Bewusstsein unserer schönen Mosel, wollen wir dieses Kapitel über die Weinlese und den Lobgesang auf den Wein mit einigen Zeilen zur Ehre des Wassers beschließen, denn das erhält uns das Gleichgewicht zwischen beiden Flüssigkeiten, welches ein Geheimnis der Freude darstellt. Beide sind wohltuend, beide sind Geschenke, wenn man sie denn richtig verwendet und dankbar entgegennimmt. Aber wenn der Ehrenzweig dem einen oder anderen zuerkannt werden soll, dann kann es nicht der Thronräuber Wein sein, der üblicherweise auf dem Throne seiner Schwester sitzt.

Lob des Wassers

Ein Loblied auf den Wein singen viele,
Ein Hoch auf die Rebe ebenso viele.
Das Wasser zu loben ist mein Begehr,
Das klare, beste – was willst du mehr?

Viele lieben es, Rebensaft zu trinken,
Tropfen auf ihren Lippen blinken.
Aber ich suche lieber nach der Quelle,
Herrlich schmeckt Wasser, das klare, das helle.

Wein macht fröhlich, doch lässt er verrinnen
In unruhigen Schlaf die vernebelten Sinne.
Wasser vermag den Durst zu stillen
Und sogar uns're Fieberträume zu kühlen.

Wein entwickelt sich wie der, der ihn macht.
Freud und Leid liegen in ihm wie Tag und Nacht.
Doch Wasser bleibt, geschaffen von IHM da oben.
Ewig fließend, lass es uns loben!

Mädchen bei der Weinbergsarbeit

X. Veldenz

Mädchen bei der Weinbergsarbeit

Ein wenig unterhalb von Piesport wird unser Fluss von dem ungeheuren Klotz eines fast senkrechten Felsens behindert, der derart steil zum Wasser hin abfällt, dass an seinem Fuße noch nicht einmal Platz für einen Fußpfad ist. Von der Spitze dieses gewaltigen Felsens bietet sich die beste Aussicht über den ganzen Fluss. Von hier aus kann das Auge den Windungen der Mosel folgen, wie sie sich viele Meilen lang durch die Berge schlängelt.

Da sie ihren Weg nicht geradeaus nehmen kann, wendet sich ihr Lauf nach rechts und erlangt durch Nachgiebigkeit, was sie, entsprechend der Erziehung ihres Geschlechts, nicht durch Kraft erreichen kann, nämlich seine Zuneigung durch ein Sich-Anschmiegen, anstatt gegen den Felsen anzurennen. Dadurch, dass sie den letzteren Weg einschlägt, mag sie schlussendlich ihren Willen erreichen, aber nicht ohne am harten Fels zu scheuern und zu knabbern, was viele Schrammen auf seiner früher einmal glatten Stirn zurücklässt. Und wenn schließlich der Weg geschafft und der Durchbruch gelungen ist, will er doch nicht etwa als mürrischer Felsen da hängenbleiben, wie ein Strom-Beherrscher seine dunklen Schatten werfen und als andauernder Zänker drohen, herabzufallen, alles erschlagend? Wo doch durch den Verlauf, den sie nimmt, die fröhlichen Wellen mit ihren glitzernden Armen den herrschaftlichen Fels umschmeicheln und das Sonnenlicht auf seinem Gesicht sich auf ihrem Busen spiegelt, während der Schein von ihrer strahlend fröhlichen Brust zurückgeworfen wird auf sein männliches Antlitz.

An dieser Stelle lehren uns die Baumgruppen die gleiche Lektion: In zarten Farbtönen des Wassers sich spiegelnd, spenden sie dem Strom ihre Schönheit und steigern gleichzeitig damit ihre eigene, geben damit ein weiteres der unzählbaren Beispiele, durch die uns die Natur beweist, wie alle Dinge angepasst sind und ihren eigenen Lebensphasen entsprechen – und indem sie sich gegenseitig helfen und stützen, steigern sie ihre eigene Schönheit oder Nützlichkeit, wie es im Leben sein sollte.

Reflexionen

Sich neigende Wipfel über dem Fluss
Senden in dunklen Schatten einen Gruß
In die unergründlichen Tiefen,
Wo noch die Flussgeister schliefen.
Grünlich spiegelnde Schönheit über Stellen,
Wo niemals endende Liebe zittert auf Wellen.
Von Liebenden Netze ausgeworfen sie umgarnen
Alle, die hinter kühlen Gefühlen sich tarnen.

Auf der Halbinsel, die wir nun verlassen, liegen auf der rechten Seite einige kleine Dörfer, von denen Emmel das wichtigste ist. Es wurde durch ein Schisma berühmt, das hier stattfand.

1790 verlangte das Direktorium in Paris vom Pastor in Emmel, den gleichen Eid zu leisten, den sie auch den französischen Klerus zu sprechen gezwungen hatten, und nachdem man die Weigerung des Pastors erhalten hatte, wurde er geächtet. Seine ganze Gemeinde begleitete den Pfarrer, als er hinweggejagt wurde, bis er ihnen schließlich zurief: „Ich verlasse euch zwar, aber mein Geist wird stets bei euch bleiben. In Bornhofen, wohin ich nun muss, werde ich jeden Morgen um neun die Messe lesen, und so könnt ihr im Geiste bei mir sein."

Alle versprachen, dies zu tun, und jeden Morgen um neun versammelten sich die Leute in der Kirche und sprachen ihre Gebete ohne einen Pastor.

Als nach einigen Jahren der Pastor starb, wurde ein neuer berufen, aber die Leute von Emmel bestanden darauf, ihre Gebete ohne jeglichen Beistand zu sprechen. Und im Gegensatz zu allen Vorstellungen blieben bis vor wenigen Jahren viele Familien noch abtrünnig. Es ist durchaus zweifelhaft, ob sie inzwischen zu ihrer früheren Gefolgschaft zurückgekehrt sind, selbst bis heute.

Unser Fluss singt in kiesigem Bett seinen Lauf; wo die Ufer sich weiten, und dann wieder unter drohenden Klippen fahren wir vorbei an Minheim, Rondel [auf der Höhe oberhalb von Wintrich gelegen, Anm. d. Übers.], Wintrich und anderen kleinen Nestern voller Leben, aus denen arbeitende Menschen herauskommen, um den fruchtbaren Boden zu bearbeiten.

Zwei hübsche Legenden werden aus dieser Gegend berichtet. Die erste heißt „Eberhards Klause" und die zweite „Blühende Rosen" – und es gibt eine augenscheinliche Verbindung zwischen beiden.

Eberhards Klause

Eine verärgerte Mutter sagte eines Tages zu ihrem braven Kind: „Geh doch zum Teufel!" Das arme erschrockene Mädchen ging in die Wälder, die bald mit Schnee bedeckt waren.

Nachdem sich die Mutter wieder beruhigt hatte, fürchtete sie um ihr Kind und suchte es überall, konnte es aber nicht finden, jammerte und weinte die ganze Nacht lang.

Bei Tagesanbruch erhob sie sich und bewog ihre Nachbarn, ihr bei der Suche zu helfen, aber man fand keine Spuren im neu gefallenen Schnee.

Darauf besuchte die Mutter die Klause des Eberhard und weinte und betete dort vier Tage und Nächte lang. Dann bat sie den Priester, für ihre verlorene Tochter eine Messe zu lesen. Kaum hatte der Pastor die Hostie erhoben, als vom Forst her eine zarte Stimme ertönte: „Dein kleines Mädchen lebt noch!"

Rasch sprang die Mutter auf, und siehe! dort unter den Bäumen fand sie ihre kleine Tochter, mit einem Strauß Sommerblumen in der einen und einem grünen Zweig in der anderen Hand. Voller Freudentränen umarmte sie die Mutter und fragte, wie sie überlebt hätte.

„Die Heilige Mutter," antwortete das Kind, „war stets bei mir. Sie trug ein Licht und neben ihr lief ein kleiner Hund, so weiß wie Schnee und so treu und lieb."

Da erkannte die Mutter, dass die Heilige Jungfrau ihr Kind beschützt hatte und führte sie in die Klause von Eberhard, wo sie einen Kranz am Altar der Jungfrau opferte.

Und noch immer grünt der durch dankbare Gebete und Liebe geweihte Kranz.

Blühende Rosen

Im Wald stand eine kleine Kapelle mit dem Bildnis der Heiligen Jungfrau. Hierher kam ein junges Mädchen, das es Tag für Tag mit frischen Blumen schmückte. Von den Armen der Madonna lächelte das Jesuskind zu ihr hinauf. So vergingen Frühling und Sommer. Das Mädchen, das ganz in ihrer Aufgabe gefangen und dessen Herz voller Liebe zu Jesus erfüllt war, dachte immer weniger an die täglichen Dinge dieser Welt. Als der Herbst kam, war sie nur von dem einzigen Gedanken bewegt, dass sie im Winter keine frischen Blumen finden würde, um die Kapelle zu schmücken.

Dieser trübe Gedanke lastete schwer auf ihr, bis eines Tages, als sie einen Rosenkranz für das Jesuskind wand, eine Stimme ihr ins Ohr flüsterte: „Sei nicht furchtsam; sind nicht des Sommers Segen stets mit dir?" Und so wand das Mädchen weiter mit erleichtertem Herzen.

Als der Winter kam und die Rosen verblühten, lag das Mädchen auf dem Totenbett, ihre einzige Sorge war, die Heilige Jungfrau mit ihrem Jesuskind allein im Wald zurückzulassen.

Aber sieh! Als sie starb, blühten trotz Schnee und Frost die Hecken wieder auf, frische Rosen blühten im Wald. Damit wurde das Leichentuch bedeckt und auf den zarten Flügeln ihres Duftes wurde der Geist des jungen Mädchens hinweg in den Himmel getragen.

Eine hübsche Geschichte erzählt man sich von einer alten Frau aus Wintrich (wo wir gerade entlangkommen).

Diese alte Dame war Oberin eines Klosters, das von den Franzosen bedrängt wurde. Dadurch tief bekümmert, wurde die alte Dame von melancholischen Anfällen ergriffen, während denen sie die Angewohnheit hatte, mit dem Kopf gegen den Tisch zu schlagen. Diese oft und mit ziemlicher Kraft wiederholten Stöße erzeugten dort harte und hornige Stellen, bis sich sogar schließlich ein Widderhorn mit drei Vergabelungen an dem viel geschundenen Kopfe zeigte. Die alte Dame schnitt sie zwar zurück, aber sie wuchsen stattdessen immer noch größer und härter, bis sie schließlich ihr eines Auge bedeckten.

Ein Chirurg wurde herbeigerufen, der die alte Dame operierte, die – obschon achtundachtzig Jahre alt – die Operation gut überstand und noch zwei Jahre lebte, bis sie 1836 starb.

Jetzt haben wir den sogenannten Brauneberg passiert, dessen Weinberge einen sehr guten Wein gleichen Namens hervorbringen.

In Mülheim müssen wir unseren Fluss zeitweise verlassen, um das entzückende Veldenzer Tal mit seiner auf dem Gipfel eines reich bewaldeten Berges thronenden Burgruine zu erkunden. Der Weg dorthin führt meilenweit durch von Obstbäumen gesäumte Weinberge und das Tal unterhalb der Burg ist smaragdgrün von saftig-feuchtem Gras.

Die Berge sind reich bewaldet, und die unterschiedlich gestalteten Häuser, die in verschiedenen Abständen entlang des gluckernden Baches liegen, ergeben ein freundliches Bild ländlicher Schönheit.

Veldenz war selbst ein kleines Fürstentum und wurde früher von Grafen gleichen Namens regiert. Später aber fiel es an die Kirche von Verdun und wurde darauf von vierzehn Gemeindevorstehern regiert, die von den umliegenden Dörfern gewählt waren und denen ein Propst vorstand, vermutlich vom Bischof von Verdun eingesetzt.

Die Legende von Veldenz

Irmina weinte um ihren ritterlichen Geliebten, der fortgezogen war, um gegen die Sarazenen zu kämpfen. Ihre Mutter bat sie, doch ihre Tränen zu trocknen, da es für ein so hübsches Mädchen wie sie keinen Mangel an Liebhabern gebe. Aber Irmina antwortete unter Schluchzen, dass der Ring, den ihr der Ritter gegeben habe und den sie ständig trage, sie auf immer mit ihm verbinde und ihr Worte der Liebe und Zärtlichkeit zuflüstere.

Dann befahl die Mutter, um die Gesundheit ihrer Tochter besorgt, sie solle den Ring wegwerfen, da ihr Liebhaber sicher schon tot sei und es klüger wäre, einen lebenden Gatten zu nehmen, anstatt über einen toten Geliebten Trübsal zu blasen.

Am Ende doch überzeugt, warf Irmina ihren Ring ins Wasser und schien ihre Melancholie überwunden zu haben. Aber eines Tages wurde der Ring mit einem Brunneneimer heraufgezogen und die Magd brachte ihn ihrer Herrin herein, worauf ihre Liebe erneut entflammte.

Und wiederum überzeugte die Mutter sie, den unheimlichen Ring wegzuwerfen, aber dieses Mal wurde er tief im Erdboden vergraben. Aber eine Bohne, die an gleicher Stelle gepflanzt wurde, wuchs schnell heran und trug den Ring zum Fenster von Irminas Kammer.

Obwohl solchermaßen erschrocken, freute sich Irmina über die Wiederentdeckung des Ringes und die Liebe zu ihrem abwesenden Ritter erstarkte mehr denn je. Ihre Mutter jedoch bedrängte sie erneut, den Ring wegzuwerfen, und bereitete dazu ein Feuer, in der Meinung, ihn auf diese Weise endgültig loszuwerden.

„Tu das nicht, liebe Mutter", sagte das Mädchen, „es wäre eine Sünde vor Gott. Denn im Geiste bin ich mit meinem abwesenden Ritter verheiratet, und ob tot oder lebendig, ich möchte keinen anderen Gatten haben."

Aber weiterhin bestand die Mutter darauf, drehte den Ring von der Tochter Hand, aber noch ehe sie ihn in die Flammen werfen konnte, stand der Ritter leibhaftig im Gemach und sofort wurde der Ring dazu benutzt, den weit gewanderten Ritter und seine Dame Irmina in einen glücklichen Bräutigam und Braut zu verwandeln.

Ein Erkundungstag im Veldenzer Tal und andere darin einmündende Täler macht uns vertraut mit vielen angenehmen Wanderwegen und bezaubernden Anblicken. Die alte Burg selbst ist eine ziemliche Ruine, aber doch wichtig genug, um sie zu entdecken, denn es sind noch bedeutende Mauerreste vorhanden und sowohl innerhalb als auch außerhalb der Mauern gibt es Weinreben.

Was bereitet es doch für eine Freude, sich selbst mitten in dieser köstlichen Umwelt umherklettern und schlendern zu wissen! Während wir so fröhlich daherwandern, ertönt erneut das „Guten Tag!" von immer freundlichen Bauersleuten, die diesen Gruß aus dem tiefsten Grund ihrer Kehle aussprechen. Das „Guten" hört man überhaupt nicht und das „Tag" klingt wie im Bestreben, das Wort herunterzuschlucken, was den Ausführenden zu ersticken scheint, und wenn er wie halb erdrosselt ist, ihn dazu bringt, es herauszukeuchen.

Zu Mittag rasten wir an einem rauschenden Bach und ergötzen uns an hart gekochten Eiern, Brot und Käse, die auf einem grünen Tuch rasch ausgebreitet sind. Und als wir uns dann sinnend und träumend zurücklehnen, was gehen dann für seltsame Gedanken aus alten Zeiten durch unsere Köpfe! Von Fantasien umwoben, hallen die alten Mauern und Türme von Kämpfen und Stimmen lange vergangener Tage wider.

Und welch bezaubernder Frau oder Freundin begegnen wir in unserer Fantasie! Als schönste aller Luftgestalten vergoldet sie uns auch den dunkelsten alle Pfade und lächelt aus jeder Wolke ihren bewundernden Anhängern zu.

Ahnung

Langsam erklett're ich den Berg
Und setze mich sinnend in den Schatten.
Nachdenklich ich die Maid umwerb',
Die mit Freundlichkeit nur mich zu gewinnen hatte.
Leichte, zärtliche Schauer umrieseln mich
Von lieben, süßen Gedanken an dich.

Kommt ein Hauch aus des Baumes Krone,
Wollen wir uns zärtlich küssen zum Lohne;
Und wo Bächlein in Tümpel sich ergießen tosend
Sollen die glücklichen Tage uns umfangen kosend.

Mädchen am Bildstock

Große Spitzen gezackter Felsen erheben sich aus den grünen Bergen, die die Burg Veldenz umgeben. Der Bach zu ihren Füßen schimmert durch das Blattwerk und die hübschen, gut erhaltenen Bauernhäuser (so ziemlich unüblich in dieser Gegend), die hier und da im Tal zu finden sind, machen Thalveldenz zu einem vollkommenen Arkadien.

Nachdem wir in Mülheim wieder ins Boot steigen, um unsere Talfahrt auf dem Fluss fortzusetzen, in den nun aus Seitentälern weitere drei bis vier Bäche strömen, erlangen wir schon bald einen Blick auf die Burgruine oberhalb von Bernkastel. Und nachdem wir die Insel gegenüber von Cues umrundet haben, kommt schon die Stadt selbst mit ihren malerischen Häusern und Türmen in Sicht.

Mülheim wird in einem Gedicht besungen wegen der Sorgen von drei Schwestern, die sich – wie bei jungen Mädchen üblich – eine nach der anderen verliebt hatten, als sie in die Jahre der Verschwiegenheit kamen. Die Älteste, der durch ihren Vater verboten wurde zu heiraten, starb nach drei Monaten; die zweite, der es ebenfalls verboten wurde, kam zur Strafe in ein Irrenhaus. Der unnachgiebige Vater behandelte auch seine dritte Tochter in der gleichen schroffen Weise, indem er ihrem völlig natürlichen Wunsche widersprach, einen tüchtigen jungen Gutsbesitzer zu heiraten. Da sie mehr Mut hatte als ihre Schwestern oder von deren Schicksal gewarnt war, lief sie mit ihrem Herzallerliebsten fort und wurde von dem alten Griesgram enterbt, der, wie es schien, nichts als den Mammon liebte. Man hat uns nichts über das spätere Geschick der Jüngsten berichtet, oder ob die Liebe den Verlust des Goldes aufzuwiegen vermag.

XI. Bernkastel

Bernkastel im Mondlicht

Bernkastel ist eine entzückende, alte, baufällig wirkende Ansammlung quergiebliger Häuser; ein Bergbach eilt durch seine Hauptstraße, falls ein solch heterogenes Durcheinander von ungeraden Giebeln und Türpfosten eine Straße genannt werden kann. Aber da sie dieser Aufgabe nachkommt, muss die Bezeichnung dennoch berechtigt sein.

Diese Straße sollte eher in der Vergangenheitsform angesprochen werden, da der größere Teil im Jahre 1857 niedergebrannt ist. Dreimal wurde die Stadt in diesem Jahr vom Feuer heimgesucht, eine Kirche und rund vierzig Häuser wurden bei der letzten und größten Feuersbrunst vernichtet. Da wir nochmals auf diese Feuer zurückkommen werden, reicht es hier aus zu sagen, dass die längs des Berges entlangführende Seite der alten Straße vernichtet wurde.

Bernkastel hat rund viertausend Einwohner; der auf dem Dampfer vorbeifahrende Tourist würde wohl kaum annehmen, dass so viele Leute an einer so engen Stelle zusammenleben. Diese Bemerkung kann wohl für die meisten Städte und Dörfer entlang der Mosel gelten, da im Allgemeinen nur einige der Häuser der Bessergestellten vom Wasser aus zu sehen sind, während die Mehrzahl der Gebäude so weit als möglich außer Sichtweite zusammengekauert sind und sich am Fuße der aufragenden Berge drängen. Früher waren diese Ansiedlungen alle von Mauern umgeben, wie man es an den zerfallenden Trümmern noch heute erkennen kann.

Diese Stadt geht auf das zehnte Jahrhundert zurück und wurde am Ende des dreizehnten durch ein Feuer zerstört, bei dem auch das Schloss des Bischofs abbrannte, zusammen mit vielen Bildnissen und wertvollen Gegenständen, in einem geschätzten Gesamtwert von 70.000 Reichstalern. Jetzt leben dort viele reiche Leute, denen ein großer Teil der besten Weinberge in der Gegend gehört: Es gibt da herum auch Gold-, Silber, Kupfer- und Bleiminen, die zum Reichtum der Gemeinde beitragen.

Die Weinberge sind sehr ausgedehnt und ergeben einen sehr guten Wein; sie bedecken die Berghänge bis zu einer Höhe von einigen hundert Fuß und erstrecken sich meilenlang den Fluss abwärts. Wir erhielten eine Vorstellung davon, warum der Bernkasteler Wein in der nachfolgenden Geschichte benannt wurde als:

Der beste Doktor

Der Burgherr von Bernkastel saß mit seinem Kaplan beim Zechen – nicht etwa schlürfend, sondern große Humpen hinunterschüttend, so wie es damals Brauch war.

Als er sah, dass sein Kaplan nicht mithielt, forderte der Herr ihn dazu auf und versicherte ihm, dass der Bernkasteler Muskateller gut sei für seine Gesundheit.

Der Kaplan widersprach seufzend und sagte: „Es ist nicht gerecht, dass ich trinke, während mein Bischof unten in der Stadt krank daniederliegt!"

„Was du nicht sagst!", rief der Herr. „Ich kenne einen Doktor, der ihn heilt!", und nachdem er eine weitere große Flasche gesoffen hatte, machte er sich zum Bischof auf und trug auf seinen Schultern ein Fässchen des kostbaren Weines.

Im Palast angekommen, veranlasste er den kranken Bischof, den Doktor zu konsultieren, den er ihm mitgebracht habe: Der Kranke probierte und trank, und dann – als er den Wein für gut befand, nahm er einen riesigen Schluck, und schon bald darauf schien ihn neues Leben zu erfüllen.

„Dieser Wein hilft mir", bemerkte der Bischof. „In Wahrheit, mein Herr, du hattest recht: Dies ist der beste Doktor!"

Von dieser Zeit an genas der Bischof, und wieder und wieder kehrte er zu dem großen Fläschchen zurück – unbeeindruckt von seiner Größe – und wurde bald völlig gesund. Und jedesmal später konsultierte er diesen Doktor, wann immer er sich unwohl fühlte, und hielt ihn immer in greifbarer Nähe.

Alte Häuser in Bernkastel

Seit dieser wunderbaren Kur sind viele Patienten dem Beispiel des ehrenwerten Bischofs gefolgt, und man sagt, dass ein einziges Fass vom Bernkasteler Muskateller ausreicht, um einen gewöhnlichen Patienten zu heilen. Es kann jedoch auch mehr sein für diejenigen, die es wünschen, und in allen Fällen wurde beobachtet, dass die Patienten, die ihren Doktor lieben, niemals bereit sind, lange von ihm getrennt zu sein. „Komm und versuche den Doktor-Wein – oh je! Wer leidet schon gern unter dem lasterhaften sauren Bier!"

Die kleinen Freiflächen in Bernkastel, die man eigentlich nicht als Plätze bezeichnen kann, bieten dem Maler alter Häuser reichliche Möglichkeiten; sie sehen so aus, als ob sie geradewegs aus einem der Bilder von Prout (Samuel Prout, 1783–1852) herausmarschiert seien und wie Bühnenkulissen aufgestellt wären für seltsam kostümierte Leute, die dazwischen herumlaufen und sich unterhalten.

Einen guten Blick über die Stadt hat man von der Burgruine, die zwar selbst nicht so sehr interessant, aber einen Spaziergang wert ist. Wenn man oben ist, liegt uns Cues zu Füßen, mit dem dazwischen fließenden Fluss. Dieses Cues ist der Geburtsort des gefeierten Kardinal Cusanus, der, wie berichtet wird, der Sohn eines Fischers war. Dies ist zumindest ziemlich unsicher, aber ganz zweifellos wurde er in niedrige Verhältnisse hineingeboren, und durch seine Fähigkeiten schaffte er es zum Bischof von Brixen in Tirol und wurde schließlich Kardinal.

Er starb 1464; sein Leichnam liegt in Rom, aber sein Herz ist in der Kirche des Hospitals bestattet, das er in Cues begründet hatte, zur Betreuung von dreiunddreißig Leuten von mindestens fünfzig Jahren und unverheiratet – oder, falls verheiratet, mussten die Ehefrauen ins Kloster zu gehen.

Von diesen dreiunddreißig sind sechs Geistliche, sechs Adlige, und einundzwanzig Bürgerliche. Sie essen alle gemeinsam an einem Tisch und tragen alle ein graues Gewand. Ihnen sitzt ein Rektor vor, der immer ein Priester von unnahbarem Gebaren ist, aber ein milder und guter Herr, und nicht weniger als vierzig Jahre alt. Alle Bewohner haben das Gelübde der Keuschheit und des Gehorsams gegenüber ihren Oberen abgelegt.

Das Gasthaus von Bernkastel ist ein redliches Beispiel für die Häuser der Stärkung entlang der Mosel. Der Besitzer tafelt mit seinen Gästen zusammen. Das Essen ist gut, aber einfach gehalten, und wird um ein Uhr eingenommen, gefolgt vom Abendessen um acht Uhr. Reisende kommen und gehen, ohne dass die Hausbewohner darauf achtzugeben scheinen, ob sie nur kurz oder länger bleiben. Sie werden nach ihrer Nationalität zur Kasse gebeten, Engländer zahlen mehr als Franzosen, die Deutschen weniger als beide. Aber die Beträge sind alles in allem nicht hoch, ausgenommen private Essen und ungewöhnliche Dinge.

Die ortsübliche Pastete ist sehr populär, begleitet von einem kleinen Quadrat von Servietten; deren Spärlichkeit und Härte sie so gebräuchlich machen, wie sich ein Holzteller dazu eignet, dein Gesicht zu trocknen – welches wegen der besonderen Eigenart jedoch glücklicherweise nicht sehr nass werden kann.

Ein freundlicher Mit-Esser informierte uns, dass es an der Mosel zwei Gesetzes-Codices gäbe – den preußischen auf der rechten und den Code Napoléon auf der linken Moselseite. Was bedeutet, dass in Bernkastel kein Paar ohne kirchliche Zeremonie getraut werden könne, während man es in Cues frei wählen könne. Unser Informant fügte hinzu, dass die Damen prinzipiell auf eine kirchliche Trauung bestünden, nicht etwa, weil sie glaubten, dass eine kirchliche Trauung nötig sei, sondern um allein den ganzen Umfang ihrer Hochzeits-Preziosen zeigen zu können.

In Cues wird die Geschichte von einem Geist erzählt, der in der Nachbarschaft spukt und manchmal die Stadt besucht, er heißt:

Der böse Maurus

Der verstorbene Maurus, der nun wie ein verderblicher Sagengeist wirkt, war ein früherer Bewohner von Cues, ein Trunkenbold und Verspotter aller heiligen Dinge. Dieser Wicht füllte das Maß seiner Übeltaten, indem er sein Weib schlug: Er misshandelte sie derart, dass sich die Nachbarn ständig genötigt sahen, hereinzukommen und sie vor seiner Brutalität zu schützen.

Der Faden seines bösen Lebens wurde, kurz gefasst, auf die folgende Weise abgeschnitten:

Als er eines Nachts nach Hause zurückkam, wie stets betrunken und mit der Absicht, sein Weib zu verprügeln, falls sie ihm aufwartete, und auch das Gleiche zu tun, falls sie schon zu Bett gegangen sei, bot ihm ein schwarz gekleideter Mann mit einer Laterne freundlich an, ihm den Weg nach Hause zu zeigen. Gern nahm er das Angebot an und der Führer ging voran; so schritten die beiden, der Mann mit dem bösen Herzen geführt von dem Mann in Schwarz.

Des Morgens fand man Maurus tot am Fuße eines Felsens liegend; man hob den Körper auf und brachte ihn zu seiner armen Frau, die – all seine Missetaten vergessend – den Tod ihres Mannes bejammerte.

Die Witwe sorgte für eine angemessene Bestattung, und der Leichnam wurde auf dem Friedhof beigesetzt. Aber als man von der Beerdigung zurückkam, schien es, als ob Maurus aus dem Dachfenster herausschaute, von wo aus er seine eigene Bestattung beobachtet und verhöhnt habe. Jedermann war erschrocken und Maurus fuhr fort, im Obergeschoss des Hauses seiner Frau zu spuken, bis schließlich drei Priester den Übeltäter exorzierten und ihn aufs Land verjagten.

Hier machte sich der schelmische Bengel damit lustig, dass er den Fährleuten zurief: „Hol über! Hol über!" Diese dachten, es sei die Stimme eines Reisenden und kamen gern herüber; da verhöhnte sie Maurus und klatschte in die Hände. Schließlich wandten sich die Priester erneut gegen ihn und trieben ihn in den Wald. Doch gelegentlich schlüpft der durchtriebene Maurus erneut in die Stadt, sitzt dann auf der Treppe zur Tür seines alten Hauses und man kann seine Stimme noch bis in den Wald hören, wo er für immer herumwandert.

Eine angenehme Bergwanderung von rund vier Meilen führt nach Trarbach. Wir steigen durch die Weinberge hinauf und fragen uns nun nicht mehr, woher all der Wein kommen mag. Oberhalb der Reben ist ein kahler Kamm von Heide überzogener Wiesen, dann führt ein steiler Abstieg in das Tal, an dessen Ausgang Trarbach liegt. Aber indem wir diesen Weg gehen, so schön er auch ist, muss weitere schöne Landschaft unerwähnt bleiben. Die Entfernung am Fluss entlang von Bernkastel nach Trarbach beträgt etwa fünfzehn Meilen, während es zu Fuß – wie wir schon sagten – nur vier sind, so weitläufig sind die Flussschleifen, denen wir jedoch folgen werden und die uns keineswegs ermüden. Es war in Bernkastel, wo die nachfolgenden Verse geschrieben wurden, nach Bewunderung der lieblichen Eindrücke, die hervorgerufen wurden durch den

Morgennebel

Ich liebe den Fluss, wenn in freudigem Spiel
Die strahlende Sonne küsst die Wogen;
Und wenn die Elfen im Tanz sich wiegen viel
Zu leiser Musik, unwiderstehlich hingezogen.

Ich liebe den Fluss, wenn Tautropfen fallen,
Wenn der Hirten Rufe vom Fels widerhallen,
Die, wenn Abendröte über die Hügel sinken,
Die ermüdeten Herden zum Stalle hin winken.

Ich liebe den Fluss des Abends, in der Nacht,
Weil dann alle bösen Geister verlieren ihre Macht;
Und der Mond bald schon erreicht den Zenit,
Windgötter säuseln und Wellen glucksen mit.

Am meisten aber liebe ich dich, oh schöne Mosel,
Wenn beim Morgenrot Nebel dich umkosen
Und über dir dann die zarten Nebelschleier
Im Winde ziehen und wabern ganz ungeheuer,

Mich erinnernd an eine Braut am Hochzeitsmorgen,
Die vor gierigen Gaffern und Männerhorden
Durch einen zarten Schleier verbirgt ihr Gesicht.
Ihrer schlanken Schönheit tut dies Abbruch nicht.

Ach, Charme so groß und Glanz so reich,
Das strahlt ihre weiße Erscheinung aus.
Niemand kann konkurrieren mit solchem Reiz,
Demütige Bescheidenheit bringt sie mit von zu Haus.

Viel Lob dir, der großartigen Flusslandschaft,
Vor der andere Gegenden und Flüsse klein sind!
Es gibt nur EINEN, der dich hat erschafft:
GOTT, in dessen Segen wir seine Kinder sind.

Deutsche Maid

XII. Zeltingen und die Michaelslay

Die Grevenburg

Der Mosel-Tourist muss unbedingt früh aufstehen. Die Dampfer fahren ständig um fünf oder sechs Uhr morgens ab und falls man wandert, ist die Mittagshitze zu groß um vorwärtszukommen; zusätzlich würde man versäumen, den glitzernden Fluss in der übrigen Zeit zu genießen.

Also machen wir uns im frühen Morgengrauen auf den Weg. Es gibt Straßen beiderseits der Ufer, kleine hübsche Nebenstraßen durch Gärten und Weinberge. Und während wir vorwärtskommen und daran zu denken beginnen, dass Kaffee und frische Eier keine Belastung seien, sondern vielmehr uns guttun würden, erscheint ein schwacher Hauch von Purpur über den grauen Bergen, und kleine Nebelschleier entfernen sich von der Masse des feuchten Dampfes, der über den Uferrändern liegt, und winden sich aufwärts zum Licht, und dann erscheint mit all seiner Pracht der

Anbruch des Tages

Wie herrlich leuchten die ersten Strahlen aus Licht,
Vergolden die Wolken – vertreiben die Nacht.
Der Tag die Macht der Dunkelheit zerbricht,
Jagende Boten am Himmel voller Pracht.

Immer heller und heller die aufgehende Sonne,
Des Himmels Morgenröte bringt Gefühle der Wonne,
Berührt rundum der Berge und Hügel Ränder
Und füllt mit sonnigem Glanz Getreidebänder.

Die Schatten vergehen, Vogelstimmen erklingen;
Dem HERRN droben möchten sie Loblieder singen.
Die Luft ist noch kühl und die Wasser noch frisch,
Und Schöpfung jubelt und strahlt im Sonnenlicht.

Wie stark und lebenskräftig wir uns doch fühlen, nachdem wir gefrühstückt haben und weiterwandern und dabei mit jedem Atemzug die klare, süße Luft trinken. „Guten Morgen" hat noch nicht dem „Guten Tag" Platz gemacht, und die Bauern steigen zu ihrer Arbeit in die Weinberge auf, als plötzlich ein Klang kriegerischer Musik die Luft erfüllt, und alle schauen hinauf zu den Bäumen, durch den sich nun ein Trupp Soldaten windet, deren Helme im Lichte glänzen. Die Musik wird lauter und Stimmen nehmen die Melodie auf, die wie ein pompöses Kriegsgepränge langsam verebbt, um schließlich dem Gesang der Vögel freien Raum zu lassen.

Die Vögel, die Blumen, die Bäume, der Fluss – alles nimmt unsere Sinne mit seinen Köstlichkeiten gefangen, alles fordert unser Gebet und unsere Dankbarkeit. Aber wem sollen wir zuerkennen den

Schönheitspreis

Die Vögel singen: „Uns gebührt der Preis.
Wir sind federbunt, jubilieren laut und leis".

Die Blumen überblüh'n sich prächtig:
„Wir sind die Schönsten und wir duften mächtig".

Die Bäume, stark, grün und schimmernd im Blätterrauschen:
„Wir spenden kühlende Schatten, wo Liebende Küsse tauschen".

Der Fluss spricht aus sanftem Wellengewühle:
„In mir ist Vogelsang – Blumenschönheit und Baumeskühle –

Aller Schönheit Strahlen ist in mir vereint,
Denn mein Glanz und mein Leuchten vom Himmel her scheint!"

Wo wir dann auf Getreideflächen stoßen, finden wir den Pflüger bei der Arbeit, wie er mit seinen Ochsen die frische Erde aufwirft. Die Tiere sind durch kurze Hölzer miteinander verbunden, die an ihren Köpfen befestigt sind und die armen Geschöpfe in ständiger Qual halten, aber darüber hinaus sieht das Vieh wohlversorgt aus.

Gelegentlich treffen wir auf Schafherden, die von Jungen mit Hunden gehütet werden. Die Schafzucht hat nur eine untergeordnete Bedeutung wegen der kleinen Flächen von Ödland am Fluss oder an den Berghängen, die sich nicht so sehr für den Rebanbau eignen.

In Zeltingen angekommen, verkosten wir einen der köstlichsten Moselweine; er hat eine ausgeprägte Farbe mit stark duftendem Aroma und ist trotzdem leicht und spritzig. Im Nachfolgenden wird dargestellt, dass dieser Wein von den Pächtern des Martinshofes bereits in früheren Tagen sehr geschätzt wurde.

Das Fass in Reserve

Die Kunde des Weines, der im Wingert des Martinshofes wuchs, drang sogar bis nach Trier, und der Kurfürst Philipp war sehr begierig, diesen so bekannten Wein zu trinken, aber die Mönche, denen der Weinberg gehörte, mochten keine Notiz nehmen von den diesbezüglichen Bemerkungen des Kurfürsten, da ihnen sein herrisches Gebaren missfiel.

Der Kurfürst jedoch entschied, unter dem Vorwand einer offiziellen Besichtigung das Kloster zu besuchen. Als er danach eintraf, versäumten die zusammengerufenen Pächter nicht, ihm ihre Aufwartung zu machen.

Der Abt musste erkennen, dass die Besichtigung mehr seinem Keller als dem Kloster galt. Er ging mit sich zu Rate und ordnete an, dass mehrere Rhein-, Mosel- und Naheweine den Gästen vorgesetzt werden sollten, während er in sich hinein murmelte: „Auf! Und trinkt nur zu, mein edler Kurfürst und liebe Gäste; aber der Martinshöfer wird schön im Keller bleiben, denn von dem Ursprungsfass sollst du nichts kriegen!"

Als der Kurfürst sich dann wieder aufmachen wollte, rief er den Abt zur Seite, lobte in höchsten Tönen den Wein, den er getrunken habe, und dankte ihm für seine Gastfreundschaft; außerdem lud er den Abt nach Trier ein, befürchtete aber, dass er ihm keinen so guten Wein vorsetzen könne wie den Martinshöfer.

Der Abt lächelte, dankte ihm für das Lob und fügte hinzu, dass, wenn der Kurfürst erneut kommen würde, um das Kloster und nicht den Keller zu sehen, würde er ihm den wahren Martinshöfer einschenken; bis dahin würde er ihn für seine wahren Freunde bereithalten.

Die Pächter und Mönche waren derart überzeugt vom guten Wein, dass die Leute vermuten, deren Heilige hätten selbst eine Neigung zu einem guten Tröpfchen. Deswegen wird jedes

Jahr vom neuen Wein eine Flasche in die Hände des Abbildes ihres Heiligen gelegt oder in seiner Kapelle dargeboten, den dann heimlicherweise jemand trinkt.

Es hat den Anschein, als ob wir uns am Moselufer außerhalb der Welt befänden. Wir wandern entlang der stets wechselnden Szenerie mit der Freude, die das Neue stets hervorruft. An jeder Kehre eröffnen sich uns neue Ausblicke, bei jedem Schritt fordert etwas unsere Aufmerksamkeit. Mal ist es eine Blume, dann ein Fels, eine Gruppe alter Häuser oder Bäume, oder vielleicht ein mit kleinen Ästen verziertes Spielboot, in dem singende Kinder ihre Ferien feiern. So wandern wir fort, und so ergibt es sich zu Mittag, dass wir aufgrund der häufigen Verzögerungen bei der Betrachtung mancher Dinge und durch den Zwang, die vielen örtlichen Schönheiten auf Skizzen festzuhalten, eigentlich nur wenig auf unserem Wege voran gekommen sind. Aber was soll's? Man kann in einem Paradies nie zu lange sein; und nach ein paar weiteren Meilen sind wir sicher, ein kleines Dorfgasthaus zu finden, mit sauberem Zimmer, wo man essen oder schlafen kann.

Kloster Machern liegt an unserem linken Flussufer, ein wenig flussabwärts von Zeltingen. In diesem Kloster lebte einst eine Nonne namens

Ermesinde

Antiochia war unter den Waffen der Kreuzfahrer gefallen und das Kreuz wehte von seinen Türmen. Die frohen Botschaften gelangten an die Ufer der Mosel und Freudenfeuer feierten dieses Ereignis. Der Pilger, der diese Neuigkeiten von weit über die Meere gebracht hatte, wurde von Ermesindes Vater üppig bewirtet, und alle versammelten sich um ihn und lauschten seinen Worten.

Er berichtete von den Taten der Tapferkeit, die die Knechte Christi vollbracht hatten; und während Ermesinde gierig lauschte, aber sich scheute, den Pilger etwas zu fragen, erwähnte er beiläufig den Namen ihres Liebsten, verherrlichte ihn und fügte traurig hinzu: „Seine Tapferkeit wurde von keinem übertroffen, aber nun bedeckt das Grab seinen Ruhm."

Als sie dies hörte, fiel Ermesinde wie tot um und lag bewegungslos auf dem Steinboden, dann sah der Pilger durch die Blicke der Anwesenden, dass er unvorsichtigerweise ihr Herz gebrochen hatte. Nachdem er den Pilger weiter befragt hatte, veranlasste Ermesindes Vater die Wiederholung der ersten Geschichte, die er erzählt hatte, und andere Einzelheiten schienen es zu bestätigen.

Die Mauern des Klosters Machern empfingen die zerbrochene Hülle Ermesindes, die dem Himmel ihr Herz geweiht hatte, das für die Welt tot war.

Bald erkannte die arme Ermesinde, dass Steinmauern die Bosheit nicht ausschließen, noch dunkle Kleider nur Tugendhaftigkeit bedecken, denn in Kloster Machern lebten die Nonnen, eine wie die andere, ein unzüchtiges Leben und sie verspotteten sie, dass sie nicht daran teilnahm. Sie widerstand ihren Verlockungen und suchte Zuflucht im Gebet.

Eines Tages erschien ein Pilger am Tor und bat Ermesinde, die auf die Glocke herbeigeeilt war, um eine Erfrischung. Wie der Klang von Musik, ganz vertraut und teuer, schlugen die Töne an der Nonne Ohr, und mit verirrtem Blick sah sie in des Pilgers Gesicht. Licht fiel auf ihr blasses Antlitz und der Pilger rief „Ermesinde!" Ein gegenseitiger, langer Blick in die Augen, und alle Zeit war wie verflogen, die Sorgen vergessen, dazwischenliegende Jahre überwunden und Ermesinde und Rupert lagen sich in den Armen.

Durch ihre Gelübde gebunden, mochte Ermesinde nicht fluchtartig ihrem Liebsten folgen, aber sie willigte ein, ihn in Abständen zu sehen, und während ihre schwesterlichen Nonnen in der Halle rumorten, kniete sie mit Rupert in der Kapelle, wo sie für ihr gegenseitiges Glück beteten.

Als sie eines Nachts erneut auf ihren Liebsten wartete, kam ein alter Bettler vorbei und bat um Nahrung. Ermesinde ging hinein, um etwas zu holen, aber die anderen verweigerten ihre Bitte, dass dem alten Bettler geholfen werden solle, und sie kamen nach draußen und verjagten ihn mit Drohungen und Beschimpfungen.

Da drehte sich der alte Bettler herum, hob seine Hand gegen den Himmel und rief: „Weh euch, ihr falschen Gottesdienerinnen! Strafe soll über euch kommen!" So sprach er und verschwand in der dunklen wolkigen Nacht.

Rupert und Ermesinde knieten in der Kapelle als ein Sturm schrecklich losbrach, Feuerblitze zuckten aus den Wolken auf das Kloster und vernichteten die Nonnen in der Halle, nur die Kapelle blieb verschont.

Ermesinde war nun überzeugt, dass sie von ihrem Gelübde entbunden war, und schon bald übertrug sie es auf Rupert, und als seine geliebte Ehefrau verehrte sie Gott und verrichtete all ihre Obliegenheiten noch besser als diejenigen, mit denen sie sich vorher nutzlos vor der Welt verschlossen hatte.

Ein seltsames Räubernest kann man immer noch in der Michaelslay sehen, einem sehr mächtigen roten Fels, ein oder zwei Meilen weiter unterhalb. Es besteht aus einer Höhle mit einer sehr starken Mauer über dem Eingang. Kein Pfad führt dort hinauf, und die Räuber benutzten lange Leitern, die, wenn hochgezogen, sicheren Schutz gewährten.

Diese burgartige Höhle wurde früher einmal als Gefängnis benutzt, in dem ein Erzbischof gefangen gehalten wurde. Das war der gute Bischof Kuno, der auf dem Wege nach Trier war, wo er als Erzbischof eingesetzt werden sollte.

Die Untertanen von Trier wollten Kuno eigentlich nicht als ihren Erzbischof. Deshalb ermunterten sie den Grafen Theoderich, der ihre Stadt regierte, Bewaffnete auszusenden und den Bischof gefangen zu nehmen. Dementsprechend wurde der Bischof, als er sich in Kyllburg in Begleitung des Bischofs von Speyer aufhielt, belagert und in die Michaels-Bastei gebracht und dort ins Verlies geworfen.

Viele lange Tage schmachtete der gute Bischof in der feuchten Zelle. Schließlich drangen vier Raufbolde ein und schleppten ihn auf den Felsgipfel; nachdem sie ihm seine Beine gefesselt hatten, eröffneten sie ihm: „Wir haben dich hierher gebracht, um zu sehen, ob du wirklich von Gott ausersehen bist; falls ja, wird dir kein Leid geschehen." Und ihn laut verhöhnend warfen sie ihn in die Tiefe; aber als der Bischof keine Verletzung erlitt, wiederholten sie ihre Tat noch zweimal.

Schließlich – als er auf diese Weise nicht getötet wurde – vollbrachten sie ihre Tat, als sie ihn mit ihren Schwertern ermordeten und ihm sein Haupt abschlugen.

Der gute Bischof wurde ins Grab gelegt und dort ereigneten sich dann viele Wunder. Als dies dem Grafen Theoderich zu Ohren kam, plagte ihn sein Gewissen, und er nahm das Kreuz und wallfahrtete ins Heilige Land. Das Schiff, das nicht in der Lage war, seine schuldige Fracht zu tragen, ging unter und das Wasser umspült nun die Überreste des bösen Grafen.

Während unser Fluss nun die Landzunge umrundet, wo sich das Wolfer Kloster hinter Bäumen versteckt, nimmt er zuweilen wieder die Richtung zu seiner Mündung auf, so sehr windet er sich herum. Das Wolfer Kloster ist nichts als eine Ruine, von der nur noch wenig übrig ist.

An einer kleinen Kapelle hier in der Nähe hält üblicherweise der Pastor von Traben an jedem Dienstag nach Pfingsten eine Messe, und dann versammeln sich hier viele Leute von überall her, um an der heiligen Handlung teilzunehmen. Sie alle sind mit Blumen geschmückt und die jungen Leute beiderlei Geschlechts bewerfen sich gegenseitig mit Sträußchen, und Tanz und Vergnügen beschäftigen sie alle. Aber heutzutage, berichtet der Chronist Storck, gibt es das Kloster und das Heiligtum nicht mehr. Ihre Stätten sind mit Weinbergen bedeckt. Die heutige Zeit schätzt nur noch das Gold. Volkstümliche Feste, Heiligtümer, das Andenken an frühere Zeiten und ländliche Einfachheit, allesamt sind sie verschwunden und alles wird dem Gelde geopfert.

Es wird eine wundervolle Geschichte einer jungen Frau aus dieser Gegend berichtet.

An einem schönen Sommertag saß ein wunderhübsches Mädchen der Familie Meesen an ihrem offenen Fenster beim Stricken. Sie war so mit ihrer Arbeit und ihren Gedanken beschäftigt, dass sie den aufkommenden Sturm über den Bergen nicht wahrnahm, bis ein Donnerschlag das ganze Haus erschütterte. Indem sie hastig aufsprang, bemühte sich das „Fräulein" das Fenster zu schließen, aber ehe sie das noch tun konnte, schlug ein Kugelblitz ein, traf das Metall der Schnüre, die ihr Mieder hielten, drang durch ihre Gewänder, schmolz die Metallhäkchen ihrer Strumpfbänder und teilweise ihrer Schuhschnallen – und dann, ohne das Fräulein verletzt zu haben, verschwand er über den Fußboden.

Sehr hohe Berge umgeben uns, während wir uns Trarbach nähern, eine wundervoll bewaldete Schleife und ausgedehnte Felswände künden eine Gegend von überdurchschnittlicher Schönheit an. Aber ehe wir unsere abendliche Rast in Trarbach aufsuchen, müssen wir, in Rissbach an Land gegangen, zunächst auf den Mont Royal steigen.

Diese Festung wurde von Vauban für Ludwig XIV. erbaut. Sie kostete eine Unsumme Geldes, und Leute von überall her wurden zusammengetrieben und gezwungen, an ihren Wällen zu arbeiten, aber schon sechzehn Jahre nach ihrer Fertigstellung wurde sie, Verträgen entsprechend, wieder geschleift, und lediglich einige Hügel und Wälle markieren noch die Stätte.

Von hier hat man herrliche Ausblicke nach allen Seiten. Der Fluss unter unseren Füßen scheint in alle Richtungen zu fließen, und die abendlichen Schatten füllen die Täler und steigen die Hügel empor, während noch der Glanz der untergehenden Sonne über den Kornfeldern leuchtet.

Mont Royal

Auf dem königlichen Berg ich stand,
Während leise der Tag dahinschwand.
Bald schon würde Gott, Geber aller Gaben,
Den müden Wanderer zur Ruhe laden.

Strahlen des Tageslichts langsam vergehen;
Bald wird die Welt nur noch dämmrig aussehen.
Auf enteilenden, sanften und weißen Schwingen
Nach Westen wird die Sonne das Licht hinbringen.

Zu meinen Füßen liegen Städte und Orte;
Ich höre Abendgeräusche und leise Worte
Und ich sehe allerlei Herden heimwärts ziehen
Hinunter zum Fluss, wo Blumen noch blühen.

Hier oben, mir zur Seite die Ruinen der Macht,
Von Menschen geplant, erbaut und erdacht.
Verwoben in der Dämm'rung der Abendstunde
Begriff ich Werden und Vergehen kurzer Lebensrunde,

In der der Mensch mit Pomp und Pracht
Erdgebunden den Versuch noch macht,
Zu missachten und hinauszuzögern seinen Tod,
Wenn seine letzte Stunde ihn bereits bedroht.

Ihr Mächtigen, werft eure Zepter und Waffen hin,
Befreit eure Untertanen in mildem Sinn!
Betrachtet sie nicht länger als lästige Sachen,
Deren Fron und Mühsal euch reicher nur machen.

Die Armen ermöglichen euren Pomp und Stolz
Und entschwinden dann wie ein Wurm aus morschem Holz.
Hochmut und Eitelkeit das irdische Dasein nicht tragen
Und bald welkt dahin der Prunk aus vergangenen Tagen.

So erging's dem König, dessen Festung zur Ruine verfiel.
Die Reste bedecken die Erde, von Stärke blieb nicht viel.
Gefunden hier, ausgegraben und aufbewahrt geben sie Kunde
Unsterblicher Geschichte alter Zeiten in weiter Runde.

XIII. Trarbach

Trarbach

Trarbach war eine interessante kleine Stadt, mit vielleicht fünfzehnhundert Einwohnern. Sie war eine der ausgezeichnetsten, die es in dieser Größe gibt, und das Feuer, das sie bis auf die Grundmauern niederbrannte, hat manchem Touristen Motive für seinen Skizzenblock geraubt, die kaum zu ersetzen sind.

Die Straßen der Stadt waren sehr eng und krumm, die Häuser über ihren Grundmauern in vielfältig verwirrender Weise geplant; sie waren nahezu alle aus Holzfachwerk errichtet, die Zwischenräume mit Putz ausgefüllt, so wie in den Dörfern üblich. Aber sehr häufig war der Putz mit vielfarbigen, an den Ecken abgerundeten Fliesen bedeckt. Der allgemeine Eindruck war eine Art grünlicher Kugeln mit roten Punkten und glasiert, diese Kacheln widerspiegelten das Blau des Himmels, und die gebrochenen Lichter und Farben machten einen sehr fröhlichen und freundlichen Eindruck. Die Fensterflügel waren mit Glas ausgefüllt, das fast so grün war wie die Fliesen, und vor den Fenstern hingen Stoffbahnen heraus oder prächtige Blumentöpfe füllten die Öffnungen, falls diese nicht durch die Klatschmäuler besetzt waren, die gern kurze Gespräche führten mit anderen unten in der Straße oder zu gegenüberliegenden Fenstern, fast in Reichweite ihrer Arme.

Ein kleiner Abflusskanal folgte dem Lauf der Straßen. Diese waren mit flachen Steinen bedeckt, aber – falls man nicht aufpasste – konnte der Fuß auch in viele Vertiefungen rutschen. Die Gehwege erforderten die gleiche Aufmerksamkeit, da überall Löcher waren und Kohlstrünke herumlagen.

Hier und da gab es auch modernere Häuser oder solche mit größerem Anspruch als andere, mit größeren Fenstern und aus Steinmauern errichtet. Die Kirche befand sich auf einer Anhöhe und hatte viele Giebel, ganz so wie die kleine umwehrte Stadt, über die sie herabschaute. Hineingezwängt in einen zu kleinen Raum für ihre Belange, ist die Stadt längst über ihre Mauern hinausgewachsen und hat einige Vororte gebildet, deren wichtigster an einem Bachlauf liegt, der das steile Tal hinunter und durch die Stadt zum Flusse führt.

Emsig und aufblühend war Trarbach eine ziemlich fröhliche Stadt verglichen mit den Ansammlungen von Häusern, die sich selbst gern als Dörfer und Städte an den Ufern entlang unseres Flusses bezeichnen.

Hoch auf einem steilen Fels direkt über der Stadt befinden sich die Ruinen der Grevenburg. In vergangenen Tagen gehörte diese Burg den mächtigen Grafen von Sponheim; sie war erbaut worden mit Lösegeld, das, wie nachfolgend beschrieben, vom Erzbischof von Trier beschafft worden war. Man benannte sie nach der scharfsinnigen Gräfin.

Des Bischofs Lösegeld

Als der Graf von Sponheim verstarb, hinterließ er seine schöne Frau Loretta mit ihrem jungen Sohn, die sich gegen die Bosheiten des Erzbischofs Balduin von Trier zu wehren hatte, der ihr Territorium für sich forderte mit keinem anderen Recht als dem des Stärkeren. Balduin vermutete, dass eine junge Witwe nicht in der Lage sei, die Erbansprüche ihres Sohnes gegen einen Kurfürsten und Fürstbischof durchzusetzen.

Der Erzbischof exkommunizierte sie zunächst als einen ersten Schritt, auf ihre verstockte Weigerung, ihre Rechte einem unrechtmäßigen Machthaber preiszugeben. Die wunderschöne Gräfin lachte nur über sein Vorgehen und widerstand, unterstützt von vielen tüchtigen Rittern, all seinen Pressionen.

Eines schönen Tages im Mai stieg der Bischof nach einem Aufenthalt in Trarbach aufs Schiff nach Koblenz, und die Bootsfahrt genießend, stand er plaudernd mit seinen Anhängern und überlegte, wie er am besten wohl die Gräfin von Sponheim überraschen könne, deren Starkenburg sich auf den Felsen über ihren Köpfen erhob.

Solcherart Ränke schmiedend, gewahrte er am Ufer einige Männer, die bewaffnet zu sein und auf sein Kommen zu warten schienen. Darum gab seine Eminenz Order, die Fahrt zu erhöhen;

aber plötzlich warf ein heftiger Ruck Balduin und viele seiner Freunde zu Boden. Der Grund war, dass der Bug des Schiffes heftig gegen eine starke Kette gestoßen war, die auf Befehl der Gräfin knapp unter Wasser von Ufer zu Ufer reichte. Noch ehe der Bischof und seine Freunde wieder auf den Füßen standen, waren die gräflichen Anhänger bereits über ihnen, die ganze Gesellschaft wurde gefangen genommen und musste hinauf zur Starkenburg steigen.

Der verärgerte Bischof wurde vor das Angesicht der schönen Dame gebracht. Zunächst verlangte der Prälat, dass er sofort freizulassen sei, und sprach von den Rechten der Kirche, dem schamlosen Verrat des ganzen Vorgehens und dem Risiko, dass seine Häscher der Verdammnis anheimfallen könnten. Darüber konnte die Dame nur lächeln, und das Herz des Bischofs wurde weich, als er ihrer Schönheit gewahr wurde.

Die Tage eilten dahin, und als der Erzbischof fand, dass die schöne Gräfin weder durch seine Drohungen zu bewegen noch durch seine Liebe zu gewinnen war, besann er sich, auch durch seine Leute ermuntert, die sich nach einem so großmütigen Hirten sehnten; daher schickte er nach Trier mit der Bitte um ein Lösegeld, welches die Gräfin seine Eminenz gefordert hatte zu zahlen, ehe sie ihn freisetze als einen, wie sie sagte, „schwachen Ausgleich für den Verlust seiner Anwesenheit". „Darüber hinaus", fügte die gnädige Frau hinzu, „für einige Schulden durch die Inanspruchnahme von Speisekammer und Weinkeller".

Die Rechnung fürs Essen und Trinken erwies sich als teuer und der Betrag für den Verlust seiner freundlichen Gesellschaft trieb die Summe hoch genug, um für den Bau der starken Burg auszureichen, deren Ruinen nunmehr über der guten Stadt Trarbach dahinmodern. Diese Burg erwies sich dann als wirksame Schranke gegen des Erzbischofs Übergriffe.

Beim Abschied sprach der Prälat die entschlossene Gräfin von aller Schuld frei und erlöste sie von der Exkommunikation, die sie selbst verschuldet hatte; so stimmt es auch wahrscheinlich nicht, dass die gnädige Frau in der alten Ruine herumgeistert und fortdauernd wegen ihres Verbrechens der Inhaftierung eines so heiligen Herrn Tränen vergießt.

Diese Grevenburg war eine höchst wichtige Festung und in der Lage, heftigen Widerstand zu leisten, selbst als es schon Kanonen gab; aber als im Jahre 1734 der Marquis de Belle-Isle von Ludwig XIV. mit einer starken Armee ausgesandt wurde, um die Gebiete des Kurfürsten von Trier zu verwüsten, floh der eiligst nach Ehrenbreitstein. Der Marquis belagerte Trarbach, und nach einem harten Ringen und einem anhaltenden heftigen Bombardement musste die Garnison kapitulieren und konnte mit allen militärischen Ehren abziehen: Die Burg wurde dann von dem Marquis völlig niedergelegt, wobei nur die zerklüftete Ruine, wie am Beginn des vorigen Kapitels abgebildet, übrig blieb.

Der Brand von Trarbach, der im letzten Herbst passierte, bot einen prächtigen, aber melancholischen Anblick. Wir übernachteten gerade in Traben, einem Städtchen auf der gegenüberliegenden Seite des Flusses, und aus unseren Fenstern sahen wir das großartige Schauspiel.

Etwa um vier Uhr nachmittags begann das Feuer, weil, wie man sagt, einige Kinder mit Streichhölzern gespielt hätten. Wie man sich leicht vorstellen kann, breiteten sich die Flammen dadurch rasend aus, dass die alten, alle aus Holz gebauten Häuser in schmalen Straßen zusam-

Feuersbrunst in Trarbach

mengedrängt und von Mauern umschlossen waren. So schnell, in der Tat, kamen sie näher, dass die armen flüchtenden Leute gezwungen waren, ihre Sachen wegzuwerfen, die sie retten wollten, und um ihr Leben zu rennen. Die Kirche, auf einer Anhöhe ein wenig außerhalb der Stadt, hielt man für ziemlich sicher, und in sie stapelte man alle Sachen aus den benachbarten Häusern, bis sie vom Dachfirst bis zum Fußboden voll gepackt war. Die Nacht fiel mit stockfinsterer Dunkelheit ein. Aber das Feuer kroch noch weiter und leckte rot züngelnd über die engen Straßen trotz des Wassers, das der Fluss reichlich hergab. Schließlich fing auch noch die Kirche Feuer, und die Flammen, die von den Fenstern und vom Dach hereinbrachen, vernichteten alle eingelagerten Sachen und zerstörten auch das alte Gebäude selbst.

Der ganze Raum, eingeschlossen durch die Hügel, in die die Stadt eingebettet war, wogte im Feuer. In diesem gewaltigen Flammenmeer schienen sich große Ungetüme zu bewegen, deren Umrisse sich scheinbar vor Schmerz wanden, wie Teufel in der Hölle.

Der Feuerschein fiel auf die Ruinen der Grevenburg und das Wasser spiegelte ihn wider. Die Häuser waren alle bis zum Grund niedergebrannt, ausgenommen jene, die man in der Zeichnung sehen kann, und ein paar andere, die am Rande lagen. Die Einwohner arbeiteten mit den Pumpgeräten, aber um sechs Uhr morgens, als wir fortkamen, stiegen immer noch riesige Wolken trägen Rauches da auf, wo Trarbach einst gestanden hat, das jetzt aber nur noch eine Wüste ist.

Dieses Feuer war nur eines aus einer ganzen Serie. In drei aufeinanderfolgenden Tagen brannten Zell, Zeltingen und Trarbach mehr oder weniger nieder. Und innerhalb kurzer Zeit wurde Bernkastel dreimal vom Feuerteufel heimgesucht. Viele andere kleine Feuer brachen noch aus und keiner konnte uns eine Ursache angeben. Soldaten wurden von Trier und Koblenz ausgeschickt, aber nichts wurde je herausgefunden.

Traben, wo es auch teilweise brannte, ist ein wahrlich seltsamer Ort und hat so ziemlich das schlechteste Pflaster in ganz Europa: Murray hatte ganz gut über das kleine Gasthaus dort gesprochen, aber jetzt berechnen sie sehr viel und servieren ziemlich mittelmäßige Mahlzeiten. Wenn wir über Teuerung an der Mosel reden, meinen wir nicht wirklich teuer, denn die Preise dort sind weit niedriger als am Rhein; nur wenn wir in einem kleinen Gasthaus für Abendessen und Übernachtung mit einer Flasche Wein drei Schillinge zahlen, dann murren wir, wenn wir in einem anderen dafür fünf zahlen, obwohl nichts besser ist.

Nicht weit von Traben gibt es eine Stelle, wo früher das Kloster Springiersbach in der Einsamkeit stand. Hierhin kamen Scharen von Pilgern, da der Platz sehr heilig war und viele fromme Mönche dort lebten. Von einem derselben wird folgende Legende erzählt.

Die Lilie im Chor

Ein sehr frommer Mönch lag auf seinem Sterbebett, um ihn herum standen seine Brüder und beteten für sein Seelenheil. Der sterbende Mann litt unter großen Schmerzen, sodass seine Erlösung einen Segen für ihn bedeutete. Der Mönch war zu schwach gewesen, um an vielen vergangenen Tagen an Gebeten in der Kapelle teilzunehmen. Doch schau! An der Stelle, wo er üblicherweise gebetet hatte, entfaltete eine weiße Lilie kräftig ihre Blätter. Der heilige Mann starb, und dann begann die Lilie zu blühen; so wechselte die arglose Seele des Mannes von der Erde in den Himmel und die reine blühende Lilie markierte noch lange die Stelle, wo er in der Kapelle niedergekniet hatte – als Abbild von ihm, dessen Heimgang von der Erde wir hier erzählt haben.

Lilie

111

XIV. Enkirch und die Marienburg-Halbinsel

Marienburg

Weiterhin von hohen Bergen umgeben, windet sich unser Fluss weiter abwärts vorbei an Starkenburg, von wo aus sich die Gräfin Loretta auf den schlauen Erzbischof hinunterstürzte. Der Pfad nach Enkirch zieht sich ein wenig landeinwärts unter Obstbäumen entlang, von wo aus die Fähre den Fluss überquert.

Als wir eines schönen Tages auf dem Weg von Bertrich nach Traben in die Nähe von Enkirch kamen, hörten wir Musikklänge und das Brüllen von Rindern. Auch Leute überquerten, Boote aller Größen füllend, an Untiefen den Fluss. Es stellte sich heraus, dass es Markttag in Enkirch war, und so fuhren wir in Begleitung einer Schar hübsch gekleideter Mädchen hinüber, um „den ganzen Spaß des Markttages" zu erleben.

An diesen Kirmessen oder Märkten gleichen die Vergnügungen ziemlich denen in England. Waren aller Art werden an kleinen alten Ständen feilgeboten, um die herum tratschende Käufer stehen. Seidenbänder und Lebkuchen, Schals, Töpferwaren und billige Kleidung sind die häufigsten Verkaufsartikel, ebenfalls Nadeln für das hintere Haupthaar unverheirateter Mädchen und kleine bestickte Samt- oder Kleidungsstücke.

Die Vergnügungen bestehen hauptsächlich im Tanzen und Trinken. Es gibt nicht viele Vorführungen, aber das Karussell spielt die Hauptrolle, und sogar erwachsene Frauen und Männer fahren mit sowie auch Kinder.

Getanzt wird mit größter Hingabe und tatsächlich scheint es eine Art Pflicht zu sein. Der „Schottische" oder so etwas sehr Ähnliches scheint der beliebteste Tanz zu sein und auch der Walzer im alten Stil hat viele Anhänger.

Die Mädchen sind schick gekleidet, sehr lebhaft und bezaubernd, sie und ihre Verehrer trinken fröhlich vom leichten Wein der Gegend und werden noch ein wenig fröhlicher, wenn sich der Tag zum Abend neigt.

Fremde werden an diesen Orten als ein Teil der Veranstaltung angesehen und erstaunt angestarrt. Aber wenn man sie anspricht, sind die Winzer äußerst höflich und scheinen froh zu sein, sich unterhalten zu können. Sie sind, jedenfalls meistens, gut informiert, viel mehr als die Bauersleute üblicherweise in England.

Wenn die Kirmes vorüber ist, steigen die Ausflügler wieder gruppenweise in ihre Boote oder wanken fröhlich heim, und oftmals gehen sie teilweise singend. Einige Männer nehmen einiges mehr an Wein zu sich, als sie vertragen können, aber deswegen gibt es kaum Ärger.

Enkirch ist ein kleiner Ort mit 2.000 Einwohnern und bietet eigentlich nichts Besonderes. Hier in der Nähe wird ziemlich viel Wein erzeugt und dadurch ist seine Situation ganz angenehm; so wie es von Bergen umgeben ist, wird es im Sommer oft von Regenschauern überrascht, die die Luft abkühlen und die Atmosphäre erfrischen.

Von Enkirch führt uns ein angenehmer Weg zur Entersburg, die bekannt ist für ihre Legende

Enkirch

Das Tal der Ehemänner

Auf den Höhen über dem Weiler Burg erkennt man immer noch die Reste einer alten Burg. Hier hatte einst ein Raubritter sein Nest. Dieser Ritter sah sein Ziel darin, alle Reisenden gefangen zu nehmen und sie in sein Verlies zu schleppen, aus dem sie nur entlassen wurden, wenn sie ein riesiges Lösungsgeld beschafften.

Eine ganze Zeit lang war dieses Geschäft sehr einträglich, aber nach einiger Zeit (Erfolg macht wie üblich neidisch) schwor ein gewisser Edelmann dem Plünderer gegenüber Rache und gelobte, ihn und seine Burg zu vernichten. Aus diesem Grunde setzte er sich mit einer starken Streitmacht in Marsch und umzingelte die Burg des Raubritters.

Die Raubritter kämpften verbissen, wurden aber schließlich durch die überlegene Macht des Edelmanns gezwungen, sich in ihre Befestigung zurückzuziehen.

Da der Räuberhauptmann nicht mehr wusste, wie es weitergehen sollte, befragte er seine Frau (was kluge Männer ohnehin tun sollten), und sie heckte einen Plan aus. Also stieg die Dame auf den Turm, rief den Edelmann an und verkündete, dass die Trutzburg aufgegeben würde, wenn er ihr erlaube, ein Bündel jedweden Inhalts hinauszuschleppen. Diesem maßvollen Wunsche gab der Belagerer gerne statt und die Dame kam heraus mit einer schweren Traglast in einem Korb, den sie nur schwer schleppen konnte.

Die Belagerer gewährten ihr freies Geleit, stürmten dann in die Burg und machten die Wege-lagerer nieder, die dort versammelt waren. So entkam die Dame mit ihrem Bündel und so rettete schließlich eine scharfsinnige Frau das Leben ihres Ehemannes.

Das Tal nennt man heute noch das Mannetal oder das Tal der Ehemänner.

Unterhalb von Burg liegt am linken Ufer Reil, sehr hübsch zwischen Bäumen eingebettet. Eine Straße führt hinauf zum Wald, durch den eine gute Verbindung nach Alf geht. Diese Straße hält sich zunächst auf dem Bergrücken hinter der Marienburg-Halbinsel; dann führt sie hinunter nach Alf.

Die Ausblicke von diesem Weg sind hervorragend. Durch Baumlücken zwischen Eichen erkennt man entfernte Landschaften, die wie Edelsteine aussehend im Sonnenschein ruhen und den grünen Gürtel schmücken, mit dem die Natur den Erdball umfängt.

Die märchenhafte Mosel scheint während der Mittagszeit ruhig zu schlafen, während im Himmel flauschige weiße Wolken unseren Fluss vor Unheil bewahren und ihre Schönheit sich in ihm spiegelt und von oben herab einen süßen Traum herunterzusenden scheint, der das Herz des Schlafenden erfreut.

Es gibt dort auf dem nach Zell hinführenden, lang gestreckten Berghals eine Absenkung, die es uns möglich macht, noch einen weiteren Flussabschnitt zu sehen. Auf diese Weise kann man noch dort stehend drei weitere Schleifen erkennen, und wenn man noch ein paar Schritte weitergeht, kommt eine vierte (unterhalb von Alf) ins Blickfeld.

Vergleiche sind mehr oder weniger fragwürdig, wie jeder seit seiner Jugend weiß. Aber in Anbetracht der Touristenschwärme, die jährlich dem Rheine ihre Aufwartung machen, ist es, um das Mindeste zu sagen, wundervoll, dass kaum jemand unseren lieblichen Fluss besucht, der es sicherlich nicht dulden wird, mit dem größeren und männlicheren Strom verglichen zu werden.

Das Kloster Marienburg geht auf das zwölfte Jahrhundert zurück. Infolge seiner Lage wurde es in Kriegszeiten stets von sich bekämpfenden Gegnern als starke Befestigung begehrt, was eigentlich seinem Zweck als Ort der Ruhe für ermüdete Geister zuwiderlief, sodass Papst Leo XII. es aufgehoben hatte und zwölf Klosterfrauen daraufhin jede ein Ruhegeld von fünfundzwanzig Goldgulden, ein halbes Fuder Wein und drei Säcke Getreidekorn erhielten. Mit diesen weltlichen Dingen versehen, gaben sie sich mit dem Verlust ihres Klosters schließlich zufrieden.

Heutzutage stehen noch die Überreste des Klosters und der Kirche und innen befinden sich eine Gaststätte und ein prächtiger kleiner Garten, wo die Wirtin und ihre zwei Töchter Erfrischungen servieren. Der Vater ist einer der Förster und deshalb ist das Haus mit allerlei Waffen geschmückt. Im Garten gibt es einen großen Raum, der von Jagdtrophäen und ausgestopften Tiere aller Art und Größe eingerahmt ist. Die jungen Damen spielen Gitarre und singen heimische Lieder, sodass man dort fröhlich einen ganzen Tag in echter deutscher Lebensart verbringen kann.

Die kleine Kapelle ist immer noch gut eingerichtet, deren Inneres man durch die geöffnete Tür strahlend erkennen kann. Aber durch ein Fenster fällt ein scharfer Lichtstrahl auf das unförmige Gesicht eines leichenhaften Heiligen. Der Eindruck ist ganz überraschend, besonders wenn man den Geschichten über die Einsiedler und Geister gelauscht hat, die erfreut waren, hier gelebt zu haben und umhergewandert zu sein.

Hier ist eine dieser Geschichten. Sie heißt:

Die blasse Nonne

Von der Äbtissin und ihren Schwestern mehr als überzeugt worden, war Marie ins Kloster eingetreten, um ihren Geliebten, den Ritter Carl von Zant, und all ihren weltlichen Besitz hinter sich zu lassen.

Die Gelübde waren abgelegt und die Tage gingen dahin, die freundlichen Aufmerksamkeiten und die vormalige Höflichkeit der Nonnen schwanden dahin, und Marie empfand auf einmal ihr Leben als endlose Monotonie. Da erinnerte sie sich wieder an ihren Liebhaber, und die Flügel des gefangenen Vogels wurden durch die Gitter ihres Käfigs verletzt.

Mit der Zeit bedachte sie, dass ihre Besitztümer – jedoch nicht sie selbst – Objekte der Begierde der Äbtissin seien; daher fiel sie dieser Dame zu Füßen und bot ihr an, alles was sie besaß, dem Kloster zu schenken, damit sie endlich davonziehen könne. Die hochmütige Oberin antwortete ernsthaft, dass ihr Vermögen schon vollständig an das Kloster gegangen sei und verhängte eine Buße für die fleischlichen Gelüste, die das böse Herz der Nonne erfüllten, wie sie sagte.

Ab diesem Zeitpunkt sank Marie rasch wie eine arme, welkende Blume dahin, deren Schönheit und Fröhlichkeit dahinschwindet und die mit gebeugtem Haupt auf ihrem Stiel kaum noch ein Abglanz des Lebens ist.

Eines Morgens fand ein Fischer ihren Leichnam in der Mosel. Als Ritter Carl von ihrem Schicksal hörte, zog er ins Heilige Land von dannen und fiel dort in Glaubenskämpfen.

Man kann die blasse Nonne noch oft sehen, wenn sie mit vom Mondschein erhelltem bleichem Gesicht durch Wälder und Ruinen geistert.

Die Ruinen liegen auf der Höhe der Landenge und „Murrays Reiseführer" vergleicht den Blick von dieser Stelle mit einem an der Wye [Wye-Valley im Südosten von Wales, Anm. d. Übers.], und das zu Recht; in der Tat, diejenigen, die sich ein bisschen mit der Wye auskennen, werden zustimmen, dass die Mosel viele Stellen hat, die an ihre junge Schwester in England erinnern, aber sie ist in jeder Beziehung viel lieblicher und graziöser.

Diese Halbinsel ist rund drei Meilen lang und an ihrer engsten Stelle kaum fünfhundert Yard breit. Sie ist wie ein Sporn der Eifelberge oder -hügel, wie sie der jeweilige Sprecher ganz nach Laune benennen mag. Die Halbinsel ist zwei- oder dreihundert Fuß hoch über dem Wasserspiegel, und in der Nähe der Klosterruine ist der Hang sehr abschüssig und gibt einigen Raum für die Reben, die an der Südseite außerordentlich gut gedeihen. Wald erstreckt sich am Fuße der Halbinsel und macht hier und dort Platz für Kornfelder und Wiesen.

Die Eifel ist ein vulkanisches Gebirge, das von Bergspitzen und großen, rauen Bergmassiven gestaltet ist. Früher waren das einmal Vulkane oder Krater, aber heute, nur noch Gegenstände von Interesse in der Landschaft, erheben sie sich glänzend über den Bäumen, die an ihren Flanken emporwachsen. Diese Fläche verändert ihre Höhe, aber sie ist immer Hunderte von Fuß über dem Fluss. Aus dem Tafelland eröffnen sich kleine Täler, die vollkommen in Bäume gehüllt sind und in denen Bäche glitzern. Im nächsten Kapitel werden wir eines dieser Täler besuchen.

An der oberen oder Südseite der Marienburg und unmittelbar gegenüber liegt Pünderich, das eigentlich für nichts berühmt ist, außer der folgenden Legende:

Die goldene Krone

Ein wenig außerhalb des Dorfes Pünderich steht eine kleine Kapelle, in der innen auf einem Stein-altar das Abbild der Muttergottes steht. Eine Silberkrone leuchtet auf ihrem Haupt und ein weißer Schleier umweht ihre Schultern.

Vor langer Zeit war die Jungfrau mit einer Krone aus purem Gold bekrönt, bis ein böser Ritter namens Klodwig, der einige Befestigungen an den Flussufern besaß, dort vorbeikam. Als er in die Nähe der Kapelle kam, erhob sich ein schwerer Sturm und ein heftiges Gewitter umgab ihn. Als er die Kapelle sah, suchte er dort Schutz und führte sein Pferd zum Altar hinauf. Er nahm die Krone wahr und, undankbar für den gewährten Schutz, riss er sie vom Bildnis herunter und setzte sie seinem Pferd auf.

Merl

Kaum hatte er den Frevel begangen, als sich sein Renner auf und davon machte und wie wild über die Felder flüchtete. Als der schuldige Ritter den Fluss vor sich sah, bemühte er sich, von seinem Pferd herunterzuspringen, aber bevor ihm dies gelang, erfasste ihn der Fluss und die goldene Krone versank samt dem Ritter und seinem Schlachtross.

Am Ende der Marienburg-Halbinsel, die wir nun umrundet haben, liegt das Dorf Kaimt, und am gegenüberliegenden Ufer steht die freundliche Stadt Zell.

Zell ist ein blühender Ort und erstreckt sich entlang des Flussufers; sein allgemeiner Anblick ist freundlich und neu, aber hier und dort erinnert uns ein altes Haus mit malerischen Zinnen an das Alter dieses Ortes. Diese kleinen Häuser scheinen in Ecken eingequetscht zu sein von anmaßenden Neuankömmlingen, die ihre Ellbogen in die Rippen jener alten Burschen stießen, bis deren Rippen oder Balken sich durch den Druck ganz verbogen haben.

Es gibt dort oberhalb einen runden Turm und Umrisse von Pappeln ragen über die Stadt hinaus; der Berg dahinter ist voller Schluchten, und Büsche von verkümmertem Wuchs sieht man an der Oberfläche. Ein wenig oberhalb, dort wo sich der Fluss krümmt und seinen Lauf gegen Norden wendet, sind die Berge äußerst schön. Denn dort, wo sie mit Bäumen bedeckt sind, steigen, als der Tag sich hinzieht, die Schatten empor und brechen in die gewaltigen Felsmassen ein, die die Söhne des Waldes sind.

Zell ist wohlbekannt für die Tapferkeit seiner Einwohner, was seinerzeit zu einem Sprichwort geführt hat [„He stait ferme wie'n Zeller us'm Hamm" = Er steht fest, wie ein Zeller aus dem Hamm, Anm. d. Übers.].

Das Dorf Kaimt, aus dessen Gärten uns die Weinranken über die Köpfe streichen, während wir vorbei gehen, war stets von Unglück gezeichnet. Im Krieg viel weniger durch Mauern geschützt als die starke Festung der Nachbarstadt Zell und das befestigte Kloster Marienburg, wurde Kaimt im Allgemeinen stets von der einen oder der anderen der streitenden Parteien niedergebrannt und immer von beiden ausgeplündert.

Schon bald erreichen wir Merl, wo der Ritter Carl von Zant lebte, der die blasse Nonne von der Marienburg liebte. Viele andere ehrenwerte Familien leben in diesem sehr alten Ort mit seinen vielen urigen Häusern. Die Lage ist sehr entzückend: Gegen Kälte durch den mit Wein bewachsenen Berg dahinter geschützt, schaut es auf eine Biegung des Flusses mit der Marienburg gegenüber und Alf in einiger Entfernung.

Ehe man Alf erreicht, liegt Bullay. Dieser anmutige Ort ist berühmt für seine Feste und seine Fröhlichkeit.

An einem dieser Feste traf sich eine edle und zahlreiche Gesellschaft, und der Gastgeber dieses Treffens, ein Verwandter des Ritters Carl von Zant, füllte einen großen Humpen und fragte einen seiner Gäste namens Friedrich von Hattstein, ob er ihn auf einen Zug austrinken könne, da er dachte, er würde seinen Wein nicht mögen.

Friedrich, ein sehr kräftiger Mann (der nicht gern verspottet wurde), ergriff ein volles Fass, das im Raum stand, und hob es auf. Dann erklärte er: „Ich nehme diesen Zug zu Ehren des Kurfürsten von Trier, meines guten Herrn", und trank das Ohm aus [1 Ohm = 160 Liter, Anm. d. Übers.].

Dadurch angeregt und vom Wunsch erfüllt, nicht durch einen Fremden ausgestochen zu werden, ergriffen der Gastgeber und sein Bruder jeder ein ähnliches Fass und leerten sie zu Ehren des Kaisers und der Äbtissin der Marienburg. Diese drei sind heute noch bekannt als die drei Zecher von Bullay.

Ohne die Frage nach der Wahrheit dieser Geschichte zu beantworten, glauben wir jedoch, dass es eine unumstößliche Tatsache ist, dass in „alten Zeiten" deutsche Adelige täglich eine Menge Wein tranken, die etwa sechzehn unserer heutigen Flaschen entsprach.

Nun erreichen wir also Alf.

XV. Bertrich

Bertrich

Tief unten in den Hohlgewölben der Erde
Herrschte der Geist Rübezahls, bevor ER sprach „Es werde!"
Jäh flammende Feuer umloderten ihn – und
Erleuchteten den riesigen dunklen Felsengrund.

Zwergenhaft winzig, grimmig blickend standen Gnome umher
Wie eingemeißelt ins bizarre, starre Felsenmeer;
Herbeigerufen aus den unteren Eisenerzgruften,
Wo diese Kobolde giften, sich placken und schuften.

Im finsteren Keller versammeln sie sich dann,
Arbeitsame Gnome und ihr mächtiger Königsmann;
Bewachen den Lauf der Wellen durch die Felsen,
Welche fließend, hastend und springend fort sich wälzen.
Von fernen Bergen kommend freut sich die Mosel sehr
Als glückliche Braut des Rheines zu münden ins Meer.

Gab es denn ein Muster, dass Feuer umzingelnde Felsen eben
Lassen in schrecklicher Wucht die Erde heftig erbeben?
Während völlig unberührt der klare Fluss, von Schönheit umkränzt,
Von des unendlichen Himmels Licht wird umglänzt.

König Rübezahl, immer bereit mit Krone, Zepter und Feuer
Das Erdreich mit den Bergen aufzuwühlen ungeheuer,
Sodass lodernde Brände sprengen in heißer, schrecklicher Kluft
Die Oberfläche der Erde, verschmutzend Wasser und Luft.

Die heile Welt vernichtend suchte der König der Unheile
Zu beherrschen Schlünde und Abgründe, der Eifelberge Teile,
Zunichte machend das freundlich-gedeihliche Wirken
Der lieblichen Mosel mit ihren üppigen Weiden und Birken.

Sie, die so fröhlich fließend vom Vogesengebirg' her eilend
Als meist freundlicher Strom sich entwickelnd verweilend,
Der gestärkt wird durch der glitzernden Wildbäche Zulauf,
Wo die Menschen das Leben mit ihr teilend genießen zuhauf.

Im weit'ren Weg abwärts Felsriegel bremsen den Strom
Grimmig grinsend sitzt der Feuerkönig auf dem Thron.
Aus vielen Erdlöchern luchsen und feixen die Gnome,
Neue Fesseln schmiedend dem rauschenden Strome.

Doch letztendlich werden Lust und grenzenlose Liebe
Besiegen der garstigen Teufelsgeister niedrige Triebe.
Die Mosel wird folgen ihrem sehnsüchtigen Herzen,
Leicht die Steine umfließend, fast wie im Scherzen.

Anmutig schlängelt sie sich um Berge, durch Täler,
Die sie sich formt mal breiter, mal schmäler;
Missachtet die frechen Gnome und des Königs Zorn
Und fühlt sich in ihrem bequemen Bette wie neu gebor'n.

Wieder werfen die Feen ein Glühen über die Berge
Und ihre Kraft bezwingt nächtliche Dämonen und Zwerge.
Mit einem silbrigen Gespinst umspinnen sie webend
Die Schönheit von Landschaft und Fluss erhebend.

Heitere Nymphen verzaubern alle Schatten in sattes Grün,
Lassen Pflanzen und Bäume wachsen, Blumen erblüh'n;

Bauen an beiden Ufern standfeste Lauben,
Wo Menschen lustwandeln und beten im Glauben.

In dem erlesensten und schönsten aller Täler
Quillt eine heilende Quelle aus dem Brunnen empor,
Rinnt auch ihr Wasser mal üppig, mal schmäler,
Nie versiegende Heilung und Schönheit
jagte dämonischen Hass fort durch das Tor.

Von Alf nach Bad Bertrich verläuft eine ausgezeichnete Straße, die sich durch eine Abfolge grüner Täler windet, von Bergen dicht flankiert, die mit Laub bedeckt sind. Der Alfbach läuft neben der Straße her; seine Wässer treiben die Räder der Eisenwerke an, die sich zwischen Bäumen verstecken in der Nähe des Zugangs zu diesen abgelegenen Tälern. Insgesamt finden wir, dass der Feuerteufel noch nicht ausgelöscht ist, sondern mithilfe seines alten Freundes – des Menschen – immer noch die Natur verunziert und den herrlichen Bach versklavt.

Sechs englische Meilen voller Schönheit bringen uns nach Bad Bertrich selbst. Aller Wahrscheinlichkeit nach wird der deutsche Tourist hier erklären: „Ich habe noch nie etwas von Bad Bertrich gehört." Genau das, antworten wir, und dies ist der Grund für einen seiner größten Reize. Denn während Engländer, Russen und Franzosen alle nach Baden-Baden, Ems, Schwalbach, Wildbad und in viele andere Bäder, von denen es in Deutschland nur so wimmelt, hinschwärmen, übersieht man ein vernachlässigtes an einer der schönsten Stellen Europas. Dort gibt es viel Schatten, aber auch viel Sonne, viel frische Luft und ja, auch „das Bad", ganz überdacht.

Der Ort ist sehr klein und sauber. Es gibt dort verschiedene kleine Gaststätten und ein gutes Hotel, das Werlings. Dieses Hotel wird von einer unverheirateten Frau geführt. Sie ist eine der seltsamsten aber herzlichsten alten Personen, die man sich denken kann. Selbst ist sie keineswegs die bestimmende Person dieses Unternehmens, weil alles dem Oberkellner überlassen bleibt, einem bemerkenswerten Charakter.

Dieser Kellner ist ein überaus fröhlicher alter Geselle, der bei fortschreitendem Tag sich mehr und mehr dem Alkohol hingibt. Dann schließen sich seine Augen nach und nach und sein Geist scheint sich auf die Wanderschaft zu begeben. Nun sind ja derartige Anzeichen für Männer seines Standes keineswegs unüblich, aber es ist doch höchst selten, wenn ein Mann in diesem Zustand noch fähig ist, einige zwanzig oder dreißig Gäste zu bedienen, jedem genau das zu bringen, was er bestellt hat, und (ohne sich irgendwelche Notizen zu machen) die ganze Rechnung im Kopf zu behalten, was jeder an Wein und Essen zu sich genommen hat. Ja wirklich, dies alles tut er und er macht es richtig gut.

Im Winter ist dieses Hotel geschlossen und unser guter alter Freund, der Kellner, geht mit zwei dem Schlaganfall nahen Hunden zur Jagd, die während des Sommers unter den Stühlen liegen und schnarchen.

Gerade als wir da waren, wäre beinah all sein Kellnern, Trinken und Waidwerk ganz plötzlich zu Ende gewesen. Als wir nämlich eines Abends beim Essen saßen, begann ein fürchterlicher Gestank nach Schwefel den Raum zu durchdringen und als wir unseren Nasen folgten, stellte sich heraus, dass er aus einer kleinen Kammer kam, in die sich der alte Kellner zwischen den Essensgängen zurückzog, um sich wieder einmal einem guten Schluck hinzugeben. In diesem Augenblick wurde der Gestank so stark und als wir die Tür öffneten die Luft so dick, dass wir nur noch den alten Knaben herausziehen konnten. Es kam dann zutage, dass einige Gäste ihm ein Paket mit Feuerwerk gegeben hatten, um es sicher aufzubewahren. Und er hatte es ganz zur Sicherheit zwischen Streichhölzern und Kerzenstummeln deponiert und auf irgendwelche geheimnisvolle Weise war die ganze Sache explodiert.

Neben dem Gasthof ist das Badehaus und darum herum Garten und Promenade. Dicht dabei ist ein Brunnen, aus dem das Publikum kostenlos trinken kann. Die Bäder kosten je einen Schilling und sind höchst erfreulich. Das Wasser fließt beständig, solange man darin ist, und es brodelt und perlt um den ganzen Körper. Die Nachwirkung ist eine Erfrischung und Stärkung der Gestalt, bei gleichzeitiger Beruhigung aller Nerven.

Der Herr Direktor ist ein alter Offizier der Pioniere oder Artillerie und spricht ausgezeichnet Englisch. Er ist ein Mann mit großem Geschmack und hat (auf Kosten der Verwaltung) Spazierwege und weite Flächen an diesem Ort angelegt.

Durch die ganzen Wälder und Täler ziehen sich diese Spazierwege im Schatten dahin und an allen hervorragenden Aussichtspunkten gibt es Holz- oder Steinbänke, die mit Baumrinden überdacht sind. Oft trifft man zusätzlich auch auf Sommerhäuschen, deren Dächer die Besucher vor Regenschauern schützen sollen.

Bad Bertrich war schon den Römern bekannt, die bereits im vierten Jahrhundert ein Badehaus und andere Gebäude errichtet hatten. Überreste davon kommen öfters zutage und einige hat man sogar konserviert. Im fünfzehnten Jahrhundert wurden die Bäder wieder bekannt, fielen aber erneut in Vergessenheit. Im Jahre 1769 hat der letzte Kurfürst von Trier die Quellen sehr ordentlich verwaltet und das heute noch bestehende Kurhaus gebaut.

Die gesamte Badeeinrichtung, Hotel und Dorf drängen sich am Ende eines kreisförmigen Tales dicht zusammen. Schroffe Felsen umschließen dieses herrliche Tal, durch das sich ein singendes Bächlein schlängelt. Die Felsen sind mit Eichen- und Buchenwäldern sowie anderen schönen Bäumen bewachsen. Die schmalen Pfade, die sich da herumwinden, sind eingerahmt von Ebereschen, durch deren rote Beeren-Bündel man den grünen, von spritzenden Wassern umgebenen Teppich im Talgrund sehen kann.

Im grünen Tal stechen zwei herausragende Kirchen hervor: Eine ist protestantisch, die ältere dient römisch-katholischem Gottesdienst.

Eine sympathische kleine Gemeinde von Deutschen trifft sich dort und Musik belebt die Luft. Aber man betrachtet allgemein die Saison im September für vorüber und dann hört auch die Musik auf.

Wasser zu trinken und im Wasser zu baden und viel frische Luft und Bewegung machen einen Aufenthalt in Bad Bertrich höchst angenehm. Zusätzlich kann man noch viele Ausflüge machen. Es gibt darüber hinaus eine Menge Spaziergänge und viele Motive zum Zeichnen sowie Wildblumen und Felsen zu erkunden – oder für Interessierte auch das Schießen.

Einer der kürzesten und schönsten Spaziergänge von Bad Bertrich ist der zur Käsegrotte. Das ist eine Höhle, die von Basaltsäulen getragen wird, die aussehen, als ob man runde Käselaibe übereinander aufgestapelt hätte. An der Höhlenseite taumelt ein kleines Wasserrinnsal, das aus einem sehr schönen kleinen Becken darüber abfließt. Über die Schlucht führt eine rustikale Brücke, überaus schön konstruiert, an den Seiten stehen Bäume.

Spuren der Käsegrotte

Das Bächlein fließt so schön und rein;
Als Quelle springt es frisch empor,
Lässt die strahlende Erde fruchtbar sein
Und Himmelslicht ummanteln der Engel Chor.

Ein Geist, so lieblich, so zart, so klar,
Wird sichtbar in der Grotten Pfühle;
Erhellt Quelle und Bächlein, licht und wahr,
Spendet geheimnisvolle feuchte Kühle.

Umso mehr entspringt dem menschlichen Herz
Die Liebe auf klarem und reinstem Pfad
In der Hoffnung, dass aller Welten Schmerz
Huldvoll sich löst durch Gottes Gnad'.

Käsegrotte

In der Nähe dieser Grotte gibt es einen Punkt mit einem ausgezeichneten Blick auf den Ueßbach. Dessen Lauf wird gehemmt von Steinmassen, die von diesem Wildbach heruntergewaschen werden. Diese Steine gestalten den Bach zu einer Folge von kleinen Tümpeln, in denen sich der Glanz der untergehenden Sonne widerspiegelt. Pfade entlang des Baches führen durch Haine mit schön platzierten Ruhebänken, die deutschen Dichtern gewidmet sind.

Eine andere kleine Quelle, genannt Petersbrunnen, an der Bergseite gegenüber dem Dorf ist für ihre außerordentliche Klarheit und Wasserkühle berühmt. Das Wasser wird in einer Zisterne im Schatten unterhalb des Felsens gesammelt, was die Luft selbst an den heißesten Tagen kühl hält. Ein Löwenkopf gestattet der gefangenen Quelle, ihr Wasser zu spenden, welches in ein darunterliegendes Bassin tropft und plätschert.

Spuren am Petersbrunnen

Aus ihrem Versteck, dem feuchten und kühlen,
Wo Rinnsale tröpfeln und rieselnd zusammenfließen,
Lockt dich die Wassernymphe an und spricht:
„Ich mach' dir ein Angebot, fürchte dich nicht!
Tritt näher heran, all deine Sorgen vergiss!
Beim süßen Wassermurmeln deine Sinne erfrisch'!"

Die Wiese, die das Tal von Bertrich ausfüllt, ist von Spazierwegen durchzogen und Gärten hat man an ihrem Ende angelegt, ganz weit vom Dorf entfernt. Oberhalb dieser neuen Gärten fällt die Alf in einem Wasserfall über die Felsen. Ein Teil des Wassers wird in einen Fischteich geleitet, der gut mit Fischen besetzt ist.

Die Falkenlei ist es wert, besichtigt zu werden. Sie ist ein reiner Felsklotz, der seinen Kopf über die Baumwipfel der Bergspitzen erhebt. Er ist 160 Fuß hoch und 600 Fuß lang, besteht aus Basalt und wird von Füchsen und Falken bewohnt. Man vermutet, dass es ein erloschener Vulkan ist.

Eine der besten Wanderungen führt das Tal hinunter in die Nähe des Dorfes Alf und dann die Berge hinauf zur Burg Arras, um anschließend den Uessbach zu erkunden. Gleichgültig in welche Richtung: Alle Spazierwege sind nahezu ähnlich schön, und da eigentlich nur der Besuch von Bad Bertrich eine wirkliche Vorstellung vermitteln kann, möchten wir um diese herrliche Szenerie nicht mehr viel Worte verschwenden als: Gehet hin und entdeckt!

Der erste Ritter von Arras war ein tapferer Mann, der zur Zeit des Hunneneinfalls nur ein armer Bergmann war. Er hatte zwölf ebenfalls sehr tapfere Söhne, und alle kämpften so mannhaft und gut, dass der Pfalzgraf nach der Niederlage der Hunnen diesen Bergmann dort als den tapfersten und besten Krieger erwählte. Er forderte ihn auf, niederzuknien, erhob ihn in den Ritterstand und schenkte ihm die Burg.

Alfbach

Der Alfbach, auf den wir hier einen kurzen Blick richten, mündet in die Mosel beim Dorf Alf, welches ein fröhlicher alter Ort ist. Wie üblich liegt er zwischen Fluss und Bach, besitzt sehr gute kleine Gasthöfe und ist ein sehr guter Ort um zu rasten.

Abendschatten

Die Sonne versinkt – Schatten ziehen auf;
Ihre sich längenden Linien nehmen den Lauf.
Auf leisen Sohlen fort und fort sie eilen,
Wie die hastende Zeit wollen sie nicht verweilen.
Bald des Tages Ende die Nacht einleitet,
Die uns, wer weiß wann, zur Ewigkeit geleitet.

Oh lern' von dem schwindenden Tageslicht
Die Erkenntnis, dass die enteilende Zeit nicht
Für immer entflieht, sodass unser Leben
Von den Netzen des Todes umfangen ist eben.
Lasst uns entweichen dem Schatten der Erde
Und gen Himmel die Gedanken schicken
Und um Gottes Liebe und Gnade bitten.

Die alte Kirche

XVI. Bremm, Neef und Beilstein

Neef

Es gibt nur wenige Dampfer, die auf der Mosel „spielen", aber sie sind sehr gut eingespielt. Manchmal gibt es im Sommer nicht genug Wasser, dass sie überhaupt fahren können, und gelegentlich gibt es daher schon mal einen heftigen Stoß von einem verborgenen Riff. Bei einer Gelegenheit schlugen wir uns einmal ein ziemliches Loch in den Boden und rissen dabei ein großes Stück vom Schaufelrad ab. Aber es gab nicht die geringste Gefahr, da das Wasser nicht tief genug war, als dass wir darin hätten versinken können. Daher pumpten wir eine Weile und flickten das Loch. Kurz darauf begegneten wir dem flussabwärts fahrenden Dampfer, bei dem auf ähnliche Weise ein Leck aufzutreten begann, und wir waren alle ziemlich amüsiert, mit welcher Ernsthaftigkeit unser Kapitän seinem Freund eine Pumpe herüberreichte, von der er wusste, dass sie nicht funktionierte, da er sie vergeblich auf unserem Schiff ausprobiert hatte. Sie wurde mit Dankbarkeit entgegengenommen.

Es gab da einen Kellner an Bord, dessen einziger Lebenszweck es zu sein schien, die Passagiere zu übervorteilen. Seine Fähigkeiten, Zuschläge zu berechnen, waren gewaltig und wurden nur noch übertroffen von seiner Unverschämtheit. Es besteht eine gedruckte Preisliste für alles und jedes, so waren denn auch seine Versuche im Allgemeinen erfolglos.

Aber wie ein unerschrockener Held wiederholte er immer wieder und immer wieder und keineswegs verlegen seine Forderungen. Wir trafen dieses Individuum des Öfteren und obwohl er eigentlich nach zwei oder drei Versuchen herausgefunden haben sollte, dass er bei uns an der falschen Adresse war, versuchte er es bis zu unserer letzten Abrechnung. Wir vermuten, dass er ein armer Bursche war, mit einer unschuldigen Manie, wie es manche Leute gibt mit Taschendieb-Tick. – Die Lebensumstände sind gut und die Schiffe überhaupt nicht überfüllt, was besser für die Passagiere ist als für die Schiffsunternehmer, und die Schiffsoffiziere sind sehr höflich.

Ein gerades Stück auf dem Fluss bringt uns nach Neef, das völlig in Bäume eingebettet ist, und seine Berghänge dahinter sind mit Reben bedeckt. Auf der gegenüberliegenden Seite erhebt sich ein schroffer Fels direkt aus dem Wasser, von da herab ist ein Weg abgerutscht.

Die Regierung ist jährlich bemüht, die Schifffahrt auf unserem Fluss durch Felssprengungen und Stromregulierungen zu verbessern.

Es gibt da eine mit Neef im Zusammenhang stehende Legende, die ziemlich ähnlich derjenigen der St.-Brelades-Kirche auf Jersey ist, die wir unseren Lesern schon im Buch „Die Kanal-Inseln"[6] nahegebracht haben. Hier folgt nun die Mosel-Version:

Die Arbeiter-Engel

Auf dem Berg oberhalb von Neef gibt es einen Friedhof, der heute immer noch seinem Zweck dient. Dort gibt es eine früher errichtete Kapelle, die aus folgendem Grunde gebaut wurde: In älteren Zeiten war einmal die Kapelle von Neef zur Ruine verfallen und es wurden im ganzen Mosellande Sammlungen durchgeführt, um dem Dorf die Wiedererrichtung der Kapelle zu ermöglichen. Die christlichen Gemeinden in der Nachbarschaft spendeten großzügig, und alsbald war genügend gesammelt, dass das Werk beginnen konnte.

Zur Überraschung der Handwerker fanden sie jeden Morgen die Arbeit des Vortages wieder ungetan und Steine und anderes Material hinaufgeschleppt, dort wo heute der Friedhof ist.

Der Pastor ordnete Nachtwachen an, um die neuen Arbeiten bewachen und Missetäter zu bestrafen.

Die Nacht umfing sie und die Stunden gingen dahin, ohne dass etwas geschehen wäre, um die Wächter zu alarmieren, als plötzlich einer erklärte, dass sich die Sterne auf sie zubewegten. Ihrer aller Augen erkannten leuchtende Flocken, die als sie näher kamen, sich als Engel herausstellten, mit glänzenden Flügeln und lieblichen Gesichtern. Die Engel kamen näher und sammelten die Steine ein, wuchteten sie auf die Bergspitze und verschwanden dann wieder im Himmel.

Das auf diese Weise gesegnete Material wurde deshalb für den klar zugewiesenen Zweck verwendet und die Kapelle auf der Bergspitze errichtet, anstatt unten im Tal versteckt zu werden.

---

6   Octavius Rooke: The Channel Islands, Pictorial, Legendary and Descriptive.

Kloster Stuben

Eine scharfe Biegung nach links bringt uns nach Bremm, ein altes, heruntergekommen wirkendes Dorf mit einer beachtlichen Kirche. Die Leute von Bremm sehen elender aus als in jedem anderen Ort an der Mosel, ob sie nur im Einklang stehen mochten mit ihren Häusern oder nicht, konnten wir nicht feststellen.

Gegenüber von Bremm ist eine schöne Halbinsel, auf deren geschwungenen grünen Wiesen man die Ruinen des Klosters Stuben sehen kann. Die Berghänge auf der linken Uferseite winden sich rund wie ein Hufeisen, wo der Fluss an ihrem Fuße vorbeifließt. Die Hänge sind außerordentlich grandios und von beachtlicher Höhe und ihre große finstere Masse kontrastiert mit den grünen Feldern um das Kloster Stuben herum.

Diese Hufeisenform kommt immer wieder an der Mosel vor, und es ist nicht nur das Band des Flusses in Form eines Hufeisens, sondern die darin eingeschlossene Fläche ist üblicherweise genauso gestaltet, als ob sie aus weicher Lava geformt und von einem gigantischen Pferdefuß hineingestampft worden sei. Vielleicht ritt hier der Wilde Jäger, als die Vulkane noch mit voller Kraft in Tätigkeit waren.

Die erste Äbtissin des Klosters Stuben war Gisela die Schöne. Ihr Vater, ein Ritter, erbaute das Kloster und schenkte es seiner armen Tochter Gisela, die folgendermaßen ihren Liebhaber verlor:

Gisela

Die schöne Gisela saß in ihrer Laube und wartete ungeduldig auf ihren ritterlichen Bräutigam. Die Sonne hatte sie den ganzen Tag über beobachtet, aber schließlich sank sie mit zunehmender Müdigkeit im Westen.

Immer noch wartete Gisela – denn Liebe ermüdet nie –, aber endlich bekam sie ihre Belohnung, denn die Klippen umrundend, kam eine edle Barke stolz daher und glitt näher und näher, bis sie ihren geliebten Ritter erkennen konnte, der dastand und ungeduldig zu ihr aufschaute.

Als er Gisela erblickte, rief er ihr zu und all seine Freunde winkten mit den Händen. Seine Leidenschaft stand in keinem Verhältnis zur Langsamkeit des Bootes, und so sprang er zum Land, um seine schöne Braut zu umarmen. Aber der Abstand war zu groß und der gute Ritter versank durch das Übergewicht seiner Rüstung und tauchte nie mehr auf.

Gisela weinte nicht, aber in ihrer Brust wurde es so kalt wie das Wasser, das sich über dem Haupte ihres Geliebten geschlossen hatte, und sie entsagte der Welt und trat ein in das Kloster Stuben.

Eine andere Legende vom Kloster Stuben möchten wir erwähnen:

Die Verleumdung der Nachtigallen

Die Mönche von Himmerod führten ein liederliches Leben und der heilige Bernhard von Clairvaux wurde gesandt, sie zu tadeln und sie zu ermutigen, sich wieder dem Inhalt ihrer eigentlichen Aufgabe zuzuwenden.

Vergeblich belehrte sie der Heilige – die Mönche blieben gottlos wie immer und der Heilige suchte in völliger Verzweiflung seine Kammer auf. Dort öffnete er das Fenster, setzte sich nieder und plante neue Argumente, mit denen er vielleicht die bösen Herzen der Mönche erreichen könne.

Die Musik süßer Nachtigallen drang an seine Ohren und erfüllte seine Sinne mit Seligkeit. Aber der Heilige erkannte zu seinem Schrecken, dass sich böse Wünsche in seiner Brust regten. Darauf schloss er rasch das Fenster und eilte hinweg. Dann kam dem Heiligen der Gedanke, dass, wenn die Gesänge der Nachtigallen selbst einen so heiligen Mann wie ihn auf diese Weise berührten, sie auch unweigerlich die Mönche beeinträchtigen würden. Daraufhin (und er hatte die Kraft dazu) verbannte er die Vögel, und schon kurz darauf hatte sich das Verhalten der Mönche gebessert.

Als die Äbtissin von Stuben, die sanft über eine religiöse Gemeinschaft von Nonnen herrschte, davon hörte, dass die Nachtigallen vertrieben worden waren und nun auf der Suche nach einer neuen Heimat umherirrten, lud sie sie ein, sich in den Wiesen und Hainen niederzulassen, die ihr Kloster umgaben.

Die Vögel kamen erfreut an und ihre Lieder, die die bösen Herzen der Mönche verwirrt hatten, erfreuten und erhoben nun die Gedanken der reinherzigen Nonnen.

Beilstein

Nonnen und Nachtigallen sind heute gleichermaßen verschwunden, ebenso wie auch die brummelnden Mönche, auf deren Töne wir eher hätten verzichten können.

Es gibt dort einen schönen Blick von den Felsen hinter dem Kloster, und der Marsch von hier nach Beilstein ist durchaus angemessen, da die Ufer alle von großer Höhe und reich bewaldet sind.

Der Fluss schlängelt sich an vielen Weilern und Burgen entlang, Wälder und Reben wechseln miteinander ab, man kommt an Inseln vorbei und die Szenerie wechselt beständig.

Turmspitzen erheben sich über Bäume, alte Häuser lugen hervor, Vieh watet im Fluss und unser kleines Boot gleitet dahin, bis die Burg Beilstein erscheint, so herrlich gelegen und vom Wald umfangen, dass wir ganz plötzlich die Fahrt unseres Bootes anhalten und unseren Zeichenblock hervorziehen. Das Städtchen ist von Mauern umgeben, die von mehreren Türmen bekrönt sind, und darüber steht der scharf gezeichnete Turm einer Kirche, und das Ganze wird von der Burg beherrscht.

Eine große Ladung Baumrinde treibt langsam auf unseres Flusses glitzernder Flut und Boote, in denen fleißige Weingärtner sitzen, kreuzen hinüber und herüber.

Dort, wo unser Boot nun liegt, fand einst ein freundliches Bauernmädchen seinen Tod und sein Grab, und wir hoffen, mit dem Letzteren auch seinen Frieden.

Des Schiffsführers Tochter von Beilstein

Kuno von Beilstein war ganz hingerissen von der Schönheit der Tochter des Schiffsmeisters. Sie empfing und erwiderte seine Liebe und glaubte den Worten, die er sprach.

Die treuherzige Taube hat keinerlei Chance gegenüber dem Habicht. Und das fand das arme Mädchen nach einer gewissen Zeit als ihren Preis heraus, als er sie nämlich verließ.

Wahnsinn ergriff das Gemüt des trostlosen Mädchens und eine ganze Zeit lang wanderten ihre Sinne umher. Aber eines Morgens im Frühling kam ihre Erinnerung zurück und sie bat ihren Vater, sie dorthin zu bringen, von wo sie auf die Burg ihres falschen Verräters blicken könne, da sie ihn noch immer liebte.

Ihr Vater, der sie getreulich gernhatte, setzte das Mädchen in ein Boot und ruderte es den Fluss hinauf zu einer Stelle, wo man einen guten Blick zur Burg hatte. Sie starrte mit Tränen auf diese Stelle und betete um das Seelenheil von Kuno.

Während sie so schaute, ertönte Hörnerschall und Hunde stürzten ins Tal hinunter, und als das Gebell näher kam, konnte man Graf Kuno erkennen mit seiner jungen, hochmütigen Braut neben sich zu Pferd. Als Kuno das Mädchen im Boot sah, begann er stotternd ihren Namen zu nennen. Die junge Braut wurde eifersüchtig und fragte den Grafen, wieso er das Mädchen kenne. Er antwortete, dass sie ihm nichts bedeute, und, um sie zu beruhigen, schoss er einen Pfeil auf seine frühere Liebe.

Der Schuss tat seine Wirkung, und als der Vater um sie zu retten herbeieilte, kippte das Boot um und beide, Vater und Tochter, versanken auf immer in den Fluten.

Beilstein ist nicht gerade übermäßig sauber, obwohl ein Bach hindurchläuft, aber dennoch ist es ein Musterbeispiel des Malerischen, was das mehr als wettmacht. Es muss jedenfalls in früheren Tagen ein Ort von gewisser Bedeutung gewesen sein, aber mit dem Niedergang der Burg ist auch der Ort verfallen, Mauern bröckeln ab und Häuser stehen leer.

Viele Juden leben hier und man sagt, dass die dunkeläugigen Jüdinnen sehr schön sind und Fremden gegenüber äußerst neugierig, weil sie ihnen viele Fragen stellen.

Eine Anzahl von Tälern, alle bewaldet, bewässert und gefällig, liegen hinter Beilstein. Bedauerlicherweise sind die Gaststätten sehr ärmlich, insofern ist es kein besonders guter Platz um anzuhalten. Aber wenn man nicht sehr anspruchsvoll ist, wird die Übernachtung für zwei oder drei Nächte ausreichen, und der Weißwein ist gut.

Es existieren immer noch beachtliche Teile der Mauer und Reste der Burgtürme von Beilstein. Die Lage ist sehr glücklich gewählt im Sinne von Schönheit und Stärke. Von der Stadtseite ist ein Aufstieg unmöglich. Ein schmaler Bergrücken verbindet die Burg mit den benachbarten Bergen. Neben diesem Grat gibt es einen Pfad, der uns durch Obstbäume und Weinberge zu einer alten Begräbnisstätte führt, die angefüllt ist mit Grabsteinen mit hebräischen Inschriften. Hier wurden die Juden abseits beerdigt.

Auf der anderen Flussseite liegt Poltersdorf oder das Dorf der polternden Kerle, so benannt, weil seine Einwohner beständig mit denen der benachbarten Weiler im Streit liegen.

Die Landschaft zwischen Beilstein und Cochem ist unübertroffen an unserem Fluss. Dort gibt es Berge, wundervolle Kirchen und Dörfer, Bäume, Felsen, Wasser und Gesichter, die unter ihren malerischen Kopfbedeckungen lächeln.

In Cochem angekommen, verhelfen uns Herr Paoli, der Französisch spricht, mit seiner Frau, die Englisch spricht, zu den Bequemlichkeiten des Hotels Union.

XVII. Cochem

·

Cochem im Mondlicht

Der Mond überzieht mit hellem Schein
Des Schlosses und des Donjons Mauern.
Sein sanftes Licht erreicht die Bächelein
Und die schlafenden Türmchen,
die am Rande kauern.

Das war die Stunde und die Nacht, in welcher Pfalzgraf Heinrich von Cochem seine Frau erschlug. Und so lautet die Geschichte zur Einführung:

Die Legende von Cochem

Pfalzgraf Heinrich, genannt „der Böse", hatte eine böse Auseinandersetzung mit dem Erzbischof von Köln, und als er von des Erzbischofs Truppen geschlagen wurde, verschanzte er sich in der Burg Cochem.

Als der Abend näher kam, regte sich der Pfalzgraf mehr und mehr auf und lief in seinem Gemach dauernd hin und her. Das Licht des Vollmondes verstärkte noch seinen Grimm und er raste wie ein in seinem Käfig gehaltener Löwe, indem er ständig des Erzbischofs Namen ausrief und ihm Rache schwor.

Seine sanftmütige Frau näherte sich und wollte ihn mit liebenswürdigen Worten und durch ihre Zärtlichkeiten beruhigen. Einige Augenblicke schien er tatsächlich ruhig zu werden, aber dann sprang er plötzlich auf, ergriff eine Axt und schlug seine Frau zu Boden.

Als die Diener diesen abscheulichen Mord sahen, sprangen sie auf – aber ach, es war zu spät! Die edle Dame war tot.

Der Wahnsinnige wurde ergriffen und dem Erzbischof von Trier zugeführt, der ihn in einen Kerker einsperren ließ, wo er bald darauf starb.

Beim Anblick der Burg ist die Stadt Cochem unter Bäumen auf der linken Seite verborgen. Sie hat rund 2500 Einwohner und ist eine sehr saubere, aufblühende Stadt. Sie hat sehr schöne Geschäfte und das Hotel ist gut. Die Stadt ist sehr malerisch, die Straßen steil und eng und alte Mauern und Wachttürme lassen sie im Allgemeinen alt erscheinen. An Markttagen ist sie mit Menschen aus den umliegenden Dörfern überfüllt, die ihre Erzeugnisse an Händler verkaufen, die den Markt von Koblenz beliefern. Ein kleiner Dampfer hastet und pufft täglich den Fluss hinab nach Koblenz und kehrt abends wieder zurück.

Cochem ist ein guter Rastplatz, da es in der Nachbarschaft eine Menge interessanter Plätze gibt wie Beilstein, Marienburg, Klotten, Treis, Eltz etc. und unmittelbar drum herum gibt es auf dem Lande zahllose Wanderwege, die in ihrer Eigenart abwechseln und wunderschön sind.

Auch der Aufenthalt auf der Terrasse der Gaststätte ist sehr erfreulich; die Dampfer mit ihrem vorbeiflutendem Leben kommen auf der gegenüberliegenden Seite an und fahren wieder ab, und ganze Flotten von Lastkähnen werden von Dutzenden Pferden vorbeigetreidelt, wobei die Halfen (Treidler) laut schreien und ihre Peitschen knallen lassen, sodass es im ganzen Tale widerhallt. Fischer verrichten ihr Handwerk, und des Nachts beleuchten Feuer die Ufer, damit sie auf diese Weise ihre Beute im Wasser erkennen können.

Gegenüber liegt ein kleines Dorf, aber die dahinterliegenden Weinberge gehören zu Cochem. Der auf diese Weise beständig notwendige Austausch lässt den Fluss sehr rege erscheinen. Im Allgemeinen werden auch Boote gebaut oder repariert und Mädchen waschen ihr Linnen oder tragen Wasser vom Fluss herauf.

Zwischen Cochem und Beilstein liegen an einer Flussbiegung ein wunderschöner Friedhof und eine Kirche mit einem Doppelturm. Felsen und Fluss schwingen in einem Winkel herum und schießen in diese verborgene Ecke, die, weil scheinbar von der Welt abgetrennt, denjenigen als ein idealer Rastplatz erscheinen muss, deren Wachheit einer ruhmreicheren Welt gehört als dieser. Es gibt an unserem Fluss viele Friedhöfe und Grabstätten, meistens sind sie schön gelegen, und die Gräber mit ihren schlichten Kreuzen erscheinen wie die Verwirklichung des ewigen Friedens.

In der Nähe von Cochem gibt es ein perfektes Echo, es wiederholt zweimal mit der größten Klarheit und die Antwort dauert so lange, dass man dazwischen einen ganzen Satz aussprechen kann. Das ermunterte uns zu einem „Komm wieder – morgen früh!", und während vieler Morgen besuchten wir diese Szenerie wieder und wieder. Die endlosen Fußpfade über Felsen und durch Weinberge oder Wälder und Felder eröffneten uns immer wieder neue Ausblicke und erfreuliche Konstellationen von Schönheit, und die Tage vergingen in größter Eile zu Wochen.

Wenn wir dem Bachlauf am Ende der Stadt folgen, erreichen wir den Fuß des Berges, auf dem die starke Winneburg stand, jetzt inmitten ihrer Ruinen. Sie hat zwei Systeme von Wällen und Wassergräben und muss zu damaliger Zeit ziemlich unerreichbar gewesen sein. Auch heute kommt man schwer hinein, selbst ohne dass einem ein Spieß in den Hals gestoßen oder flüssiges Blei in die Augen geschüttet wird.

Ihre Lage ist gut und man kann teilweise Cochem und die Burg von hier aus sehen, die sich ziemlich dicht bei der Stadt erhebt. Es ist schon seltsam, wie trügerisch die Größe dieser Orte ist. Was von unten her kaum mehr als der Teil einer Ruine erscheint, erweist sich beim Näherkommen als ein höchst umfangreicher Wallkreis mit vielen dachlosen Kammern und Türmchen, genauso wie man nie die Größe eines Baumes erkennen kann, ehe er gefällt ist.

Das eingemauerte Mädchen

Die Legende der Winneburg berichtet lediglich, dass der Baumeister wohl scheiterte, als er sich verpflichtete, sie innerhalb einer bestimmten Frist fertigzustellen. Als er daraufhin von seinem Auftraggeber zur Rede gestellt wurde, war er drauf und dran, von den Mauern aus in die Mosel zu springen. Aber ein Fremdling versicherte ihm, dass er die Burg innerhalb eines Tages fertigstellen würde, wenn er ihm gestattete, seine kleine Tochter, die er so liebte, einzumauern. Der Schurke stimmte tatsächlich zu, und der Teufel mauerte das kleine Mädchen in die Fundamente dieses starken Wehrturmes ein.

Wir zweifeln stark an der Wahrheit dieser Geschichte, da der Baumeister ein überaus tüchtiger Mann hätte sein müssen, um zweieinhalb Meilen, das ist nämlich die Entfernung, von der Winneburg in die Mosel zu springen.

Wenn wir nun unseren Weg vom Berg aus, auf dem die Winneburg liegt, fortsetzen, gelangen wir in einen engen Bereich des Tales, genannt Endert. Dieses Enderttal besteht aus einer Reihe von Talkesseln zwischen sehr hohen Bergen. Diese Kessel haben ausgezeichnete grüne Wiesen, die von dichtem Laubwerk und Felsen umgeben sind. Durch oder um diese Weitungen fließt ein Bächlein, häuft Steine auf, verbreitert sich in Tümpeln oder taumelt kopfüber in aller Eile, um seine freundliche Herrin, die Mosel, zu erreichen.

Der Pfad ist rau und ständig muss man von Stein zu Stein hüpfend den Bach überqueren. So auf Fußspitzen tanzend, kamen wir plötzlich an eine höchst aristokratische Anglergesellschaft, bestehend aus dem Bürgermeister und seinen Begleitern, die gekleidet waren in Blau und mit roten Streifen an ihren Kappen, aber mit nackten Beinen. Sie schienen ziemlich erfolgreich zu sein, um Forellen für das offizielle Abendessen zu beschaffen. Ihre Art zu fischen war nicht gerade wissenschaftlich oder sportsmännisch. Ein ganz seltsam geformtes Netz, das sie unter die Uferränder schoben, war die einzige Ausrüstung dieses großen Mannes, der sich nicht zu fein war, seine eigenen „Herr-bürgermeisterlichen" Beine für diese Art Freizeitbeschäftigung nass zu machen.

Nach einer langen Wanderung wird eine alte Mühle erreicht und ein gutes Zeichenmotiv gefunden. Tatsächlich war der ganze Weg eine Art Diorama mit wechselnden Bildern von Fels, Baum und Wasser. Die Leute, die wir in diesem Tal trafen, waren alles andere als höflich, und wir fanden schließlich heraus, dass ihre Unhöflichkeit nur durch den Gedanken hervorgerufen wurde, dass wir etwa die Umleitung des Bachlaufes planen oder auf andere Weise ihr Eigentum beeinträchtigen könnten.

Englische Damen waren ganz augenscheinlich ein völlig neuer Anlass der Neugierde für die Menschen von Cochem. Sobald sie das Hotel verließen, zeigte man sofort auf die Damen unserer Gesellschaft, redete über sie und starrte sie fassungslos an. Falls die Straßen vor ihrem Erscheinen leer gewesen wären, hätten stets Spione einer bestimmten Sorte Alarm geschlagen und diejenigen an Türen und Fenster gerufen, die diese wundervollen Fremden zum Gegenstand eines fortwährenden Laufsteges machten. Jedes Kaffeekränzchen und jede Weinrunde hat über uns getratscht, so wurde uns berichtet, und hat sich gewundert, was uns veranlasst haben könnte, in Cochem zu bleiben, wo wir doch die Vergnüglichkeiten von Trier oder Koblenz hätten genießen können.

Obwohl wir dort wochenlang weilten, verblasste weder ihre Verwunderung noch verschwand ihre Neugier. Sie schienen keinen Gedanken darauf zu verschwenden, dass die ganze Szenerie ihren eigenen Wert hatte.

Glücklicherweise war diese unschöne Besonderheit auf die Leute der Stadt beschränkt. Auf dem Lande grüßte uns stets ein herzliches „Guten Tag!" oder „Gute Nacht!". Die größte Beflissenheit, uns etwas zu zeigen oder uns zu helfen, wurde immer von den Weinbauern gezeigt. Ein Mann – und das stimmt – war so überaus aufgekratzt durch unsere Frage nach dem Weg zu einem Tal, in dem wir uns bereits befanden, dass er vor Lachen kaum antworten konnte. Außerdem war ganz offensichtlich, dass sie im Allgemeinen annahmen, dass ein so bedeutender Ort wie So-und-so-heim, oder wie immer der Name des Ortes zufällig war, jedermann bestens bekannt sein müsse.

Die Burg Cochem bietet eine höchst angenehme Zuflucht für diejenigen, die gerne lesen, zeichnen oder den Sommertag verträumen wollen. Im Gegensatz zu den Ruinen am Rhein ist sie völlig unbefallen von Bettlern, Eseln oder Verkäufern welker Blumen und Girlanden. Hier kannst du den Berg hinaufsteigen und über eine Steinbrücke die Außenwerke betreten; vielleicht sind da ein paar Schafe oder Ziegen mit einem Hütejungen – und falls nicht, so hält die Einsamkeit Hof inmitten der zerfallenen Mauern. Durch die verfallenen Fensterbögen kann man den Fluss sehen und die Stadt liegt unmittelbar unter uns. Reben bedecken die eine Seite des steilen Berges und eine kleine Kapelle drückt sich in eine Ecke, wo der Fels sie vor herabfallenden Steinen schützt. Darüber erheben sich Berge, die mit Kirschen und anderen Bäumen bis hinauf zum Gipfel bedeckt sind, wo junge Eichen die weniger widerstandsfähigen Obstbäume ersetzen. Eine sanfte grüne Wiese füllt den Zwischenraum der Außenwerke der Burg. In der Mitte steht der mächtige Bergfried neben einem kleineren Turm und in der Ferne ist die Winneburg schemenhaft sichtbar.

Cochem war eine der drei Burgen, die der Erzbischof Balduin der Gräfin von Sponheim als Sicherheit verpfändete für das hohe Lösegeld, das sie ihm auferlegt hatte, dies geschah im Jahre 1328. Ungefähr zur gleichen Zeit wurden die Juden von Cochem massakriert. Des Volkes Zorn erhob sich gegen sie durch die Geschichte des mutmaßlichen Mordes an dem Knaben Werner in Oberwesel am Rhein. Die Wahrheit scheint zu sein, dass die Juden reicher geworden waren als andere Mitglieder der Gemeinden, in denen sie lebten. Deshalb trieben Neid und Missgunst den Pöbel zur Raserei durch den vorgeblichen Mord; und das wiederum führte zur Plünderung der unglückseligen Hebräer, die nicht weiterleben konnten, um ihre Habe zu schützen.

Cochem litt fürchterlich, als es von Marschall Boufflers eingenommen wurde, der – nachdem er die Pfalz verwüstet hatte – gegen diese Stadt anrückte. Dreimal wurden seine Truppen von den tapferen Verteidigern abgewiesen. Schließlich erzwang die größere Zahl der Belagerer, trotz des Verlustes von 2.500 Mann (unter ihnen allein sechs Obristen), den Zugang. Alle Einwohner, die nach der Plünderung am Leben blieben, wurden außer Landes vertrieben und nur ganz wenige fanden schließlich wieder den Weg zurück. Die Grausamkeiten, die von den französischen Truppen nach der Einnahme der Stadt begangen wurden, sind nur noch von Graf Tilly in Magdeburg übertroffen worden.

Die Schlacht fand statt am Fest des heiligen Ludwig, und Marschall Boufflers sandte die Nachricht von der Einnahme und Brandschatzung von Cochem an Ludwig XIV. als ein freundliches Geschenk, gerade passend zu der Gelegenheit.

Das Schloss Winneburg wurde zur gleichen Zeit eingenommen und zerstört. Diese Burg wurde später der Stammsitz der Familie Metternich.

Noch lange Zeit nach diesen Ausschreitungen, so wird erzählt, seien diejenigen, die Zeuge dieser furchtbaren Szenen bei der Einnahme von Cochem gewesen seien, immer wieder im Schlaf aufgeschreckt mit dem Schrei: „Die Franzosen! Die Franzosen!"

Als wir Cochem verlassen und unseren blumenreichen Weg fortsetzen, befinden wir uns im Schatten des Kreuzberges, der mit Weinbergen bedeckt ist, die eine geringe Menge ausgezeichneter Weine erzeugen.

Der nächste Ort ist Klotten. Zwischen diesem und Cochem formt ein Gebirgszug mit felsigen Abgründen ein Amphitheater, das die gigantischen Bauten der alten Römer geradezu zwergenhaft erscheinen lässt. Gleich Ameisen kommen wir uns vor, wenn wir von einem solchen Felsen auf unsere menschlichen Maulwurfshügel hinunterblicken!

Burg Klotten

Die Kirche von Klotten ist bemerkenswert gut auf einer Anhöhe gelegen, wo ihre stattlichen Maße mit der größten Wirkung betrachtet werden können. Der Ort scheint ziemlich heruntergekommen und unregelmäßig gebaut. Es gibt noch einige malerische Häuser darinnen, aber die alten Mauern und Tortürme sind fast alle verschwunden und geben Raum für die Reben.

In einiger Entfernung zum Ort ist ein verfallener Turm, der allein von der früheren Burg Klotten übrig geblieben ist, er ist teilweise unterhöhlt und hat ein großes Loch in der Mitte. Die Burg Klotten war ausgedehnt und sehr stark befestigt. In einer gewissen Zeit war sie die Residenz der Königin Richenza von Polen. Sie war die Frau von Mireslaus II., und während seiner Lebenszeit hatte sie alle Fäden des Königreiches in ihren Händen. Bei seinem Tode wurde sie zur Regentin, solange ihr Sohn noch minderjährig war. Aber die Polen jagten sie aus ihrem Königreich davon und sie flüchtete mit ihrem Sohn Kasimir nach Klotten. Hier zog sie sich ganz zurück und Kasimir wurde Mönch. Einige Jahre später begab sich eine Abordnung zu Kasimir mit der Bitte, als König nach Polen zurückzukehren. Dies tat er und der Papst entließ ihn aus seinen Gelübden unter der seltsamen Bedingung, dass alle Polen aus besseren Ständen ihre Haare bis dicht an die Ohren abschneiden sollten in fortwährender Erinnerung, dass ihr König einmal ein Mönch gewesen sei.

Fischen

Richenza bemühte sich, ihren Sohn davon zu überzeugen, den Thron nicht anzunehmen. Aber ihre Argumente konnten ihn nicht von der Anziehungskraft des Königseins abhalten. So verblieb sie hier im Lande und residierte beständig auf Burg Klotten, wo sie nebenan eine Einsiedelei mit einer Kapelle errichten ließ, in die sie sich oft zurückzog.

Ein gutes Stück des Flusses kann man von der Ruine aus sehen, und gleich dahinter befindet sich ein tief eingeschnittenes Tal, in welchem ein oder zwei Mühlen, die durch die Bäume hindurch gerade noch sichtbar sind, ihre Räder drehen.

Kirchturmspitzen sind im Allgemeinen gut auszumachen, und einer zu unseren Füßen, wo wir gerade stehen, ist ein schönes Beispiel für deren Bauweise. An Sonn- und Feiertagen sind die Kirchen überfüllt und oft sind sie sogar so voll, dass Zuspätkommende im Eingang oder draußen stehen müssen. Die Menge besteht aus Männern und Frauen; die Haartrachten der Letzteren sind lustig und graziös. Gestickte oder Samttücher bedecken die dicken Zöpfe der unverheirateten Mädchen, enge Hauben die der alten Frauen, und mit den raffinierten Bändern der jungen Ehefrauen lassen sie die Köpfe der Gemeinde wie ein Tulpenbeet erscheinen.

Die Männer tragen immer blaue Kittel und schwarze Hüte oder flache Stoffmützen, das reicht für ein angepasst-ortsübliches Aussehen. Die Bootsleute erkennt man schon allein durch ihren malerischen Auftritt: Eine rote Kappe hebt sie ganz erstaunlich heraus, und sie scheinen von sich selbst sogar eine sehr gute Meinung zu haben, wenn wir es danach beurteilen, wie sie mit den Mädchen spaßen, an denen sie auf ihrer Fahrt vorbeikommen.

Eine ziemliche Menge von Fischen wird im Fluss gefangen, aber sie sind im Allgemeinen recht klein. Den ganzen Tag sitzt ein Mann allein in seinem Boot, und in großen Abständen hebt und senkt er ein Netz, das an einer Stange befestigt ist, welche an einem Drehgelenk endet. Sie müssen eine unendliche Geduld haben und verbrauchen, wie wir vermuten, den größten Teil ihres Einkommens für Tabak, den sie ständig rauchen. Auch das Fangnetz wird häufig verwendet, aber das benötigt zwei Männer, den einen, um das Boot in die Strömung zu steuern, und den anderen, um das Netz auszuwerfen.

XVIII. Carden und Eltz

röhlich und in nur kurzen Wanderungen kann der Tourist von Cochem aus insgesamt sieben Burgen erreichen – z. B. Beilstein, Cochem, Winneburg, Klotten, Treis, Eltz und Pyrmont. Die ersten vier haben wir bereits erwähnt; in diesem Kapitel werden wir die anderen drei genannten besuchen.

Klotten hinter uns lassend, wanderten wir in kochender Hitze nach Pommern. Hinter Pommern windet sich ein langes, enges Tal, durch das der Pommerbach strömt. Wo er die Mosel erreicht, sind die Ufer mit Grassoden und Schatten spendenden Bäumen bedeckt. Darunter liegen wir nun und genießen die Kühle nach unserem heißen, staubigen Marsch. Da der Bach nahezu trocken war, trafen wir mit einem wild ausschauenden Mädchen, die einige Kühe bei der Tränke in der Mosel bewachte, eine Vereinbarung, dass sie uns für den Betrag von zwei Pence Sterling einen kleinen Napf frischen, kalten Wassers besorgen solle, wohin gegen wir inzwischen nach ihren Kühen schauen würden. Unsere Aufgabe stellte sich als etwas schwierig heraus, da die Kühe eine ziemlich widerspenstige Gruppe von Bestien waren, die, unsere Autorität missachtend, eigentlich ihren Weg in die angrenzenden Gärten nehmen wollten. Schließlich kam jedoch das Wasser an und die Abmachung war erfüllt.

Höchst kostbar waren das frische Brunnenwasser, der Baumschatten und die Ruhepause. Eine Zigarre vermittelte zusätzlich ihren Zauber zu dem Ausblick, der ein Stück des Flusses umfasste mit den Waldungen an seinen Ufern, die in der Nachmittagssonne schimmerten. In der Nähe von uns war ein alter Schlossbau mit hoch aufragendem Dach und vielen Giebeln. Daran war an einem Ende ein Turm, und über dem Dach erhob sich die Kirchturmspitze. Der Bach rieselte vorbei und die gestutzten Weiden an seinen grünen Rändern zeichneten seinen Lauf hinunter zum Fluss. Das Herrenhaus wird jetzt nur noch als Bauernhaus geführt, denn im oberen Teil war Heu gelagert. Früher war es wohl einmal der Stammsitz eines Ritters, der es vom Erzbischof von Trier zum Lehen erhalten hatte.

Unser Fluss liegt so ruhig, so klar, so blau vor uns, als ob er darauf wartete, dass die Hitze vorbeigehen solle. Berge, Türme und Ortschaften wachen über die strahlende Schönheit ihrer schlafenden Märchenkönigin Mosel. Obschon älter geworden, so war noch immer die Frische der Klarheit ihrer frühesten Tage in ihren Wässern – immer noch die Verbindung von Unschuld und Schönheit in ihrer azurblauen Gestalt. Aber wer kann schon den Ruhm ihrer Reife und die Lieblichkeit ihrer jetzt erreichten Gestalt beschreiben?

Es war Mittagszeit, kein Fuß regte sich. Vögel hatten mit Singen aufgehört, Bäume standen regungslos und die stillen Berge spiegelten sich im Strom, als ob sie sich von ihren brennenden Höhen kopfüber in die kühlen Wellen gestürzt hätten.

Und so saßen wir da und sannen, Reden wäre eine Entweihung gewesen. Frieden herrschte auf Erden! Welche Andachten doch die Natur halten kann – immer beredt, doch schlicht. Wie sie unsere Herzen anrührt und uns Wahrheiten verkündet, indes menschliche Gewandtheit mit all ihrer Kunst doch daran scheitert, uns zu beeindrucken oder aus der Gleichgültigkeit zu erwecken! Welche Lehren können daraus gezogen werden, welche Segnungen empfangen bei einem sommerlichen Streifzug an des Flusses Ufern und durch die gewaltigen Wälder, wo die Stille noch beredter ist als Worte, oder auf den Berggipfeln, wo man glaubt, die Erde hinter sich gelassen zu haben und der Himmel wie schon in Reichweite erscheint!

Ein Stückchen hinter Pommern, wo eine große Insel endet, kreuzten wir nach Treis hinüber und gingen durch das Wiesental an den Fuß des Felsens, wo einst die Burg Treis stand. Es war schon ein ganz schöner Anstieg auf den Gipfel, und der Pfad erschien genauso wenig belebt wie der Hain um die Prinzessin, die so lange schlief, bis ein abenteuerlicher Ritter sie mit einem Kuss erweckte.

Die Burg Treis gehörte einer sehr alten Familie, die Ritter unter Gottfried von Bouillon ins Heilige Land geschickt hatte. Später gelangte sie in die Hände der Königin Richenza von Polen, die sie an das Kloster Brauweiler weitergab, und wurde fortan für die Kirche von Angehörigen des Erzbischofs von Trier in Anspruch genommen.

Bei einer Gelegenheit sandte der Pfalzgraf bei Rhein die Botschaft an den Burgherrn, dass die Kirche keiner Befestigungen bedürfe, weil sie hinreichend durch göttliche Kräfte geschützt sei. Da der Burgherr mit dem Bischof bekannt war, exkommunizierte dieser den Pfalzgrafen für seine Gottlosigkeit (ein Schritt, den Bischöfe gern bei persönlichen Streitereien beschreiten). Der Pfalzgraf seinerseits kümmerte sich in keiner Weise um die Drohungen des Bischofs und eroberte die Burg.

Daraufhin zog der Bischof eine Streitmacht zusammen und zog los, um dieses Kircheneigentum wieder zurückzuerobern. Schon bald erschien er vor der Burg, und mit seinem Kruzifix in Händen forderte er sie zur Aufgabe auf und machte den Pfalzgrafen verantwortlich, sie stürmen zu müssen.

Der Dichter endet, indem er ausspricht, was fast wörtlich wie folgt übersetzt werden kann: „Durch das Kreuz wurde der Sieg erlangt, Und damit seine Macht beibehalten."

Die Burg ist merkwürdig gebaut. Sie ist oben auf einem Bergrücken gelegen, dessen Flanken steil abfallen. Der Bergfried befindet sich an der äußersten Stelle dieses Rückens und der hohe Felsen, auf dem er steht, steigt senkrecht aus dem Tal bis zu einer Höhe von etwa vierhundert Fuß. Der größte Teil der Burg lag auf dem Bergrücken, und auf der inneren Seite des Rückens waren ein sehr starker Torturm und andere Gebäude. Diese drei Teile der Burg waren durch starke Mauern verbunden. Falls der Torturm angegriffen wurde, konnte die Besatzung zunächst den Mittelteil verteidigen, der vom Torturm durch einen tiefen Graben getrennt war, und schließlich konnten sie sich in den Bergfried zurückziehen, der ja die eigentliche Burg ausmachte. Auf diese Weise hätten die Angreifer drei einzelne Befestigungen stürmen müssen.

Der Turm und beachtliche Reste anderer Teile dieser Burg existieren noch in ihrer Abgelegenheit. Die alte Halle lässt sich immer noch ausmachen. Dort, wo Ritter gezecht und Damen gelächelt haben, ist nun der Lieblingsort der Eule, die unter den Ranken des Efeus schläft, der nach und nach die Steine aus den alten Mauern drängt.

Efeuumrankte Ruine

Zerfallende Mauern, brechendes Gestein,
Entfallen dem eisernen Griff wie Gebein,
Das von Efeuhänden wurde lange umklammert,
Erscheint als Zerfall, bedauert, bejammert.

Wie eine alte Nation taumelnd in den Untergang
Noch fremde Heere in ihre Reihen zwang.
Zeit des Triumphes, des Verlustes Zeit,
Nach hartem Kampf zum Überlaufen bereit.

Wie auch der Efeu und ähnliche Schmarotzergewächse
Allmählich, schleichend von innen heraus wie Äxte
Das fest verankerte Gezweig die Mauern zerstört
Und nicht auf Bestehen und Erhalten hört.

Dann erstirbt auch noch jegliche Lust zur Freiheit,
Zu vergleichen ist die Macht der Pflanzen weit und breit
Mit der Gewalt der Despoten und Tyrannen,
Die Land und Leute ausnehmen und umspannen.

Sie halten sich lange fest und umwinden
Ihr Haupt mit den Lorbeerzweigen, die Blinden.
Die einfachen Menschen als Sklaven ächzen und stöhnen,
Wie der Zwang des Efeus will die Steine verhöhnen,
Bis einstürzen die herrlichen Bauten zu Ruinen
Und die Armen erliegen dem Fluch unter Dienen.

Treis prahlt mit einer schönen Kirche und guten Gasthöfen. Carden ist in gewissem Sinne eine Stadt, und viele seiner Gebäude verdienen Beachtung, als allererstes das alte Zollhaus, die Anlegestelle.

Gegenüber von Carden ist oben am Berg eine Kapelle auf einem Felsen: Der Weg dorthin hat in Abständen Altäre, an denen die Prozessionen auf ihrem Weg zur Kapelle haltmachen. Durch die Weinberge landseits der Stadt führt ebenfalls ein Weg mit Altären alle zehn Yards. Dieser führt ebenfalls hinauf zu einer Kreuzigungskapelle. Carden übertrifft im Hinblick auf die Anzahl seiner religiösen Bauten alle anderen kleinen Städte entlang des Flusses.

Zollhaus

Viele dieser Gebäude sind nun säkularisiert zu Scheunen und Nebengebäuden, aber die Kirche von St. Castor ist erst kürzlich erneuert worden, wie ebenfalls eine kleine Kapelle, die dicht am Flussufer steht.

Legende vom heiligen Castor

Lange Jahre lebte der heilige Castor im Walde, aß nichts anderes als Kräuter und trank nur aus klaren Quellen. Er lehrte alle das Evangelium und wurde von seinen Zuhörern sehr verehrt.

Die Menschen, die bis dahin in roh gezimmerten Hütten im Wald gelebt hatten, bauten nun, vom heiligen Castor versammelt, ein Dorf und errichteten eine Kirche zum Ruhme Gottes. Nachdem er sein Werk vollendet hatte, starb der Heilige, und im Laufe der Jahrhunderte vergaßen die Menschen, wo sein Leichnam begraben war, bis einem gewissen Priester in einem Traum offenbart wurde, wo der Heilige schlief. Der Traum wiederholte sich dreimal, und so ging der Priester zum Bischof von Trier und erzählte ihm von seiner Erscheinung. Es wurde eine Suche durchgeführt und die Gebeine des Heiligen wiederentdeckt. Darüber errichtete man eine stattliche Kirche, so wie wir sie bis zum heutigen Tage sehen können, die diesem guten Heiligen geweiht ist.

Carden

Brauers Gaststätte ist empfehlenswert und Carden ist ein sehr interessanter Ort. Der Platz neben der Kirche ist von merkwürdig aussehenden, hochgiebligen alten Häusern umgeben, von denen wir hier eine Gruppe abbilden.

Die äußerst malerische und interessante Burg Eltz liegt in einem Abstand von etwa vier Meilen von Carden entfernt. Sie liegt auf einem großen Felsklotz in einem engen Tal und ist von drei Seiten vom Eltzbach umflossen, der den Fels fast vollständig umrundet. Die Berge rundherum sind höher als der Fels mit der Burg darauf und schließen sie völlig ein. Sie sind mit dichten Wäldern bedeckt und voller Rehwild; im Winter werden dort Hasen, Füchse und manchmal auch Wölfe geschossen.

Der Burgherr kommt gelegentlich hierher, um zu schießen oder im Eltzbach zu fischen, der voller Forellen ist.

Da wir in Carden schliefen, hatten wir den ganzen Tag vor uns, um das Eltztal zu erkunden. So machten wir uns am folgenden Morgen auf über die Berge, nachdem wir aus der Stadt durch eines der kleinen alten Tore hindurchgeschlüpft waren, von denen noch einige stehen.

Als wir plötzlich die Bergspitze oberhalb der Eltz erreichten, war der Blick sehr hinreißend; wir glaubten uns in vergangene Jahrhunderte versetzt, aber es schaute so vollkommen bewohnbar aus, und wirklich – es war ein solch malerischer Anblick, dass er kaum realistisch erschien. Kurz darauf trafen wir einige Leute des Grafen, die mit Hunden und Gewehren unterwegs waren. Sie waren nach der Mode der Jäger gekleidet, wie man sie heutzutage nur noch in Theatern sehen kann, so hatten wir gedacht – bis heute.

Als wir die Burg schließlich erreichten, fanden wir sie verfallener als es zunächst den Anschein hatte. Auf unser Klingeln wurden wir eingelassen und man zeigte uns die Räume,

Tor in Carden

in denen viele alte Dinge wie Rüstungen, Waffen, Bilder und Möbel aufbewahrt werden sowie auch Jagdtrophäen.

Der Zuschnitt der Kammern und die Treppen, die zu ihnen hinführen, sind wunderschön. Zwei amerikanische Künstler waren stark damit beschäftigt, die Inneneinrichtung und alte Möbel zu zeichnen.

Wir lesen von einem Ritter Georg von Eltz, bereits ganz weit zurück im zehnten Jahrhundert, wie er an einem Turnier in Magdeburg teilnahm. Die Familie, die diese Burg besitzt, fand stets die höchste Anerkennung. Aber sie scheint auch eine sehr lebhafte Sippe gewesen zu sein und eine Menge Streit untereinander geführt zu haben, wobei es auch schon einmal zu gegenseitigem Totschlag kommen konnte. Drei Brüder, die alle auf der Burg gewohnt hatten, schlossen jedenfalls ein Familienabkommen, das mit folgenden außerordentlichen Bedingungen abgeschlossen wurde: „Derjenige von uns, der während dieses Friedens entweder seinen Bruder oder Sohn tötet (wovor uns Gott bewahren möge!) ist gezwungen, das Haus zu verlassen, und weder er noch seine Erben sollen irgendwelche Rechte an der Burg behalten, es sei denn, es wird Sühne für eine solch tödliche Sünde geleistet. Derjenige von uns, der einem der anderen oder dessen Frau oder Kind eine Behinderung zufügt, soll das Haus verlassen und niemals mehr zurückkehren. Derjenige von uns, der einen anderen verwundet oder ihm einen Stich zufügt, soll für die Dauer eines Monats aus dem Hause verbannt sein."

Dieser wunderbare Vertrag sah vor, dass sie sich gegenseitig gegen ihre üblichen Feinde unterstützen sollten, und das scheinen sie auch so getan zu haben.

Natürlich geistern in einer Burg, die von solch einer Sippe von Streithähnen bewohnt ist, auch die Seelen dieser Ermordeten umher. Dergestalt ist die Eltz auch reich an derartigen Geschichten. Aber im Allgemeinen gibt es nur die ortsüblichen Geister – wie Damen, die man ins Tal hinuntergeworfen hat, weil sie einen aufdringlichen Liebhaber nicht küssen wollten, oder die von einem eifersüchtigen Gatten eingemauert wurden, oder ein weinerlicher Mörder, der lange Winternächte hindurch jammert zur Sühne der Verbrechen, für die er angeklagt ist. Im Winter benötigen die Bewohner große Feuer und ein gutes Fass Wein, um diese lästigen Geister zu vertreiben. Eine bessere Gestalt dieser Geister ist eine Dame, die auf eine Weise zu Tode kam, von der nachfolgend berichtet wird.

Der durchlöcherte Harnisch

Die Dame Berta von Eltz war von ihrem Bruder, der sich auf den Weg gemacht hatte, um im Heiligen Lande zu kämpfen, veranlasst worden, sich um die Burg Eltz zu kümmern. Ihr Geliebter, Graf Edmund, war gestorben und sie trauerte um ihn, den sie so sehr geliebt hatte.

Eines Abends, als die Sterne sie für den Verlust ihres Liebsten trösteten, starrte sie zu ihnen hinauf und Frieden kam über ihr Herz.

Die Stunden gingen still dahin, und sie machte sich zum Schlafen bereit, wobei sie wenig daran dachte, wie dicht doch das Leben an der endgültigen Ruhe vorbeistreife. Plötzlich sah sie das Blinken von Helmen und hörte Geräusche von klirrenden Rüstungen unten im Tal. Berta rief rasch ihre Knappen und Zofen, bekleidete sich mit einem leichten Kettenhemd und eilte mit ihren Knappen und Anhängern, um den Räubern entgegenzutreten, die wie Angsthasen nachts daherkamen, um eine Frau anzugreifen.

Ihren Getreuen voranschreitend, rief die mutige Dame die Führer der Plünderer an und fragte, warum sie sie hier belästigten. Ein Pfeil, der von einem nicht sichtbaren Bogen abgeschossen wurde, durchlöcherte als einzige Antwort ihren Harnisch. Sterbend sank Berta dahin und ihre Soldaten eilten los und besiegten die Widersacher.

Berta wurde nahe der Burg in ein Grab gelegt, über dem eine Trauerweide noch immer auf jenen Platz hinweist. Und in stillen Sternennächten sitzen sie und ihr Geliebter Hand in Hand, glücklich im Tode vereint.

Die Burg Eltz wurde schließlich den rechtmäßigen Besitzern von Erzbischof Balduin von Trier entrissen, der, obwohl von Gräfin Loretta von Sponheim überlistet, im Allgemeinen seine Feinde letztlich überwältigte.

Burg Eltz

Es gab da eine lange Fehde zwischen den Rittern und dem Bischof, der sie am Ende gezwungen hatte, ihm Gehorsam zu leisten. Er belagerte die Burg dergestalt, dass er, um ihren Nachschub abzuschneiden, auf den Felsen gegenüber eine Gegenburg (genannt „Trutz-Eltz") errichtete, von der noch immer Überreste existieren. Diese neue Burg bemannte er mit Bewaffneten, und schließlich mussten die Herren von Eltz den kriegerischen Bischof als Lehnsherrn anerkennen, und fortan behielten sie die Burg als seine Vasallen.

Drei oder vier Meilen weiter oberhalb im Bachtal der Eltz liegt die Burg Pyrmont. Sie thront sehr romantisch auf Felsen, die an den Bach grenzen, der ein wenig unterhalb über einen Wasserfall in einen tiefen kleinen See fällt. Es wird erzählt, dass dieser Wasserfall der bevorzugte Treffpunkt der Dame war, die hier ihren Liebhaber empfing und über deren schweres Los hier anschließend berichtet wird:

Jutta von Pyrmont

Ein fahrender Sänger am Burgtor erschien.
So müde sein Lied, so traurig und doch so kühn
Erzählt' er des großen Grafen Friedrichs Geschick,
Der nimmer kam aus umkämpfter Ferne zurück.

Im südlichen Lande, Italien genannt
Gemordet von des feigen Henkers Hand,
Unbesiegt in blutigen, langen Gefechten,
Begraben in fremder Erde, nach fremden Rechten.

Sein Knappe kam zurück auf weiten Wegen.
Er reiste mit seines geliebten Ritters Segen,
Erfüllte seine ihm aufgetragene Pflicht
Zu schildern in Gesängen die furchtbare Geschicht'.

In Frau Juttas erhabenen Hallen und Türmen
Lässt ihn die Erinnerung sich bass erzürnen
Über Friedrich und den tapferen Konradin,
Die als Gefangene mit dem Feind zogen hin.

Schuld war der feige Herzog von Anjou,
Welcher höchst persönlich feste schlug zu
Und hinterher dreist log und glauben ließ,
Friedrichs Knappe sei tot, der jedoch überlebte süß.

Frau Jutta, die hohe Frau, vernahm die Geschicht'.
Sie sprach kein Wort, totenblass im Gesicht.

Und alle im Saal bei Licht spendender Kerze
Empfanden mit ihr, wie ihr brach das Herze.

Todkrank und siech zog Jutta ins Kloster ein,
Um dort ihre letzten Tage Gott zu weih'n.
Und schon bald sank ihr Leib unter die Erde,
Damit ihr Gottes Gnade und Ewigkeit werde.

Beim Rückweg über die Treppe hinunter in das Tal der Eltz trafen wir auf einen guten Pfad, der durch den Talgrund führte. Kleine Wiesen begrenzten den Bachlauf, den wir mehrmals zu überqueren gezwungen waren, aber große Trittsteine ermöglichten ein sicheres Überschreiten des Baches, in dem Forellen gierig nach Fliegen schnappten. Es ging dem Abend zu, und auf der linken Seite erglühte das Laubwerk im Lichte, während Wiesen und gegenüberliegende Berge im Schatten lagen, der sich mit kleinen dunklen Tupfen in Linien über die Bäume zog.

An der Bachmündung kamen wir nach Moselkern und stiegen in einem kleinen sauberen Gasthof ab, wo die junge Dame des Hauses eher verächtlich auf zwei Reisende herabschaute, weil sie kein Gepäck hatten, als sich mehr für den Inhalt ihrer geräumigen Taschen zu interessieren. Sie war ein hübsches Mädchen und sicherlich eine Dorfschönheit und hatte damit das Recht zu einem selbstsicheren Auftreten. Jedoch nahm sie sich zurück und wurde freundlicher, als wir, ohne Rücksicht auf die Kosten, den besten Wein bestellten, der immerhin schließlich achtzehn Pence die Flasche ausmachte.

In all diesen Gasthöfen stellten wir fest, dass der Besitzer oder sein Beauftragter dachten, dass es notwendig wäre, dabeizusitzen und den Gästen Gesellschaft zu leisten, selbst wenn man nicht sprach.

Wir fanden, dass Moselkern ein freundliches Dorf ist, sehr hübsch gelegen zwischen Bäumen, direkt unterhalb dort, wo der Eltzbach in die Mosel mündet. Zwischen dem Dorf und dem Fluss ist ein breites, grünes Stück Land, wo üblicherweise Boote gebaut werden. Hier schwimmt auch die Jugend des Ortes und die Einwohner treffen sich, um die Angelegenheiten der kommenden Weinernte zu besprechen oder sich über die letzte Lese zu freuen oder zu beklagen.

Es scheint entlang unseres Flusses eine große Zuneigung gegenüber den Franzosen zu geben. In den meisten Orten findet man irgendeinen alten Soldaten, der sich bei seinen Zuhörern über die glorreichen Tage des alten Napoleon verbreitet, und viele der bessergestellten Dörfler sprechen eine Art Kauderwelsch-Französisch. Selbst unter den einfachsten Leuten sind französische Ausdrücke üblich.

XIX. Alte Burgen

•

Bischofstein

Drei weitere Burgen fordern nun unsere Aufmerksamkeit, sie waren alle Stätten von großer Bedeutung. Bischofstein scheint, wie schon der Name sagt, vom Bischof von Trier besetzt gewesen zu sein, während Thurant und die Ehrenburg von Anhängern des Pfalzgrafen oder von Gegnern des Kurfürsten von Trier gehalten wurden.

Unserem Weg flussabwärts folgend, verließen wir Moselkern über einen Pfad, der durch Gärten hindurchführte, deren Hecken aus gestutzten Reben an Gitterwerk bestanden. Wir sahen, dass die Bauern schöne Kartoffeln ausgruben, sodass wir ihnen zu ihrer Ernte wie auch zum Aussehen ihrer Traubengehänge gratulierten; aber die Menschen sind nie richtig zufrieden und sagten, „Ja, mit dem Wein, dem Korn und den Kartoffeln steht es gut, aber alles Gartengrün ist durch die Sonne verdorrt", und wir mussten an den erbarmungswürdigen Bauern denken, dessen Kartoffeln alle so groß waren, dass er keine kleinen mehr für die Schweine hatte.

Bischofstein ist schön gelegen auf dem Sporn eines rauen Felsens, darunter liegen eine Kapelle und ein Bauernhaus, Reben wachsen im Burghof und auf jedem Vorsprung, wo der Untergrund in Erdreich für deren Anbau hergerichtet werden kann.

Da ist ein großer weißer Streifen rund um die Mitte des Turmes, welcher der Volksmeinung nach bei einer Sintflut entstand, die das ganze Tal überschwemmte und erst zum Stillstand kam, als sie die halbe Turmhöhe dieser Burg erreichte. Eine Schilderung in der folgenden Erzählung ist jedoch wahrscheinlicher:

Die Predigt des Bischofs

Die Gegend um Bischofstein herum wimmelte nur so von Raubrittern und Plünderern aller Art in einem derartigen Ausmaß, dass der Erzbischof Johann von Trier eine starke Gruppe von Rittern aussandte, die ihren Aufenthaltsort in der Burg Bischofstein nahmen.

Die Ritter konnten die Übergriffe beenden, und schon bald sahen die Räuber ihr Tun mit dem guten Leben der Räuberei in der Vergangenheit beendet, und sie beratschlagten, was nunmehr zu tun sei.

Die Räuber entschieden, dass Bischofstein eingenommen und die Ritter in ihrer Festung niedergemacht werden müssten, und deswegen wurde mit der äußersten Geheimhaltung ein Plan ausgeheckt, durch den sie es fertigbrachten, die Burg durch List einzunehmen, woraufhin sie die Ritter und ihre Bediensteten alle miteinander niedermachten.

Einem zufällig in der Festung anwesenden armen Bauern gelang es zu entfliehen, und er überbrachte die Kunde dem Erzbischof, der eine ganze Armee aussandte, die, als sie an der Burg ankam, alle Räuber – weil betrunken – schlafend vorfand. Nachdem diese dann rasch beseitigt waren, wurde die Festung erneut von den Truppen belegt.

Dann veranlasste Bischof Johann, einen weißen Streifen um die Mauer des Turmes zu ziehen, damit alle Schurken es sehen könnten und in Kenntnis des Schicksals der Räuber sich vor der strengen Hand der Gerechtigkeit hüten sollten. „So", sagte der Bischof, „halte ich ihnen eine Predigt, durch die Bösewichter vor der Sünde bewahrt werden mögen, und wenn sie diese Warnung nicht hören wollen, muss das Schwert seinen Teil zur Gerechtigkeit beitragen!"

Hatzenport, das wir auf dem Weg zur Ehrenburg passieren, ist ein hübsch gebauter, wohlhabender Ort mit einer schönen Kirche. Sie steht am Zugang eines der unzähligen Täler, die die großen Höhenzüge der Berge durchbrechen, die in den Verlauf unseres Flusses einmünden.

Wenn wir von hier zum Dorf Brodenbach hinüberwechseln, treffen wir auf eine Schlucht in den Bergen, die uns in ein wunderschönes Tal bringt, an dessen fernem Ende die Ehrenburg in der Luft zu schweben scheint.

Der Gegensatz des milde lächelnden Tales mit seinem murmelnden Bach darin lässt die strenge Festung noch düsterer erscheinen. Das Tal über einen allmählich ansteigenden Fußsteig verlassend, erreichen wir dann die Stelle, wo einstmals die Zugbrücke war. Heute steht dort – um darauf hinzuweisen – eine Steinsäule.

Einige grobe Stufen führen hinauf zum Torturm, und der Klang der Türglocke rief ein pausbäckig aussehendes Kind herbei, das ziemlich fehl am Platze aussah inmitten der Ruinen. Wir traten ein und ein alter versonnener Mann nahm die Stelle des Kindes ein; er führte uns durch den Ruinengarten, der einen Turm von ungeheurer Stärke umgab. In ihn eintretend, führte uns eine Art spiralförmiger Straße hinauf, die wohl sechs berittenen Männern erlaubt haben würde, nebeneinander bis zur Turmspitze zu gelangen.

Zu unserer Überraschung waren wir jetzt erst auf einem Teil der Grundfläche, denn dieser Turm, als einziger Zugang (zur Burg), ist auf einem niedrigeren Felsvorsprung errichtet worden.

Der Garten, in dem wir uns befanden, war sehr gut gepflegt und voller Gemüse. An seinem äußersten Ende stand die Burg, aus deren Mitte und auf einem noch höheren Felsen sich der Bergfried mit seinen Zwillingstürmen erhob. Diese Türme sind kreisförmig und durch eine doppelte Mauer miteinander verbunden.

Rund um die Mauern außen ist freie Luft und das Tal schien weit entfernt. Ein geworfener Kieselstein fiel hunderte Fuß hinunter, und ohne etwas zu berühren schlug er in der Tiefe des Tales auf. Ein Großteil der Ruine steht noch und der alte Herr zeigte uns, wie wir auf die Spitze der Zwillingstürme hinaufgelangen könnten.

Dort saßen wir dann, eingehüllt in Einsamkeit, ferne Täler unter uns, und die Berge breiteten sich wie auf einer angehobenen Landkarte aus: hier, wo Bäume sind, mit einem Farbtupfer Grün, und dort Grau für eine Stelle mit Felsen, während darüber etwas wie geschmolzenes Silber schimmerte, dort wo unser Strom floss. So lag denn das ganze Land für uns ausgebreitet da und wir saßen lange Stunden hier, in denen unsere Sinne mit Entzücken aus der reinen Quelle junger, zarter Freude tranken, die sich durch diese völlig neue Situation für uns ergab.

Der Alte saß still neben uns, und die Aufzeichnungen in unseren Händen erzählten uns etwas, was der alte Führer nicht kannte, nämlich die Legenden dieses Ortes.

Die Ritter von Ehrenburg waren Vasallen der bedeutenden Grafen von Sponheim und sehr mächtig bei Beratungen und im Kriege. Der Letzte dieses Stammes war Graf Friedrich, der gemäß der Chronik von Limburg einen großen Teil von Koblenz niedergebrannt hatte. Der Grund dafür wird in der folgenden Legende mitgeteilt:

Der letzte Ritter der Ehrenburg

Graf Friedrich von Ehrenburg war der Letzte seines Stammes, sein Vater war bereits gestorben als er jung war. In dem Gefühl, ohne Gesellschaft auf seiner Burg einsam zu sein, suchte er nah und fern nach einer hübschen Dame, die er lieben und als Gräfin auf die Ehrenburg heimführen könne.

Nachdem er eine passende Frau gefunden hatte, hielt er bei ihrem Vater um ihre Hand an und versprach, ihr seine Burg, seinen Namen und sein Schwert als Mitgift zu geben, aber der alte grimmige Krieger antwortete, dass zwar seine Burg fest und der Name groß, jedoch sein Schwert allzu glänzend, funkelnd und neu sei; und er fügte hinzu, dass der Ehemann seiner Tochter schon einige Kampfesspuren an dem Schwert oder an seiner Person vorweisen müsse. Außerdem schlug der alte Kämpe vor, dass der junge Graf Koblenz niederbrennen solle, da er mit der Stadt in Fehde läge.

> *Daraufhin zog sich Graf Friedrich zurück; er versammelte seine Freunde, mit denen er viele Überfälle auf Koblenz beging, und am Ende gelang es ihm sogar, einen Teil der Stadt in Flammen zu legen.*
>
> *Er begab sich sofort zur Burg seiner angehimmelten Dame, wo er zu seinem großen Verdruss feststellen musste, dass die Hübsche entflohen war. Als sie nämlich von ihres Vaters bösartiger Forderung gehört hatte, ihre Heirat nur zu gestatten, wenn Koblenz verbrannt würde, hatte sie sich aus der Welt zurückgezogen, um in einem Nonnenkloster für das Verbrechen ihres Vaters Sühne zu suchen.*
>
> *Der junge Graf tobte und fluchte, und schließlich zog er eine andere Dame an seine Brust, aber es wurden ihnen keine Kinder geschenkt – und so blieb er der Letzte seines Stammes.*

Die Aufzeichnungen berichten dann aber auch, wie dieser letzte Graf, der keinen eigenen Sohn hatte, einen der Söhne eines Freundes adoptierte; dieser Junge hieß Walter, und er traf auf ein Abenteuer, das in einer Sage beschrieben wird. Sie heißt:

Die rechtzeitige Warnung

> *Es war Karneval in Koblenz – und alle Welt war zur Stelle. In allen Straßen drängten sich Masken, und Veranstaltungen und Umzüge gab es auf allen öffentlichen Plätzen; Musik, Tanz und Vergnügen herrschten vor.*
>
> *Walter, der adoptierte Sohn des Grafen von Ehrenburg, sehnte sich danach, die fröhliche Szene zu besuchen. Aber der Graf hätte es ihm niemals erlaubt, so weit wegzugehen. Dank einer günstigen Gelegenheit wurde es ihm dennoch gestattet, sich aufzumachen, aber er wurde ausdrücklich darauf hingewiesen, sich mit niemandem einzulassen und allen Streitigkeiten und Ärgernissen aus dem Wege zu gehen. So zog er mit zwei kräftigen Bewaffneten los.*
>
> *In Koblenz angekommen, ging er zunächst in ein Hotel am Ufer. In den Fenstern dieses Hotels sah man den jungen Grafen von Isenburg mit einem wunderschönen Mädchen, und viele der Bediensteten des Grafen standen an den Türen des Lokals herum.*
>
> *Als Graf von Isenburg den jungen Walter sah, fing er unverzüglich an, ihn zu verspotten und über des Burschen spärliches Gefolge zu höhnen. Walter wurde ärgerlich, aber da er sich an sein Versprechen erinnerte, nicht zu zanken und zu streiten, schritt er ohne ein Wort zu sagen hinein.*
>
> *Walter hatte fast schon den Vorfall vergessen und blickte auf die fröhliche Menge, die hin und her über die alte Moselbrücke wogte und auch in der Straße unterhalb seines Fensters, als ihm ein leises Klopfen an der Tür zu Ohren kam. Als er öffnete, stand da das wunderhübsche Mädchen, das er an der Seite des Grafen von Isenburg gesehen hatte. Sie kam rasch herein und sagte: „Junger Herr, Ihr müsst Euch rasch davonmachen, denn der Graf ist gerade in die Stadt gegangen, um das Stadtvolk gegen Euch aufzubringen, und wenn Ihr nicht in größter Eile verschwindet, werden die Leute, die*

Eure Familie hassen, Euch ergreifen." Sie fügte hinzu, dass sie – wie sie ihm erklärte – nicht von Adel sei, aber ihr Vater als des Grafen von Isenburg Vasall hätte sie gezwungen, sich zu verstellen und dessen Aufmerksamkeiten hinzunehmen, bis sie entfliehen könne.

Kaum hatte sie so gesprochen, als schon der Graf mit blankgezogenem Schwert in der Hand und mit vor Wut blitzenden Augen im Türeingang stand. „Was hast du hier zu suchen, du käufliche Dirne?", schrie er. „Wie kannst du es wagen, mit diesem Bastard zu sprechen?" Und dann rannte er auf Walter zu und wollte ihn, der gerade nicht auf der Hut war war, erschlagen.

Aber Walter zog schnell sein Schwert und parierte nicht nur seine Hiebe, sondern verletzte ihn auch noch schwer. Nachdem er dem Mädchen Wallrade, das ihm so hilfreich und rechtzeitig eine Warnung hatte zukommen lassen, leise „Adieu!" zugeflüstert hatte, suchte er seine Bediensteten und ritt aus der Stadt, nicht ohne mit den Koblenzern noch einige Hiebe ausgetauscht zu haben, die sich eilig zusammenfanden, um den Abgang zu verhindern.

Der Graf von Isenburg und eine Gruppe von Bürgern folgten ihnen rasch nach und belagerten die Ehrenburg. Aber deren Besatzung verspottete sie, und als dann die Belagerer abzogen, marschierten sie ihrerseits wieder gen Koblenz und verbrannten einige Vororte.

Walter ersann einen Plan, das Mädchen Wallrade, das mit seinem Vater in den Kerker geworfen worden war, aus ihrer Gefangenschaft zu befreien. Aber die Chronik berichtet nicht, ob sie ihren edlen Ritter geheiratet hat oder nicht.

Nachdem wir einen Nachmittag auf der Ehrenburg verbracht hatten, kehrten wir nach Brodenbach zurück, wo es eine Reihe von kleinen, sauberen Gasthöfen gibt.

Die große Burg Thurant (Thuron) führt ihren Namen auf „Thron-Burg" zurück; sie liegt auf den Höhen oberhalb von Alken, einem ansehnlichen Dorf nicht weit von Brodenbach entfernt.

In Alken und seiner Umgebung hat man viele römische Münzen, Sarkophage und Waffenteile gefunden, daher ist es wahrscheinlich ein Ort von bemerkenswertem Alter. Es wird geschützt von einem kühnen Fels, der geradenwegs in den Strom drängt, und war mit der Burg Thurant durch eine Reihe von Türmen verbunden, die noch immer in den umgebenden Weinbergen stehen.

Auf der nächsten Seite zeigen wir die Zeichnung einer der kleinen Kapellen mit einer Reihe von Altären auf beiden Seiten der Stufen, als ein zur Mosellandschaft hinführendes Merkmal. Auf der einen Seite des Berges hingeduckt, auf dem die großartige Burg Thurant steht, ist diese kleine Kapelle mit ihrem scharf gezeichneten Kirchturm ein hübscher Gegensatz zum riesigen Felsen und den stabilen Mauern. Aber es macht auch einen altertümlichen Eindruck durch die alten Häuser in der Nähe, die das Ganze in vollkommener Weise wiedergeben.

Als wir den Fluss verlassen, um unseren Weg hinauf zur Burg Thurant zu erkunden, betreten wir eines dieser wunderhübschen Täler, in die die Berge ständig einmünden; ein kleiner Forellenbach läuft hindurch und die Berge schließen es ringsum ab.

Ein oder zwei Arbeiter kommen vorbei, ein „Guten Tag!" wird gewechselt, und dann beginnen wir den langen und steilen Anstieg. Der Pfad führt durch ein Gehölz, und nicht einen ein-

Alken

zigen Menschen trafen wir nach Verlassen des Tales auf unserem Weg, bis wir dann ganz oben auf dem Berg einige Holzsammler fanden. Hier erscheint jetzt die Burg mit ihren zwei Türmen. Es ist die prächtigste aller Ruinen, die wir je sahen, sehr ausgedehnt, großartig gelegen und so uneinnehmbar, dass, als wir an ihren Grundmauern ankamen, wir nicht hinein gelangten.

Schließlich gelang es uns, durch ein Fenster zu klettern, und dann schwelgten wir in der großen Ruine; Steinblöcke liegen herum und Büsche überwuchern den altertümlichen Platz der Ritter und Damen und kein Laut ist zu hören außer dem Gesang der Vögel.

Diese Burg wurde 1209 von Pfalzgraf Heinrich erbaut, nachdem er aus dem Heiligen Land zurückgekehrt war. Er war der Abgesandte seines Bruders, des Kaisers Otto IV., und er übte ein strenges Regiment über die an die Mosel angrenzenden Länder. Er residierte oftmals in seiner neuen Burg und hatte viele Fehden mit den Erzbischöfen von Trier und Köln, die sich gewisser Souveränitätsrechte in Alken erfreuten.

Diese Zwistigkeiten führten dann zu der berühmten Belagerung von Thurant – berühmt nicht so sehr wegen der tapferen Taten, die dort vollbracht wurden, sondern für die außerordentliche Menge an Wein, die währenddessen dort getrunken wurde, denn nicht weniger als dreitausend Wagenladungen sollen allein durch die Belagerer getrunken worden sein.

Burg Thurant

Die Belagerung von Thurant

Der Ritter Zorn befehligte für den Pfalzgrafen dessen starke Burg Thurant, als der Erzbischof von Trier heranrückte und sie zu belagern begann. Der Burgkommandant, der durch eine zahlreich bereitgestellte, tapfere Besatzung unterstützt wurde, lachte verächtlich über seine Belagerer.

Als er erkennen musste, dass es kein Vorwärtskommen gab, bat der Erzbischof von Trier den Erzbischof von Köln um Unterstützung. Dem wurde gern zugestimmt, und die vereinigten Heere blockierten die Burg. Zorn erwartete täglich, dass sie angreifen würden, aber zu seiner Überraschung gingen Tag auf Tag und Nacht auf Nacht vorüber, ohne dass es im Lager seiner Feinde irgendeine Bewegung gegeben hätte. Fressen und Saufen schienen ihre einzige Beschäftigung zu sein.

Jedes Haus in der Nachbarschaft wurde von den Kirchentruppen geplündert und jeder Keller leer gemacht; außerdem kamen lange Reihen von Karren mit großen Tonnen voller Wein. So hielten sie sich dran mit Singen und Saufen, während Zorn von oben herab verwundert diesen ungewöhnlichen Vorgängen zuschaute.

Hin und wieder kam zwar ein Herold, der Zorn aufforderte sich zu ergeben, aber es fanden keine Kämpfe statt.

Große Mengen leerer Fässer der Kirchenleute wurden aufgereiht und am Ende von zwei Jahren bildeten sie eine Ansammlung, die einer großen Festung ähnlich sah. Und wiederum wurde eine Botschaft zur Burg hinauf gesandt, dass wenn die Besatzung sich nicht ergäbe, würden sie so lange trinken, bis das ganze Land trocken wäre und die leeren Fässer ausreichen würden, eine Festung noch viel größer und stärker als die Burg Thurant zu bilden.

Zorn stimmte nun der Kapitulation zu und schließlich wurde vereinbart, dass er und seine Besatzung unbehelligt abziehen könnten, dass die Kölner Soldaten das Land zu verlassen hätten und dass die Burg geschleift werden solle.

Eine unglückliche Persönlichkeit scheint jedoch von diesem Friedensabkommen ausgeschlossen gewesen zu sein. Dies war ein örtlicher Ratsherr, der als Spion für die Belagerten gewirkt hatte. Er wurde von den Eroberern gefangen genommen, und nachdem ein Seil über die Schlucht von der Burg aus bis zum Berg Bleiden gespannt worden war, wurde er in einer gewaltigen Höhe über Grund aufgehängt.

Eine andere Darstellung dieser Geschichte lässt den Ratsherrn-Spion über die über das Tal gespannten Seile gehen, und es wird hinzugefügt, dass er dieses Kunststück fertigbrachte und aus lauter Dankbarkeit dafür die Kapelle baute, die wir am Berg rechts neben der Burg in Trümmern liegen sehen.

Die Ausblicke von der Burg Thurant sind sehr weit reichend, ein langes Flussstück führt das Auge zu den Dörfern und Felsen zurück, an denen wir vorbeigekommen sind. Ungestört von jenen Heimsuchern des Rheins, die jede interessante Stelle an diesem Fluss in einen Teegarten verwandeln, können wir uns hier an dieser Stelle ohne Einschränkungen unseren Meditationen und voll und ganz der Muße hingeben.

Der Vogel und die Ruine

Ein uralter Bergfried und verzierte Zinnen,
Düst're Verliese und Zisternen mit Schimmel darinnen
Wollen mir bedeuten mit ihrem Verfall
Das Sinnbild der Sterblichkeit, allüberall.

Während ich so sinniere, flog ein Vogel auf.
Er stieg mit seinem Lied in den Himmel hinauf.
Ich begreife, dort oben gehen anders die Uhren:
Liebe und Unsterblichkeit erleben die toten Kreaturen.

Aufsteigender Geist

XX. Gondorf und Kobern

Burg Gondorf

Die Felsnase, die unterhalb von Alken in die Mosel weist, war ehedem ein gefährlicher Punkt für die Schiffspassage. Nun jedoch, aufgrund der durch Unterwassersprengungen beseitigten Gesteinsmassen, wird er nicht mehr länger mit Furcht angesehen. Aber immer noch sieht man das Bild eines Heiligen, der in einer Felsnische steht, damit er im Bedarfsfall zu jedweder Hilfe eilen kann. Der Gipfel dieses Felsens ist eben, und einige hundert Morgen Korn wachsen auf diesem so geformten Tafelland.

Die Straße zwischen Alken und Koblenz ist sehr mäßig, aber doch nicht so schlecht, wie sie die Kutscher von Koblenz darstellen. Einer, der uns fuhr, sagte uns im Voraus, dass kürzlich ein Rechtsanwalt sich sehr aufgeregt hätte, als er diese Straße nahm, und seither nicht habe das Bett verlassen können; aber wie wir fanden, ist die so verleumdete Straße vollkommen sicher, wenn man eine ordentliche Kutsche nimmt. Wir vermuteten, dass, so wie der Mann im Schauspiel wünscht, „jeder Soldat solle einen Anwalt umbringen und die rechtlichen Folgen tragen", der gelernte Herrenkutscher wohl doch einige Boshaftigkeit gegen jenen hatte. Unser Kutscher war ein lustiger Kerl und unter anderem sagte er von dem Dorf, an dem wir vorüberfuhren, „sie machen dort drüben guten Wein, obwohl sie protestantisch sind".

In Kür fanden wir einen so sauberen und freundlichen Gasthof, dass wir dort über Nacht blieben. Als wir an einem der offenen Fenster ausruhten, von wo der stille Abend sichtbar war, schlugen plötzlich die Klappläden zu, die Wasseroberfläche war gekräuselt, der Wind heulte und alles knarrte und knallte.

Der Sturm wurde lauter und stärker und das Wasser schien zu kochen. Dann gab es einen Donnerschlag von den Hügeln, als ob die Berge zerbarsten, der Regen goss in Strömen vom Himmel, es herrschte Finsternis, die durch Blitze erhellt wurde, die in kurzen Abständen über das Tal leuchteten. Bald jedoch war das Gewitter vorbei und der ewig stille Mond zog gelassen seine Bahn über den Himmel.

Die Lichter der Sterne fielen zitternd auf die noch immer aufgewühlte Wasserfläche. Die Luft war so süß und erfrischend, dass wir noch weiter und weiter beisammensaßen, um den lieblichen Abend zu genießen, bis wir ganz plötzlich aufgeschreckt und zum Abendbrot gebeten wurden – zwar nicht gerade aufgeschreckt von der Vision des Abendessens, aber doch erstaunt darüber, den Geist eines Erster-Klasse-Gasthof-Kellners wahrzunehmen, wie uns dieser Beschwörer vorkam: zwar nicht in Trauerkleidung, aber immerhin doch in der gleichen Farbe gekleidet, und zusätzlich ein mit äußerster Genauigkeit gefaltetes weißes Taschentuch um seinen kellnerischen Hals. Wir waren ja so lange weit weg von der Zivilisation gewesen, dass wir ziemlich verlegen wurden, im Angesicht eines so feinen Herrn, der uns urwüchsigen Wanderern, als die wir erschienen, aufwartete. Und so kamen wir behutsam an unseren Tisch, aßen bescheiden und zogen uns dann auf unsere Zimmer zurück.

Am Morgen fanden wir zu unserer Erleichterung unseren würdevollen Kellner in Hemdsärmeln und nicht mehr fortgesetzt in Dandy-Aufmachung. So entschlossen wir uns, unsere Rechnung zu begleichen und weiter in unzivilisierten Ruinen umherzuschweifen.

Kür war früher einmal ein Gut, das dem Erzbischof Poppo gehörte. Er vermachte es den Geistlichen des Trierer Domes und der Wein, der dort erzeugt wurde – immerhin sechzig Fuder jährlich – wurde von den Empfängern als Tafelwein getrunken. Mit der überschüssigen Menge zahlte man den Transport, und auf diese Weise tranken sie ihren Wein kostenlos. Als der Bischof dieses Geschenk darbrachte, sagte er zum Klerus, dass „er hoffe, sie möchten ihre Gebete noch beim Letzten Gericht halten". Im Jahr 1802 wurde der Weinberg verkauft und ein Jude, der ihn erworben hatte, vermachte ihn dem Bürger-Hospital in Koblenz, und „so" fügt der Schreiber hinzu, „hat der Israelit auf edle Weise für seine Rasse Rache genommen an Erzbischof Poppo, der in einem Dokument der damaligen Zeit als ein Freund der Christen und als ein tödlicher Feind der Juden beschrieben wird."

Nachdem wir eine grüne Grassodenbank überquert haben, erreichen wir in zehn Minuten Niederfell. Gegenüber liegt Gondorf, und eine Gierfähre entlässt uns unterhalb der Mauern des alten Stammschlosses oder Familiensitzes der Grafen von der Leyen, die schon zu Beginn des Kapitels abgebildet wurden.

Niederburg in Gondorf

Mitglieder dieser Familie haben in der Geschichte als Generäle der kaiserlichen Armee in den schwedischen, französischen und türkischen Kriegen und als Dekane und Geistliche in den rheinischen Kirchen und Kapiteln gewirkt. Der Letzte dieser altehrwürdigen Sippe, Graf Philipp von der Leyen, starb 1830 in Köln. Er wurde auf seinen ausdrücklichen Wunsch auf dem kleinen Friedhof oberhalb der Burg Gondorf beerdigt, wo seine Gebeine inmitten der Menschen ruhen, bei denen seine Vorväter und er selbst sich über Jahrhunderte durch ihre Wohltätigkeit und Güte beliebt gemacht hatten.

Der Leitspruch dieser Familie lautete: „Ich bin ein Fels, auf dem keine Lilie wächst, denn in Felsspalten lebt nur der Adler."

Der rote Ärmel

Die Chronik von Gondorf erzählt uns, das in alten Zeiten die Richter von Gondorf rote Roben trugen, wenn sie bei Strafgerichten Todesurteile aussprachen; und die Bürger sahen diese Roben mit großer Verehrung an und betrachteten sie als einen Teil ihrer eigenen Würde.

Die Einwohner waren in ihrem Verhalten so vorbildlich, dass viele Jahre vergingen, ohne dass die Roben gebraucht wurden, aber nach langer Zeit wurde ein Verbrecher vor das Gericht gebracht und für schuldig befunden.

Die Wächter suchten und die Richter suchten, aber man konnte keine rote Robe finden. Die Zeit und die Motten hatten sie alle vertilgt, mit Ausnahme eines Ärmels. Die Lage wurde schwierig, denn die Menschen würden nicht an die Gerechtigkeit glauben, wenn sie keine roten Roben sähen.

Aber das Gesicht eines Richters hellte sich auf und er hatte folgenden Plan: Alle Richter sollten nacheinander diesen einzigen roten Ärmel überstreifen und ihn bei ihrem Urteilsspruch am Fenster zeigen und dabei den unbedeckten Teil verbergen. Die Idee erwies sich als ein Treffer und wurde entsprechend in die Tat umgesetzt – auf diese Weise wurde der Bevölkerung klargemacht, dass die Richter ihr Urteil einzeln abgeben würden mit der Absicht, dass die Meinung eines Einzelnen nicht die eines anderen verfälschen solle. Es wird hinzugefügt, dass die Menschen von diesem Ablauf sehr begeistert waren, aber der Berichterstatter sagt nicht, was der Missetäter darüber dachte oder ob sein Anwalt irgendeinen Einwand gegen das so ergangene Urteil erhob, ob es denn nicht ungültig sei.

Die Niederburg von Gondorf wird als Scheune benutzt und ist sehr baufällig. Wenn man Kobern näher kommt, zeigen sich in einer Baumlücke die Burgen von Kobern, die den Berg oberhalb der Stadt bekrönen. Es gibt eine Kapelle im Vordergrund und hier lebte

Der Einsiedler von Kobern

Robin von Kobern hatte eine wunderschöne Tochter namens Else. Ihr Herz war schon lange dem Ritter Hans von Sahle versprochen, aber Hans hatte den Bischof von Trier beleidigt und war deshalb geächtet und exkommuniziert worden.

Hans musste sich verbergen, und überstürzt flüchtend versteckte er sich eine geraume Zeit in der Einsamkeit. Schließlich konnte er es nicht mehr aushalten, so lange von seiner Geliebten getrennt zu sein. Also besorgte er sich eine Harfe und machte sich zur Burg Kobern auf, wo dann ein Fest abgehalten werden sollte. In seiner Aufmachung als Minnesänger wurde es ihm erlaubt, die Burg zu betreten, und dort sang er ein Lieblingslied, das Else kannte. Die Erinnerung an lange vergangene Begegnungen überwältigte Elses Geist derart stürmisch, das sie ohnmächtig wurde. Als sie wieder erwachte, war der Minnesänger von dannen. Im Bewusstsein der Aussichtslosigkeit seiner Leidenschaften, aber gleichwohl unfähig, ihrer Herr zu werden, legte er das Gewand eines Einsiedlers an und ließ sich dort nieder, von wo er Else wenigstens gelegentlich sehen konnte, wenn sie auf ihrem Zelter ausritt.

Eines Abends saß der Einsiedler da, stumm träumend von den Glückstagen, die Wirklichkeit hätten werden können, wenn seine Eigenwilligkeit nicht seine Erwartungen getrübt hätte. Als er da so sinnend saß, näherten sich einige Räuber, waren sich aber der Nähe des Einsiedlers nicht bewusst, als einer von ihnen sagte: „Nun gut, so sei es: Um Mitternacht treffen wir uns, das Pfört-

chen ist abgesichert, und Else wird unser Preis sein." Dann konnte man die Räuber nicht mehr hören.

Der Einsiedler, der keinen Zweifel an der Bedeutung der wenigen Worte hatte, eilte hinauf zur Burg, um den Grafen Robin zu warnen. Um Mitternacht kamen die Räuber heran, und die rückwärtige Pforte gab unter ihren Bemühungen sofort nach, worin sich zeigte, dass im Inneren eine Verräterei im Gange gewesen sein musste, doch nach einigem Hin und Her wurden die Räuber geschlagen. Der Einsiedler focht tapfer, aber stürzte tödlich verwundet, und als der Kampf beendet war, hauchte er sein Leben rasch aus. Der Ritter und seine Tochter standen bei ihm und der Einsiedler starb unter den Augen des Ritters, aber Else weinte um ihren Geliebten.

In seiner Todesstunde war längeres Verschweigen unnötig, und so erklärte Hans sein wahres Ich und bat darum, dass sein Leichnam in der Kapelle unten im Tal bestattet werden solle, sodass er auch noch im Tode seiner geliebten Else nahe wäre.

Dann richteten sich seine Augen auf sie, die, ohne seiner Fehler zu gedenken, nur ein Gefühl für den hatte, der sie so beständig und getreulich geliebt hatte, und dann sagte er: „Leb wohl, meine Geliebte, ich bin sicher, dich im Himmel wiederzutreffen!"

Der Ort Kobern liegt am Fuße eines hohen Berges, der zwei Täler voneinander trennt, die sich in einer Aue in Flussnähe treffen. Dieser Ort war stark befestigt und durch die Burgen verteidigt, von denen die untere noch besteht und die in der Vignette auf der gegenüberliegenden Seite dargestellt ist. Die Zeichnung ist von der Mauer der Oberburg aus angefertigt, von der nur noch ein einziger Turm und einige wenige Überreste vorhanden sind.

Im Burghof der Oberburg befindet sich eine elegante Kapelle; sie ist sechseckig und wird von Pfeilerbündeln im Inneren getragen, die von der Mitte ausgehen. Von dort beginnen sechs spitzbogige Gewölbe, aber der Innenraum ist karg.

Die Leute nennen sie die Templerkirche, weil die Burg, in deren Innenmauern sie steht, von einigen Tempelrittern bewohnt war, nachdem ihr Orden unterdrückt wurde. Der korrekte Name dieses Gebäudes ist die St.-Matthias-Kapelle, und sie war die Hauptstation der großen Wallfahrt, die jährlich von Koblenz nach Trier stattfand. Diese Prozessionen finden jetzt weniger statt, aber immer noch werden sie in abgewandelter Form durchgeführt.

Mit Gesängen und Fahnen schlängeln sich diese Bittgänge ihren Weg entlang und halten in Abständen vor Altären. Den Hintergrund bilden Burgruinen, Wälder und Weinberge. Die Lieder hallen wider wie in den früheren Tagen Germaniens, als es noch keine Kirchen gab und Gott unter dem heiligen Gewölbe des offenen Himmels gehuldigt wurde, dort, wo die sichtbaren Schönheiten seiner Werke denjenigen die Religion der Natur predigen, die noch nie etwas vom Evangelium Christi gehört haben. Sorgen und Schande bereitet es, wenn heute so viel Mummenschanz mit dem vermischt wird, was so einfach und klar von seinen Lippen kam.

Eine Legende von Kobern, die sich mit den alten Besitzern der Burg befasst, die heute noch steht, heißt:

Die Prozession

Das besondere Zeichen von Kobern

Die Schlacht war gewonnen, der Feind geschlagen und flüchtend, als der Befehlshaber des Heeres seine Truppen wieder sammelte und nachfolgend eine Bekanntmachung verlautbart wurde, dass der junge Krieger von Kobern, der sein Leben ohne Rücksicht auf sein eigenes gerettet habe, hervortre-ten solle. Lange rührte sich niemand, weil der bescheidene Soldat nicht zu viel Aufhebens davon machen wollte, was er geleistet hatte.

St.-Matthias-Kapelle

Schließlich trat ein junger Mann hervor und sagte, er sei derjenige, woraufhin sich alle beeilten, ihn zu rühmen. Der Kommandant bekannte seine Dankbarkeit und bat ihn niederzuknien, um zum Ritter erhoben zu werden. Dann trat jedoch der richtige Mann von Kobern hervor und sagte zu dem jungen Mann: „Von Kobern, sagtest du, käme deine Kraft, oh Goliath! Dann sage doch dieser ehrenwerten Gesellschaft, was ist das geheiligte und besondere Zeichen dieses Ortes?"

Da dieser Betrüger nicht von Kobern war, konnte er die Frage nicht beantworten, er stotterte und wurde blass, woraufhin der Befehlshaber ihn in Ketten legen ließ.

Dann nannte der echte Koberner das geheime Zeichen, das nur den Ortseinwohnern bekannt ist: „Unter dem Hochaltar der Kirche zu Kobern ist eine Quelle; diese Quelle sprudelt und murmelt während der Priester betet."

Der tapfere Mann, dessen Bescheidenheit hoch gepriesen wurde, kniete anstelle des jungen Mannes nieder, der versucht hatte, eine Gunst entgegenzunehmen, die ihm nicht zustand. Der so neu gekürte Ritter war der erste Burgherr von Kobern, und jahrhundertelang gedieh dort seine Familie. Unter seinen Abkömmlingen waren drei Schwestern, die wegen ihrer Schönheit das „wunderschöne Kleeblatt von Kobern" genannt wurden.

Kobern ist die Heimat des Dichters Reiff, dessen Sonnette in ihrer traurigen Art vielfach ausgezeichnet wurden. Die Ruinen, die über die Gegend verteilt sind, haben ihn sehr beeinflusst und auch seinen Schriften diesen düsteren Grundton verliehen.

Die ältesten Aufzeichnungen von dieser Stadt berichten, dass ein gewisser Lubentius, der ein Zeitgenosse des heiligen Castor von Carden war, die Ureinwohner bekehrt und viele Wunder getan habe. Als bei einer Gelegenheit zwischen dem Domherrn Peter von Carden und dem Kaplan Wilhelm von Kobern ein Streitgespräch über die jeweiligen Verdienste der beiden Patrone entstanden sei, hätten sie ihn mit ihren Fäusten ausgetragen. Da Wilhelm von Kobern der Größte und Stärkste war, siegte er; so musste sich der heilige Castor dann hinter Lubentius einfügen.

Am Fest des Lubentius werden auf den umliegenden Bergen Feuer angezündet als Wahrzeichen der Erleuchtung durch das Evangelium, das die Dunkelheit des Paganismus erhellte.

Dieses Fest fand während der Weinlese statt und die Helfer ahmten dabei sehr gerne ihren Vorkämpfer nach, den Kaplan Wilhelm, und bemühten sich ihres Patrons Autorität aufrechtzuerhalten, wobei der neue Wein die alten Streitereien wieder anfachte.

Die alten Dokumente von Kobern sind angefüllt mit Geschichten von Auseinandersetzungen seiner Bewohner untereinander und mit denen benachbarter Ortschaften.

Der letzte Ritter von Kobern war Johann Lutter, der von Koblenzer Bürgern gefangen genommen und als Störer des öffentlichen Friedens enthauptet wurde.

XXI. Wechsel der Jahreszeiten

Winterszene

Herbst hatte längst die grünen Blätter in Gold verwandelt. Zunächst erschien ein Anhauch von Gelb an den Bäumen, dann wurde das Blattwerk wärmer und heller. Die Weinlese begann und endete; die Körnerfrucht war längst schon weggestapelt und – wie im Römischen Imperium – war das Ganze im Vergehen prächtiger als in Zeiten seiner Blüte. Der Wald stand da mit Tausenden Farbtönen gekrönt – gekrönt wie ein Opfer in alten Zeiten, dem Tode geweiht – und bereit dazu, auf dem Altar der Natur die Herrlichkeit zu opfern, die sie einst gespendet hatte.

Die hinreißendste der Jahreszeiten, der Herbst, ist immer auch die traurigste. Wir schauen auf die fallenden Blätter und erinnern uns der verstorbenen Freunde. Die unnützen Haufen, die um die Baumstämme liegen, gemahnen uns an unsere verlorene Zeit. Während der Winter herankommt, scheint sich die Zeit aus unserer Sicht davonzumachen. Wer wird schon sagen können, ob ich jemals den Frühling wieder erleben darf? Jedoch, die so erteilte Lehre ist nur zu unserem Nutzen. Die Zeit eilt dahin und bringt uns der Ewigkeit näher; ist es deshalb für den Menschen nicht wohltuend, wenn die Natur ihn vor dem Ablauf der Zeit warnt?

Auch ist der Winter keine unfreundliche und unnütze Zeitspanne. Im Winter treffen wir Freunde wieder, wir versammeln uns an unseren Herdfeuern oder treffen uns bei denen, die wir mögen; alte Freundschaften werden wieder aufgefrischt, alte Verbindungen gefestigt und bei gut gelaunten Kaminrunden wiederholen wir die Geschichten alter Tage – Geschichten, die unser Land berühmt gemacht haben; bei deren Vortrag der Ruhm unserer Väter verströmt und wir als deren Abkömmlinge daraus neue Kraft schöpfen, um ihren Taten nachzueifern.

In den alten Tagen erschien den Deutschen hier an unserem Flussufer Weihnachten heiliger als jede andere Zeit des Jahres, denn sie sagten: „Die Götter wandelten auf der Erde."

Und so soll es auch sein. Zu Weihnachten sollten wir mit dem alten Jahr auch die Streitereien und unsere Sorgen begraben; und wie es unsere Religion sagt, nach vorne in das aufdämmernde neue Jahr blicken in sicherer Hoffung und in festem Glauben.

Wir können uns gut vorstellen, dass in den dunklen Tagen des Heidentums die Gemüter der Menschen von der Düsterkeit des bevorstehenden Winters betroffen waren; aber wir heute brauchen uns vor der kommenden Zeit nicht zu fürchten, jetzt, da wir wissen, dass uns die Ewigkeit offensteht und wir im Jenseits dort leben werden.

Der Lauf der Jahreszeiten

Nacht folgt dem Tag und der Abend dem Morgen,
Zeiten der Schöpfung gegeben von Anbeginn.
Die Menschen von damals hatten keine Sorgen
Und tanzten mit Elfen und Feen unter Bäumen dahin.

Es gab nur den Sommer, wo prächtige Sonnen lachten.
Sommer beherrschte die wundervolle Welt allein.
Es fehlen Wolken, Winde und Regen, die alle frieren machten.
Nur glückliche Menschen, die badeten im Sonnenschein.

Es gab aber Blumen, die blühten und Vögel, die sangen
Und feste Felsen, von denen Quellen sprangen.
Düfte, Gesang und Wasser begleiteten die Zeit,
Die mächtig voranschritt im Zukunftskleid.

In der Dämmerung wandelten Fabelwesen umher,
verbrachten heitere Stunden im Freudenmeer,
Bis sie sich schließlich ermüdet sehnten
Nach Wechsel in dem, was sie täglich erlebten.

Ihr Wunsch wurde wahr und der Herbst geboren,
Zur Freude aller Wesen, die neugierig geworden.
Diese Jahreszeit ging eigene bunte und verwelkte Wege
Und sie folgten ihr eifrig auf neuem Stege.

Einmal begonnen, übernahm der Wechsel das Regiment
Mit Kälte – Schnee – Sturm als Regent.
Elfen und Nymphen wünschten den Sommer zurück,
Tränen löschend, wärmend, geschaffen zum Glück.

Der Frühling wurde der Wintererde geschickt,
Der alles erneuert, mit sanftem Regen beglückt,
Letztendlich des Winters Schatten vertreibt
Und die Jahreszeiten über alle die Jahre verteilt.

Drum lasst uns erkennen in fröstelnder Zeit:
Gottes unfehlbare Liebe die Furcht vertreibt.
Voll Vertrauen und Dankbarkeit verstehen wir
Die unveränderbaren Gebote, dort wie hier.

Frühling, Sommer, Herbst und Winter folgen sich
Wie der Abend dem Morgen und die Nacht dem Licht.
So wird Gottes allmächtige Weisheit und Gnade
Uns führen vom Dunkel zum Licht gangbare Pfade.

Zwischen Kobern und Winningen macht der Fluss seinen letzten großen Bogen, an einer Stelle, wo eine riesige Felsmasse sich an der linken Seite auftürmt. Es ist der Letzte aus der Eifeler Gigantenfamilie, dem wir begegnen, noch ehe unterhalb bei Winningen das Gesamtbild auf dieser Seite einen sanfteren Charakter annimmt. Kleinere Berge werden wellenförmig, und dann, ehe wir nach Koblenz gelangen, wandelt sich dieser Hang in einen Garten, mit dem die Ebene überzogen ist.

Die erste Häusergruppe, der wir nach dem Verlassen von Kobern begegnen, ist Dieblich. Es liegt ziemlich abgerückt vom Strom und sieht nach allem anderen aus als nach einer Stelle, die sich Hexen ausgewählt hatten, um dort ihre Zaubersprüche und Beschwörungen zu vollziehen. Aber dennoch sei dieser Ort (so behaupten die Chroniken) so von Hexen bevölkert gewesen, dass dort in kurzer Zeit fünfundzwanzig Gestalten verbrannt wurden, die alle gestanden, die Gewohnheit zu haben, sich auf einem nahen Berg zu versammeln und dort einer Ziege zu huldigen, die die Verkörperung des Leibhaftigen darstellte.

Sie gestanden ebenfalls, Keller leergemacht zu haben, das Vieh verhext, die Ernte vernichtet und alle diejenigen Zauberwerke verrichtet zu haben, die man diesen Unglücklichen nachsagt. Der Schlüssel zu den wahren Gründen für ihre Verfolgung liegt wahrscheinlich in der nachfolgenden Sage, die – falls sie wahr ist – jedenfalls die Erinnerung an eine dieser Hexen von Dieblich bereinigt. Trotz, Neid, Eifersucht oder andere üble Eigenschaften haben aller Wahrscheinlichkeit nach in neun von zehn Fällen die unglückseligen Hexen denunziert.

Das Schicksal des Meineidigen

Ein alter unverheirateter Gutsherr vom Lande war ziemlich hingerissen von der Erscheinung eines jungen Mädchens aus Dieblich und entschlossen, bei ihrer Mutter um die Hand ihrer Tochter anzuhalten; so zog er seinen besten Anzug an und machte sich auf.

Elsbeth hatte es reichlich verdient, als die Schönste des Ortes zu gelten. Viele und viele hatten sich ihretwegen die Köpfe zerbrochen und genauso viele große Weinflaschen waren geleert worden. Natürlich war die Mutter stolz auf die Reize ihrer Tochter, aber tatsächlich überbewertete sie, wie es leicht manche Mütter tun, deren Vorzüge.

Als der Gutsherr an ihre Türe heranritt, war die Hausfrau gerade dabei, die Suppe zu kochen, welche ein wesentlicher Bestandteil des deutschen Essens ist. „Guten Tag und Gottes Segen!", sagte er. „Desgleichen, mein Herr!", antwortete sie; „was verschafft mir die Ehre und stets hoch willkommenen Besuch an der Tür meiner bescheidenen Behausung?"

Dann folgte die Erklärung, wie sehr es der drallen Elsbeth zur Ehre gereichen würde, wenn der Herr sie zur Frau nähme; aber die Mutter, durch das Verhalten des Herrn gereizt, zögerte – und erhob Einwände, dass es doch ein viel größeres Aufhebens geben müsste, hielte er um die Hand der „Schönen von Dieblich" an.

Der Gutsherr, zunächst erstaunt, wurde dann aber wütend, weil er keine Hindernisse erwartet hatte; aber in diesem Augenblick kam die Schöne herein und er wandte sich mit der Bitte um eine Antwort an sie. Sie lachte ihm ins Angesicht und meinte, dass er doch besser ihre Mutter heiraten solle; so ritt denn der Gutsherr von dannen und schwor Rache.

Es stellte sich jedoch als ein schlechter Scherz für die Mutter dar, denn der Herr ritt schleunigst nach Koblenz und klagte sie der Hexerei an. Ihre Freunde und der Liebhaber ihrer Tochter traten nach vorn, plädierten zu ihren Gunsten und schworen, dass sie eine gütige alte Frau sei, die niemandem – weder Mensch noch Vieh – je etwas zuleide getan hätte.

Der meineidige Gutsherr schwor das Gegenteil und behauptete, dass auch ihre Nachbarn verhext seien. Logischerweise glaube das Gericht einem reichen Mann viel eher als einer Anzahl armer Leute und verurteilte die alte Frau zur Streckbank; dort bekannte sie ihre Sünden, deren sie tatsächlich nie schuldig war. Und dann wurde sie verbrannt.

Da Elsbeth das gleiche Schicksal befürchtete, sprang sie in den Fluss. Der boshafte Gutsherr ritt sorgenvoll heim und begann zu fürchten, dass er keinen Seelenfrieden erlangen würde, obwohl er doch seine Rache gehabt hatte. Als er in Sichtweite seines Hauses kam und erkannte, dass ein Gewitter aufzog, trieb es ihn zu höchster Eile, aber vergeblich ist es, vor unserem Schicksal fliehen zu wollen. Ein Blitz krachte hernieder, sein Pferd bäumte sich auf – und dann raste es vorwärts und schleuderte seinen Reiter zu Tode. So büßte der Meineidige.

Treidelpferde

In Winningen sind die Einwohner protestantisch, und, so sagt Monsieur de Bourdelois, „ausgezeichnet wegen ihrer Religion, Sprache und Gewohnheiten gegenüber ihren römisch-katholischen Brüdern". Die Rebe ist so ziemlich das einzige, was sie anbauen.

Ehemals wurde an Pfingsten im benachbarten Wald ein großes Fest abgehalten, zu dem der ganze Adel, die Ritter, Bürgermeister und Stadträte der ganzen Gegend zusammenkamen. Der Graf Eltz stiftete ein ganzes Fass Wein, und die Klöster von St. Martin und Marienrod lieferten Lebensmittel zu diesem riesigen Picknick.

Menschen, die an diesem Teil unseres Flusses leben, insbesonders ein wenig unterhalb bei Lay, wurden von schrecklichen Unglücken heimgesucht, die durch Eis hervorgerufen wurden, das sich hier im Winter ansammelte und dann plötzlich losbrach und die ganze Gegend überschwemmte. Im Jahre 1670 war die Lahn nicht zugefroren, aber durch den Regen angeschwollen, der im Taunus gefallen war; sie rauschte hinunter, an Koblenz vorbei und suchte sich ihren Weg die Mosel hinauf. Das erzeugte in unserem Fluss einen riesigen Eisstau, der Reben vernichtete und Obstgärten, Häuser, Menschen, Tiere und Boote in einem Chaos völliger Verwüstung wegschwemmte. Im Jahre 1709 schmolz das Eis drei Mal und fror wieder zusammen, jedes Mal ein völliges Desaster hinterlassend; Koblenz, Güls, Lay und Moselweiß, alle wurden schwer betroffen.

Auf den Bergen oberhalb von Lay ist der große Übungsplatz von Koblenz, hier üben die in Koblenz und Ehrenbreitstein stationierten großen Truppeneinheiten in Manövern. Von diesen Höhen hat man ebenfalls einen bemerkenswerten Blick auf die Windungen von Rhein und Mosel. Stolzenfels und Lahneck erscheinen in der Ferne. Koblenz, dem sich lange Baumreihen von allen Seiten nähern, liegt genau unterhalb des Abschlusses dieser Felsenhalbinsel. Die steinerne Moselbrücke und die Schiffsbrücke des Rheines lassen sich beobachten und die starke Feste Ehrenbreitstein liegt auf der anderen Rheinseite.

Genau gegenüber von Güls treten die Hunsrückberge landeinwärts von der Mosel zurück und unser glücklicher Fluss fließt nun in einer Ebene dahin. Ihr Lauf ist nun fast zu Ende und ihre Reise nahezu vollendet; schon bald wird sie ihren reinen Geist mit dem herrschaftlichen Rhein vereinigen. Aber noch eine Stadt, die an ihren Ufern steht, wartet auf ihre Beschreibung, und ein weiteres Kapitel ist vorgesehen, um das Leben unseres lieblichen Flusses zu beenden.

XXII. Koblenz und die Mündung in den Rhein

Koblenzer Markt

Koblenz liegt am äußersten Ende einer vom Rhein- und Moselwasser umgebenen Fläche. Es befindet sich an der Mündung des von diesen beiden Flüssen gebildeten Dreiecks. Unmittelbar gegenüber der Stadt steht die starke Festung Ehrenbreitstein, die den Ruf hat, uneinnehmbar zu sein. Dabei kann durchaus bezweifelt werden, ob diese Festung wirklich so stark ist, wie sie aussieht, da die Technik des Kanonenwesens inzwischen so weit fortgeschritten ist; immerhin würde sie einem angreifenden Heer ein gewaltiges Hindernis entgegensetzen. Koblenz selbst ist ebenfalls stark befestigt und zusammen mit Ehrenbreitstein hat es eine Besatzung von rund 4000 Mann. Jedes Jahr werden Truppen anderer Standorte in der Nähe von Koblenz zusammengezogen, wo sie ein Lager aufschlagen und Gefechtsübungen durchführen.

In der frühesten Periode des römischen Weltreiches wurde von den Römern am Zusammenfluss (lat. Confluentes) von Rhein und Mosel ein Kastell erbaut. Dieses fiel Ende des 5. Jahrhundert in die Hände der Franken. Allmählich erwuchs aus der Festung eine Stadt, bis schließlich der Raum zwischen den Flüssen ausgefüllt war. Darauf wurden zwei Stadtteile errichtet; den einen nannte man Thal-Koblenz, welches auf der rechten Rheinseite lag, und den anderen auf der linken Seite der Mosel Klein-Koblenz [= Lützel, Anm. d. Übers.].

Nach einer gewissen Zeit wechselte die Stadt in den Besitz der Kurfürsten von Trier, und diese bauten ein Schloss und befestigten es.

Die Brücke über die Mosel ist römischen Ursprungs, aber sie wurde öfters instand gesetzt und teilweise wieder errichtet, was auf den großen Eisdruck der Mosel zurückzuführen war, wodurch Koblenz öfters überschwemmt wurde.

Ehrenbreitstein ist neben einem antiken römischen Turm erbaut worden, der auf alten Karten als „Turris adversus Germaniam Magnam" (Turm gegenüber Groß-Germanien) bezeichnet wird. Die Erzbischöfe von Trier bauten einen Palast unterhalb der Mauern dieser Burg, die zur damaligen Zeit viel größer und stärker war. Der Palast besteht noch immer.

Während des Dreißigjährigen Krieges gab es für die Besatzung von Ehrenbreitstein eine solche Versorgungsknappheit, dass aus Anlass eines vom kommandierenden General für seine Offiziere gegebenen Empfanges sechzehn Maultiere, acht Hunde und achtzig Ratten zum Essen serviert wurden, wobei die letzteren köstlichen Tierchen allein schon zwanzig Sous das Stück gekostet hatten. In Ergänzung zu diesen appetitlichen Köstlichkeiten bekam jeder Gast einen Bissen Brot, dessen Mehl hundert Gulden pro Scheffel kostete.

Nach der Französischen Revolution wurde Koblenz Hauptstadt des Départements „Rhin et Moselle", 1814 kam die Stadt an Preußen und ist nun die Hauptstadt der preußischen Rheinprovinzen und somit Regierungssitz dieser Provinzen.

Das alte Koblenz war zunächst auf der rechten Moselseite errichtet worden und bildete mit der früher einmal wichtigen Vorstadt Lützel die eigentliche Stadt, die sofort mit einer Brücke verbunden wurden. Die Brücke wurde durch den berühmten Kurfürst Balduin von Trier wieder erbaut. Es wird von ihm berichtet, dass er durch seinen Einfluss die Wahl seines Bruders Heinrich auf den kaiserlichen Thron protegierte. Nach dem Tode seines Bruders setzte er dann die Krone auf das Haupt des Herzogs von Bayern; sein Neffe wurde dann auch noch auf den Thron von Böhmen erhoben. Er reiste mit dem Kaiser nach Italien und war bei dieser Gelegenheit von der ganzen Ritterschaft des Mosellandes umgeben, nämlich den Grafen von Eltz, von der Leyen usw. Kurz gesagt: er schien an Macht und Größe jedem anderen Fürsten dieses Zeitalters ebenbürtig zu sein. Aber dennoch wurde er von Gräfin Loretta von Sponheim überlistet.

Die Brücke war früher einmal der große fröhliche Mittelpunkt und eine höchst beliebte Stätte für Spaziergänge an frischer Luft. Am ersten Tag des Jahres versammelte sich hier der oberste Stadtrat, um Huldigungen der verschiedenen Gemeinden zu empfangen, die ihm Gefolgschaft schuldeten. Die ehrenwerten Herren brachten Käselaibe oder ein paar Hühner als Geschenk, die Geistlichen vom Oberwerth vielleicht einen Kuchen und die von der Karthause zwei Dutzend Eier.

Anlässlich dieser Feier durften die Senatoren und Ratsherren sich mit Schneebällen bewerfen, doch den Gerichtsvollziehern des Kurfürsten war es nicht erlaubt, an diesem Teil der Veranstaltung teilzunehmen.

Ein Treffen der Behörden fand auch am Vorabend der Walpurgisnacht auf der Brücke statt. Dann trafen sich beide Bürgermeister, von Koblenz und Lützel, jeder mit einem Strauß frisch gepflückter Lilien. Auch Lavendel und Thymian, die in den Wäldern um Koblenz gepflückt waren, kamen in die Sträuße, die den Ehefrauen und Töchtern der Stadtoberen überreicht wurden.

Die Walpurgnisnacht war entsprechend einer alter Legende der große Tag, an dem sich die Hexen aus allen Gegenden trafen und draußen auf den Winden oder rittlings auf ihren hausfraulichen Besen ritten. An einer dieser jährlichen Begegnungen sah man einmal einen stattlichen und gut gekleideten Kavalier mit einem Strauß der schönsten Blumen sich seinen Weg durch die Menge bahnen. Die Augen aller jungen Mädchen wandten sich mit Bewunderung dem Gesicht dieses Schönlings zu, und groß wurde die Eifersucht, als er anhielt, um dem Lieschen das Bukett zu überreichen. Die geflochtenen Zöpfe ihrer Haare gerieten immer mehr durcheinander und bedenkliche Blicke wurden getauscht, als Lieschen (von der die Männer sagten, sie sei wunderschön, wohingegen aber die Mädchen meinten, sie sei ein dreistes Ding) an der Hand genommen und von diesem schönen jungen Fremdling als Führer durch die Menge geleitet wurde. Aber all ihre Eifersucht verwandelte sich in Mitleid, als man am nächsten Morgen herausfand, dass Lieschen verschwunden war. Ganz zweifellos war der junge Mann ein Geist des Bösen, der sie hinweggeführt hatte ins Verderben.

Am Tage der Kirchweih tanzte das ganze junge Volk auf der Brücke. Die Luft, auf der Brücke eingeatmet, hielt man für ganz sonderbar zuträglich, und ein alter Schmied, der 120 Jahre alt geworden war, meinte ernsthaft, dass sein Lebensalter ausschließlich seinem täglichen Gang zur Brücke zu verdanken sei, und er glaubte sogar, dass er noch viel länger hätte leben können, wenn er nicht von einem Tage auf den anderen an seiner täglichen Gewohnheit gehindert worden wäre.

Die Legende der Moselbrücke

Ein Jugendlicher stand ans Geländer der Moselbrücke angelehnt. Er dachte an die unzähligen Geschichten dieser Gegend, in denen Wassergeister eine so augenfällige Rolle spielten. Als er so still sinnierte und sein junges Herz sich nach etwas zu lieben sehnte – etwas Reinerem und Geistigerem als die Sannchens und Lisbeths des Alltagslebens –, da erhob sich ein sanftmütiger Geist aus dem Wasser – ein Geist der Reinheit, emporgehoben durch den Geist der Liebe.

„Du Träumer", sagte der reine Geist des Wassers, „Tag um Tag und Nacht für Nacht höre ich nun deine Seufzer und Klagen. Deine Tränen fallen hinunter in den Fluss und lassen mich dich bedauern. Ja, mehr noch könnte ich dein Herz bedauern, wäre ich eine Sterbliche, aber im Gegensatz zu dir, lieber Junge, lebe ich auf ewig. Ich war schon alt, als deine Väter jung waren, und immer noch jung werde ich sein, wenn du schon längst von hinnen gegangen bist."

Dann brach es aus dem Jüngling heraus: „Ewig jung, auf welch glorreiche Weise du auch immer bist! Empfange nur meine Liebe und ich werde mich sofort damit zufriedengeben, aus meinem sterblichen Leben zu scheiden."

„Nein," sagte der reine Geist, „du denkst allein an deine Liebe und an deine Freuden, aber lass dir das zu deinem Besten sagen: Alle die Sterblichen wie du müssen die Plagen ihres Lebens ertragen, bis sie endlich ihre große Belohnung empfangen. Und wenn du mich dann noch liebst und ernsthaft die dir zugewiesene Arbeit erfüllest, und getreulich und standhaft den anstrengenden Pfad des Lebens wandelst, dann bin ich bereit, wenn deine Jahre erfüllt sind, dich in meinen Armen zu empfangen, denn nur so kannst du die ewige Jugend erlangen und so ein tauglicher Gefährte für jemanden wie mich sein, die ich nur eine Magd der Königin Mosel bin, die selbst nur einer der geringeren Geister des Universums ist. Gehe also hin, sei gerecht und ehrenhaft und tapfer; sei freundlich zu allen und freigebig gegenüber den Armen, so wirst du dann endlich auch die unsterbliche Jugend und mich gewinnen."

Der Geist war gegangen und die hellen Wellen schienen im Mondlicht. Der Jüngling kehrte zur Stadt zurück, still und gedankenschwer.

Jahr um Jahr ging vorüber, und jede Nacht erschien eine einsame Gestalt an der gleichen Stelle der Brücke, bis der Raureif eines ganzen Jahrhunderts ihm die Augenbrauen bekrönte, der im Herzen noch immer jung geblieben war. Und dann erschien seine strahlende Braut, und der Reinherzige wurde hinweggeweht an den Busen des reinen Wassergeistes.

Immer noch leben auf den Wassern wunderschöne und reine Geister wie der, der dem jungen Mann erschienen war, aber bis heute ist noch kein anderer Sterblicher gefunden worden, der bei seinem Tode trotz eines untadeligen Lebens eine unsterbliche Braut gewonnen hätte. Und wenn es denn der Fall sein sollte, dass kaum einer sündenfrei genug ist, um selbst eine Magd unter den Geistern zu beanspruchen, wer könnte seinen Platz bei den die Himmel beherrschenden Gastgebern einnehmen? Und wer wird dann noch die Mitte des Himmels selbst erstreben?

Die heutigen Deutschen geben sich genauso dem Vergnügen hin, wie es schon ihre Vorväter taten; bei jeder möglichen Gelegenheit frönen sie Picknicks, dem Tanze, Kirmessen, Umzügen und anderen Festlichkeiten. Weihnachten und der Neujahrstag sind wahrscheinlich die höchsten Feiertage des Jahres, auch die Karnevalszeit wird allgemein als ein Fest begangen, gleich wie in Italien.

Im Sommer bilden Landausflüge das Hauptvergnügen. Menschen aller Stände, obere wie niedere gleichermaßen, geben sich diesen Ausflügen hin. Einige Moseldörfer werden hauptsächlich von den Leuten aus Koblenz besucht. Güls, Moselweiß und Lay sind oft von Genießern ärmerer Klassen bevölkert, während sich die Reicheren in größeren Entfernungen treffen. Mit Kränzen geschmückt, lachend und singend, scheinen die Letzteren sehr fröhliche Tage in den Wäldern zu verleben, um dabei alte Burgen usw. zu erkunden. Sicherlich sind unsere Picknicks in England im Vergleich dazu eher langweilige Angelegenheiten, aber dann sind jedenfalls unsere Schönen bei diesen Gelegenheiten besser gekleidet und es würde ihre schönen Kleider gefährden, wenn sie so herumtoben würden wie die deutschen Mädchen; daneben wäre eine solche Unschicklichkeit schockierend.

Koblenz ist im Ganzen gesehen eine uninteressante Stadt; sie besitzt alle Nachteile einer Garnison ohne irgendeinen ausgleichenden Punkt. Die Flüsse werden durch die Stadtbefestigungen ziemlich abgehalten von der Stadt, sodass man sie nur sehen kann, wenn man die Brücken betritt. Jedoch bieten die sehr guten Hotels Aussichten auf den Rhein, und das Bellevue ist da besonders hervorzuheben, da es seinen Zimmergästen höchst anregende Ausblicke bietet. Es liegt genau an der Schiffsbrücke, wo ständig Promenierende und Soldaten auf und ab gehen.

Hin und wieder wird die Schiffsbrücke geöffnet, und Dampfer zerren und stampfen eine Flotte von zwei bis sechs, manchmal sogar sieben Schleppkähnen den Fluss hinauf; oder es kommt auch ein riesiges schwimmendes Dorf aus Holzstämmen heruntergeschwommen, das die ganze Öffnung ausfüllt und den Anschein erweckt, als ob es die ganze Brücke mitreißen würde. Es ist schon beachtlich, mit welcher Geschicklichkeit diese unhandlichen Flöße gehandhabt werden.

In der Stadt gibt es gute Läden, aber ohne besondere Auslagen; und obwohl, wie wir schon festgestellt haben, die Stadt selbst nicht besonders interessant ist, kann man von hier aus viele schöne Ausflüge unternehmen. Die Gesellschaft, sagt man, scheint recht angenehm zu sein.

In der Nähe der Flussmündung liegt die St.-Castor-Kirche. Sie befindet sich an einem weiten, offenen Platz und ist ein stattliches und interessantes Gebäude. Sie enthält ein ansehnliches Denkmal von einem der Erzbischöfe von Trier.

Das Schloss ist ein weiträumiges Gebäude, aber in keiner Weise bemerkenswert; innen befindet sich eine Kapelle, in der englische Gottesdienste abgehalten werden, da hier viele Engländer auf Dauer wohnen und zusätzlich Schwärme von Sommergästen da sind. Die meisten der interessantesten Gebäude gibt es in der Nähe der Moselbrücke oder zwischen ihr und der St.-Castor-Kirche, sozusagen in der Altstadt.

In der Nähe der St.-Castor-Kirche steht auf einem großen Platz ein von den Franzosen errichtetes Denkmal, das an ihren Einfall in Russland erinnert. Der Inschrift, die auf die Begründung seiner Errichtung hinweist, hat der russische General, der seinerseits in die Rheinprovinz eindrang, hinzugefügt: „Gesehen und von uns akzeptiert. Der russische Kommandant der Stadt Koblenz 1. Januar 1814".

Dieses Denkmal ist ein bemerkenswert hässlicher Steinklotz, der wohl als Brunnen gedacht war, aber es gibt da kein Wasser.

Zu Koblenz bestehen nur wenige historische Bezüge, und diese sind nicht besonders interessant, und deshalb wenden wir unseren Blick zurück zu den Legenden.

Legende von Mariahilf

In der Nähe der Moselbrücke stand eine Kapelle, ganz fromm der Mutter Gottes und ihrem Sohne geweiht. Innen waren Bildnisse von beiden, Mutter und Sohn.

Hierhin flüchteten sich viele Wallfahrer, insbesonders diejenigen, die unter körperlichen Gebrechen litten. Inmitten anderer kam ein Gelähmter, der von seinen Ärzten bereits dem Tode anheim-

gegeben war. Mit großer Anstrengung und Beschwerden schaffte er es, mithilfe seines Krückstockes in die Kapelle zu wanken.

Die Pilger sangen eine Hymne, in der die Worte „Maria bitte für uns!" dauernd wiederholt wurden. Der arme Krüppel bemühte sich, in den Gesang einzustimmen, aber weil er zu schwach war, konnte er es nicht.

Schließlich machte er eine letzte Anstrengung und die Worte kamen kaum hörbar von seinen Lippen; aber plötzlich war er geheilt, seine Stimme kam ihm wieder, und da seine Glieder neu erstarkten und er keine Krücken mehr brauchte, stiftete er sie deshalb der Kapelle.

Die heilige Rizza

Rizza lebte in Koblenz-Lützel, genau gegenüber der St.-Castor-Kirche. Wenn die Glocken zum Morgengebet riefen, wandelte sie wie üblich über die Wasser, um am Gottesdienst teilzunehmen und in der gleichen Weise zurückzukehren.

Eines Tages waren die Wellen so hoch und der Himmel ganz stürmisch; sie zögerte und ergriff schließlich eine Rebwurzel, mit der sie ihre schwachen Schritte stützen wollte. Aber der Mut verließ sie und sie sank immer tiefer in die Wogen – die Stütze war völlig nutzlos; dann dachte sie an ihr Seelenheil und betete um Hilfe, und sofort stieg sie wieder aus dem Wasser hoch, warf die trügerische Stütze fort und erreichte das gegenüberliegende Ufer.

Nach ihrem Tod wurde Rizza heiliggesprochen und ihre Gebeine in St. Castor beigesetzt.

Eine andere Legende berichtet, wie Gebete Gläubige retten können. Bei einem gelegentlichen Hochwasser, das große Teile der Stadt überflutete, beteten die Menschen an einem Altar und die Wasser verschwanden. Dann wurde an der Brücke im Ufersand eine Statue entdeckt, die alle für die Jungfrau hielten. Sie wurde heraufgenommen und mit großem Gepränge in einer Kapelle aufgestellt. In späteren Tagen wurde dieses Bildnis von den Feinden Koblenz' wieder ins Wasser geworfen, aber erneut wurde sie wieder ans Ufer getrieben und entsprechend der Legende ist sie nun in der Nähe des Hafens platziert, von wo sie aus über die Geschicke der guten Stadt Koblenz wacht.

Andere Koblenzer Geschichten haben einen mehr weltlichen Inhalt. Eine erzählt uns vom

Korporal Spohn

An den großen Korporal Spohn erinnert man sich noch gut in Koblenz. Er war einer der treuesten Männer. Er rettete das Leben Kaiser Napoleons in der Drei-Kaiser-Schlacht. Napoleon war

zu kühn nach vorn geprescht und befand sich in drohender Gefahr, von den Kosaken gefangen genommen zu werden, falls er nicht, was noch viel eher hätte passieren können, von diesen wilden Soldaten getötet würde. Als der Korporal Spohn Napoleons verzweifelte Lage erkannte, rannte er hinzu und es wurde rasch vereinbart, dass Spohn das weiße Pferd Napoleons bestieg, der seinerseits unerkannt entwischen konnte.

Der Kaiser kam als Korporal davon, während der Korporal als Kaiser den Tod fand. Seit dieser Zeit wird Spohn der „Große" und Napoleon der „Kleine Korporal" genannt.

Heinrich und Berta

Heinrich erwartete die Ankunft seiner herzlich geliebten Berta in Koblenz; daher stand er hoch erwartungsvoll an der alten Moselbrücke. Schließlich kam das Boot mit ihr in Sicht und sie winkte ihrem treuen Geliebten mit dem Taschentuch zu.

Aber ach! Ehe er sie noch an sich drücken konnte, kippte das Boot um und Berta kämpfte unter einem der Brückenbögen um ihr Leben. Heinrich eilte hinunter, um sie zu retten, aber als er das Ufer erreichte, hauchte sie seinen Namen und versank.

Sich die Stelle merkend, tauchte Heinrich hinunter und ergriff ihre aufgelösten Haare, die auf der Oberfläche des aufgewühlten Flusses trieben: So konnte er ihr Leben retten und dem Strom ein liebendes Weib entreißen.

Eine weitere Geschichte fanden wir unter der Überschrift „Legenden von Koblenz", und daraus schließen wir, dass die darin beschriebene Szene sich in dieser Stadt ereignet hat. Sie lautet:

Des Dichters Totenbett

Max von Schenkendorf ist in Deutschland wohlbekannt für seine Lieder zu den Freiheitskriegen, deren es reichlich in seinem Vaterland gab. Der Dichter befand sich im letzten Stadium von Schwindsucht.

Es war der Morgen seines Geburtstages. Max lag noch schlafend im Bett, aber seine Frau hatte sich schon erhoben und war gerade dabei, sein Zimmer zu Ehren des Geburtstages des Poeten mit Blumen zu schmücken.

Nachdem sie alle Sträuße arrangiert hatte, machte sie eine Girlande von Immergrün, die sie sanft auf das Haupt des Schlafenden legte, inständig bittend, dass sie ein Zeichen weiterer Lorbeeren sein sollte, die ihr Gatte in seinem neuen Lebensjahr erringen möge.

Als sie sich über ihn beugte, um den Kranz auf seinen Kopf zu legen, berührte sie sanft küssend die Lippen des Schlafenden und flüsterte leise: „Oh, könnte ich dich doch gesundküssen!"

Sie hatte jetzt die Ausschmückungen beendet, trat dann leise vom Bett ihres Gemahls zurück und verließ geräuschlos das Zimmer.

Aber als sie hinausging, trat ein ungebetener Gast ein – der Tod trat über die Türschwelle und nahm den Platz der Gattin ein. Der Tod schritt ans Bett und legte seine kalte Hand auf die fiebernde Stirn des Schläfers. Näher und näher bewegten sich jene Arme, die nun für immer diejenigen des Eheweibes ersetzen würden – näher und näher, bis Eis und Starre die Gestalt des Dichters bestimmten.

Eine ganze Stunde verging schleppend und die besorgte Ehefrau trat wieder ein. Max lag nun als Leichnam da, bekrönt mit dem Kranze, den sie auf die noch lebende Stirn gelegt hatte. Vom Tode geängstigt rief sie: „Oh wach auf, mein Einziger, wach auf mein Geliebter! Bitte geh nicht hinfort von hier, wo du doch lebst! Bitte, sag ein Wort – nur ein einziges Wort!"

Ein Lächeln war noch auf seinen Lippen, aber sein Geist war bereits von hinnen und hatte nur noch seinen Abdruck auf den wächsern-kalten Zügen hinterlassen.

„Weine nicht, meine liebe Frau!", sagte sein Geist zu ihr, „weine nicht um den Leichnam, der hier liegt. Die Fesseln sind zerbrochen. Was die Erde nicht halten oder Liebe nicht länger bewahren kann, kann auch nicht durch den Tod in Fesseln geschlagen werden. Der Körper ist zwar tot, aber die Seele lebt immerdar; sie lebt in deiner Liebe und in deinem Herzen – sie lebt im Himmel!"

Dies ist die letzte unserer Legenden; und mit ein paar Bemerkungen zu den Gewohnheiten und Bräuchen in der Nähe unseres Flusses dieser Gegend Deutschlands wollen wir nun zum Ende unseres letzten Kapitels kommen. Nicht ohne Bedauern beschließen wir es, denn es ist eine angenehme Aufgabe, in diesen kurzen, kalten Wintertagen darüber zu berichten, was uns die Erinnerung an lange, strahlende Sommertage zurückbringt, besonders weil dieser Sommer entlang solch lieblicher Landschaftsbilder verbracht wurde.

Die Deutschen zeigen die charakterlichen Eigenschaften rechtschaffener, hart arbeitender, intelligenter Menschen, die sehr häuslich bis hin zur Vornehmheit in ihren Gewohnheiten sind. Die unterschiedlichen Klassen passen sich aber gegenseitig sehr viel weniger an als in England, obwohl aber die laufende Verständigung zwischen ihnen freier und weniger gezwungen ist.

Während der vielen Wochen, die wir an der Mosel verbracht haben, und auch anlässlich einer früheren Reise an unseren Fluss, sind wir niemals auf eine Touristenfamilie der deutschen Oberklasse gestoßen. In Bad Bertrich gab es einige, aber sie waren nur dort, weil es ein Badeort ist – und nicht wegen seiner Schönheit. Und kaum war die Saison vorbei, da waren alle schon wieder fort, als ob sie hätten befürchten müssen, in einem Bad zu verbleiben, was außerhalb der modischen Saison ist, obwohl das Wetter da noch viel zuträglicher für ländliche Beschäftigungen war als während der eigentlichen Saison.

Die gleiche modische Eigenart schmückt die pummeligen, jungen deutschen Mädchen in einer höchst seltsamen Verformung aufgewölbter Petticoats. Schlimm genug schon, dass sich diese Dinge in Frankreich und England zeigen, aber in Deutschland sind sie bei weitem schlimmer.

Die Herren sind im Allgemeinen angenehm und wahrlich höflicher als die Franzosen, aber die französischen Damen besitzen gegenüber ihren deutschen Schwestern doch einen Vorzug.

Die ärmeren Klassen tragen den Stempel des alten deutschen Volkscharakters. Sie sind genügsam, hart arbeitend, ehrlich und freundlich. Sie haben gute Manieren und sind gemäß ihrem Stande gut informiert. Außerdem besitzen sie eine bemerkenswerte Ordentlichkeit und Geschmack für ihre Kleidung. Keine schönere Sache kann es geben, als bei einer sommerlichen Wanderung einer Gruppe von Mädchen mit hübsch zurechtgemachten Haaren zu begegnen, glatt vorne auf der Stirn und nach hinten geflochten, entweder mit einem schmuck bestickten Kopftuch, einer Samthaube oder hindurchgezogenen goldfarbenen Papierstreifen bedeckt. Hübsche Schuhe und blaue Strümpfe werden unter den vernünftig langen Röcken gezeigt und ein lustiges Taschentuch ist vorn am Busen festgesteckt. Ihre Gestalten sind geschmeidig und aufrecht, obwohl doch irgendwie üppig und deftig. Der Papierstreifen am Kopf soll wohl einen Kreuzesnagel darstellen.

Die deutschen Hausfrauen werden unzweifelhaft von keiner anderen Nation übertroffen; die Häuser sind reinlich, die Herde strahlen hell und sie sind ständig dabei, Bekleidung im Fluss zu waschen. Wir können zwar generell nicht unbedingt der Art, wie sie das Fleisch zubereiten Beifall spenden, aber ihre Puddinge sind bewundernswert. In Cochem pflegte unsere Gastgeberin uns Soufflé-Puddinge zu präsentieren, die eines Königspalastes würdig gewesen wären. An der Mosel sieht man in jedem Dorf noch das altehrwürdige Spinnrad, und das Strickzeug wird stets zur Hand genommen, wenn man spazieren geht oder Haushaltsangelegenheiten überwacht.

Abends hört man immer Gesang, und viele kleine Cliquen in den Orten an unserem Fluss abonnieren mietweise ein Klavier von Koblenz oder Trier und mithilfe seiner Klänge gestalten sie die langen Stunden der winterlichen Dunkelheit freundlich.

Die Priester scheinen geachtet zu werden und ein freundschaftliches Verhältnis zu allen Klassen zu haben, aber im Allgemeinen haben sie nicht die gleiche soziale Stellung wie in diesem Lande.

Solange der Moselreisende selbst nicht allzu übergenau und halbwegs bereit ist verbindlich zu sein, dann kann er nicht umhin, alle Begegnungen höflich und freundlich finden und eine angenehme Zeit an unserem liebenswürdigen Fluss verbracht zu haben.

Der römische Dichter Ausonius, der um das Jahr 370 n. Chr., nachdem er den ganz Germanien bedeckenden Wald durchquert hatte, plötzlich bei Neumagen an der Mosel herauskam, war so hingerissen von der Schönheit des Flusses, dass er seinen Lauf erkundete und dann ein Gedicht darüber schrieb. Die Stätten und Gebäude, die er beschrieb, sind alle längst vergangen und nur die Schönheiten der Natur sind verblieben; und die alten Burgen, die heutzutage die Berggipfel zieren, stehen wie die Türme als Beweise vergangener Zeit.

Heute wie damals gedeiht die Rebe üppig an den Felsen, der friedvolle Fluss fließt ruhig dahin und die Menschen, die an seinen Ufern wohnen, sind schlicht, getreu und beherzt.

Wir haben nun Koblenz erreicht und geschildert, und in Koblenz endet das Leben der Mosel. Wir haben zusammen mit ihr in des Waldes Schatten gesessen, der ihre Geburtsstätte

Geister der Mosel und des Rheins

in den Vogesen abschirmt, wir sind Tag für Tag an ihrer Seite entlanggewandert, wo sie noch gefangen war in der Frische ihrer Jugend oder in späteren Tagen, als sie in hoheitlicher Schönheit dahinfloss. Wir haben Nacht für Nacht geschlafen, eingelullt durch das Plätschern ihres Wassers; wir sind an ihren Bergseiten und Wäldern umhergeklettert, wir haben sinniert oder inmitten ihrer Ruinen gesungen, wir haben geträumt von früheren Tagen und alten Zeiten und von Dingen, die nicht wiederkehren, außer in solchen Träumen, und wir haben, so ist in einiger Zurückhaltung zu hoffen, durch unsere Begegnungen mit dem großen Herzen der Natur gewonnen – etwas, so glauben wir, haben wir erfahren von dem inneren Leben, das uns Steine und Erde von ihrer göttlichen Herkunft predigen lässt.

An der Mosel haben wir Blumen wachsen gefunden, herrlich in Form und Farben, aber noch prachtvoller in ihrer ungezähmten Wildheit; wir haben den Gesängen fröhlicher Vögel gelauscht, wenn wir in Wäldern rasteten. Wolken sind durch das reine, blaue Himmelsgewölbe

183

gewandert, Regen hat die Erde erfrischt und die Sonne ihre Früchte reifen lassen. Alles dies und viele andere Begebenheiten waren bestrebt, uns Liebe und Ehrfurcht gegenüber dem großen Herzen der Natur zu lehren. Jenes Herz – kann der Maler, trotz all seiner Kunstfertigkeit mit Farben und seines handwerklichen Geschicks ihm nicht Ausdruck verleihen, sinkt er herab zum bloßen Nachahmer. Wenn ein Dichter es weder fühlt noch liebt, dann ist seine Barke an einer öden Küste gestrandet, und was würde die Musik ohne es sein?

Falls dann die Mosel uns etwas von diesem Herzen, diesem inneren Leben der Natur zugeflüstert oder angedeutet hat, lasst es uns in unserem Innern rein und schön bewahren, wie alle Dinge der Natur es sind, und so wird unsere Sommerreise nicht vergeblich gewesen sein, genauso wenig wie das Leben der Mosel.

Wir stehen jetzt an der Stelle, wo sich Mosel und Rhein begegnen – und nun nehmen wir Abschied von unserem geliebten Fluss.

Nacht liegt in den Himmeln, die ruhige, kalte Nacht des Winters; Sterne schauen mit ihren liebevollen Augen auf uns herab; die mächtige Festung Ehrenbreitstein zeichnet sich gewaltig über dem Rheinstrom ab und erzählt von Krieg und schrecklichem Streit, aber am Ufer der Mosel erhebt sich eine schöne Kirche, die uns vom Frieden berichtet. Die Festung wird zerfallen und vermodern, aber die Kirche wird am Ende bestehen, wenn alles andere hinweggerafft ist.

Das Sternenlicht fällt kalt aufs Wasser, die Luft ist kühl und frostig. Wenn wir weiter vorausschauen, erkennen wir in der Entfernung Gestalten der Schönheit herankommen. Die Nacht ist dunkel rund umher, aber die Sterne leuchten hell. So ist es auch mit uns: Oft ist es dunkel und trostlos und unser eigenes Leuchten scheint kalt, aber wenn wir ernsthaft im Herzen der Natur suchen und ihrer Führung folgen, dann wird sie uns dorthin leiten, wo solch schwach leuchtende Sterne sich in große Lichtwelten verwandeln, und die Fußschemel noch höherer Reiche werden uns zum Himmel selbst hinaufgeleiten.

Kurzbiografie Octavius Cobb Rooke

Geburt: 5. Juli 1827 als sechster und jüngster Sohn von
Vater: Frederic William Rooke (1782–1855), Captain in der Royal Navy
Mutter: Anne Wallace, Tochter von Robert Wallace
Tod: 3. August 1881 in 81 Carisbrooke Road, Newport, Isle of Whight

Schule: Winchester College
Beruf: Militär-Laufbahn
              20. November 1846: Fähnrich im 3. Regiment
              10. Dezember 1847: Leutnant im 3. Regiment
              1852 bis 1853: Hauptmann und Adjutant der Gloucestershire-Miliz

Ehe: 1852 mit Augusta, einziger Tochter von Duncombe Pyrke, Esquire of Dean Hall, Gloucester

Wohnorte:

1857:   in Richmond bei London
1861:   in den Eastern Townships von Québec, Canada (Verwaltungsregion im Süden der kanadischen Provinz Québec)
1881:   in Putney, 12 Stanbridge Road (bei Richmond/England)

Veröffentlichungen:

1856:   The Channel Islands, Pictorial, Legendary & Descriptive
1857:   The Life of the Moselle from its Source in the Vosges Mountains to its Junction with the Rhine at Coblence
1858:   An Ode on the Marriage of the Princess Royal
1871:   Serpent and Dove, a Play in 4 acts & 6 scenes
1877:   Heir to Two Fortunes

Sonstiges:

1852:   Zeuge bzw. Opfer in einem Betrugsfall
1868:   in einer Rentensache „Rooke gegen Tennant"

Zum Leben Octavius Rookes sind nur wenige Quellen verfügbar, sodass viele Details seiner Biografie (z.B. sein Geburtsort) bislang unbekannt sind. Für die obige Übersicht wurden folgende Werke genutzt:

Boase, Frederic: Modern English Biography – Containing Many Thousands Consise Memoirs of Persons who Have Died Since 1850, 6 vols., 1892-1921

British Library Intigrated Catalogue, 3 vols., London, Remington & Co. 1877

Truro: Netherton & Worth, 6 vols., 1892–1921

The Times Digital Archive, 19.03.1868, p. 11

The Guardian/Observer Archive

The Manchester Guardian, 28.07.1858, p. 3

The Hampshire Adviser, 13.08.1881, p. 4

Wainewright's Winchester College 1907, p. 64

Ortsregister

Skizze von Carden

Entlang der Mosel
Von Koblenz bis Trier
1880 bis 1920

Karl-Josef Gilles

ISBN: 978-3-89702-681-0

17,90 € [D]

Das Moseltal
zwischen Koblenz und Trier
1920–1950

Karl-Josef Gilles

ISBN: 978-3-89702-943-9

17,90 € [D]

Die Moseltalbahn

Das „Saufbähnchen"

Karl-Josef Gilles | Joachim Gilles

ISBN: 978-3-86680-467-8

17,90 € [D]

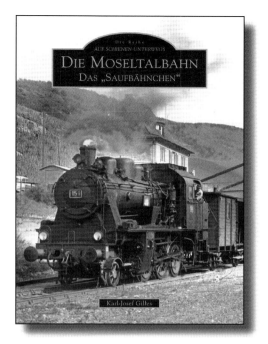

**Dampfschifffahrt
auf der Mosel**

Karl-Josef Gilles

ISBN: 978-3-86680-686-3

17,90 € [D]

Die Druidenkrieger

Ein Keltenroman aus dem Rhein-Mosel-Raum

Josef Sax

ISBN: 978-3-86680-414-2

14,90 € [D]

Weitere Bücher aus Ihrer Region finden Sie unter:
www.suttonverlag.de